JOHANNES THIELE

Meine Frau will nach Italien

JOHANNES THIELE

Meine Frau will nach Italien

ROMAN

THIELE

Es gibt nicht den italienischen Mann.
Es gibt den Sohn, der zu Hause wohnt. Es gibt den Mann,
der mitten im Satz vergisst, dir etwas zu erklären,
weil er eine wunderschöne Frau gesehen hat
und sein Gesicht verfällt. Es gibt den Italiener,
der töten würde, um seine Familie durchzubringen.
Es gibt den emotionalen Mann, der in schlimmsten,
kitschigsten Farben einer Frau eine Liebeserklärung macht,
und zwei Wochen später ist alles futsch
– und beide Male meint er es ehrlich.

— MARCELLO DE NARDO

PROLOG

War ich im Himmel?

Gleißende Helligkeit umfing mich. Als der Strahl mich erfasste und auf meine Augenlider traf, lag ich gekrümmt auf dem Laken. Ich rieb mir die Augen, doch es war unmöglich, sie zu öffnen. Erst nach einer Weile, als ich sie mit der Hand beschattete, wagte ich zu blinzeln.

Es war nicht der Himmel. Es war unser Zimmer im Grand Hotel Marina di Languore, Italien.

Die Sonne. Das Erste am Morgen war die Sonne, die nach dem Aufgang über dem Meer ihre Strahlen direkt durch die nach Osten gelegenen Fenster unseres Zimmers schickte. Mit einer unglaublichen Kraft eroberte sie Zentimeter für Zentimeter meiner Bettdecke, die ich geblendet hochzog, um vor ihr Schutz zu finden. Sie gewann an Strahlkraft und Helligkeit, bis sie endlich über meine Augenlider hinweggezogen war. Noch im Halbschlaf eroberte die Sonne mein Leben. So war es am allerersten Morgen, und so würde es auch die nächsten einundzwanzig Tage sein.

Spätestens jetzt war an Schlaf nicht mehr zu denken. Es war früh. Verdammt früh. Aus dem Augenwinkel nahm ich eine Bewegung wahr. Leonie war von der Sonne noch vor mir wachgeküsst worden und hatte erwartungsgemäß ganz anders reagiert als ich, der ich mir mürrisch die Decke über das Gesicht zog. Sie hatte die Türen weit geöffnet und stand auf dem winzigen Balkon wie eine Morgengöttin, in einem dünnen Nachthemd, durch das die Sonne fiel und jede Kontur ihres Körpers sichtbar machte.

»Ist das nicht herrlich?«, fragte sie, als sie sich umdrehte und bemerkte, dass ich aufgewacht war, obwohl ich mir größte Mühe gab, so zu tun, als ob ich noch schliefe.

»Ja, es ist wunderbar. Aber könntest du vielleicht den dunklen Vorhang ein bisschen vorziehen?«

»Warum denn?«

»Die Sonne brennt mir direkt ins Gesicht.«

»Aber ist das nicht herrlich?«, wiederholte sie, und ob ihre Fassungslosigkeit angesichts meines sonnenverweigernden Ansinnens gespielt war oder nicht, vermochte ich nicht zu sagen. »Deswegen sind wir doch hier, oder nicht?«

Ja, deswegen waren wir hier. Unter anderem. Jeder hat ja so seine Erwartungen, die er erfüllt, wenn nicht übertroffen sehen möchte. Meine war es allerdings nicht, mir schon vor sieben Uhr einen Sonnenbrand zu holen. Ich weiß schon, dass das erwiesenermaßen gar nicht möglich ist – aber jeder hat auch so seine Befürchtungen. Alle völlig irreal, natürlich.

Ganz real aber war dies der erste Morgen unserer dreiwöchigen Ferien an der Adria. Er begann mit dem, was in Italien so zuverlässig funktioniert wie anderswo der Regen oder der Wind: Sonne pur. Sonne grell. Sonne heiß. Sonne überall.

»Italien wird dir gut tun«, hatte sie mir versprochen. Leonie ist eine unerschütterliche Optimistin, und im Laufe der langen Jahre meines Zusammenlebens mit ihr hatte ich mir angewöhnt, ihr alles zu glauben. Mit einem winzigen Restzweifel, versteht sich, aber ich hütete mich wohlweislich, auch nur einen Zipfel davon spürbar werden zu lassen.

»Henry Wunderlich«, sagte ich stumm zu mir, »steh auf und stelle dich an die Seite deiner sonnenhungrigen Frau. Du hast versprochen, sie glücklich zu machen. Also halte dein Versprechen!«

1

Wenn ein Freund mich damals beschrieben hätte, so hätte er wohl gesagt, dass ich ein wohltemperierter, ausgeglichener Mann bin, der es liebt, morgens in Ruhe seine Zeitung zu lesen, und der anschließend in sein

Büro spaziert, um ohne viel Aufhebens und Geschrei seiner Arbeit nachzugehen: dem Schreiben. Er hätte gesagt, dass ich friedlich und liberal bin. Ich habe meine Frau noch niemals angeschrien und schlage meine Kinder nicht. Ein Anti-Macho und in keinster Weise eifersüchtig. Ein Nordlicht, wirklich. Doch das war vor unserem Urlaub in Marina di Languore, bevor mein ganzes Leben auf den Kopf gestellt wurde und ich den Italiener in mir entdeckte.

Nachdem ich mit Leonie, einer stolzen Hanseatentochter, die Frau meines Lebens gefunden und für immer an mich gezogen hatte, entsprang aus den freudvollen Betätigungen unserer dynastischen Pflicht ein Nachwuchs, wie er schöner nicht sein kann: Zwei Töchter, zuerst Julia, dann Laura – sie waren und sind der ganze Stolz der Wunderlichs.

Mit ihnen war die Familie komplett und blieb es für lange Zeit. Und in dieser Familie ist meine Frau unbestritten der Mittelpunkt. »Mami ist der Bestimmer, oder?«, fragten meine Töchter mich, als sie klein waren, aber doch groß genug, um darauf nicht ernsthaft eine Antwort zu erwarten. Leonie selbst würde das nie so sagen oder auch nur akzeptieren, dass irgendjemand es ernsthaft so sieht und behauptet. Doch bei ihr laufen nun einmal alle Fäden zusammen und ihr ausgeprägtes Organisationstalent, ihre Kontrolllust, ihre muntere

Gegenwärtigkeit prädestinieren sie geradezu zur familiären Führungskraft. Wo ich vielleicht zu nachgiebig, konfliktscheu, harmoniesüchtig und auf Ausgleich bedacht bin, setzt Leonie ganz auf lustvolle Führung ihrer kleinen Truppe und behält stets das Heft in der Hand. Nicht etwa, dass sie selbstherrlich bestimmt, was bestimmt werden muss – sie führt nur die verschiedenen Interessen ihrer Familienmitglieder so geschickt zusammen, dass ihre letztendliche Entscheidung von jedem respektiert und getragen werden kann.

Wie jedem in dieser Hinsicht verwöhnten Mann war es mir nur allzu recht, dass ich nicht die Last der Entscheidungen zu tragen brauchte. Auch in der uns jährlich wochenlang beschäftigenden Frage, wo die schönste Zeit des Jahres verbracht werden soll, fungiere ich bestenfalls in ratgebender Funktion. Wobei ich zugeben muss, ohnehin nicht sehr urlaubskompatibel zu sein. Ich mache nicht gerne Urlaub. »Endlich Ferien!« ist nicht gerade mein Lebensmotto, aber das behalte ich für mich, so gut es geht. Wenn es nach mir ginge, müsste man gar nicht in den Urlaub fahren. Dem Ferienkult, der heute betrieben wird, stehe ich etwas ratlos gegenüber. Diese ganze Energieverschwendung für zwei, drei Wochen. Ja, wenn man sich noch das beschauliche »Reisen« leisten könnte, so wie man es früher betrieben hat, als Zeit offenbar keine Rolle spielte und man sich gemächlich seinem Ziel näherte, um dann lange, lange dort zu sein. *Wir sind den Winter über in Sils Maria und kommen im April zurück* – das wäre mal eine Ansage. Aber Urlaub?

»Henry Wunderlich«, sagt Leonie oft, »du lebst in deiner eigenen Welt.«

Ich fühle mich tatsächlich wohl an meinem Schreibtisch oder wie Leonie sagen würde: in meiner Welt. Das Schreiben ist zwar meine Arbeit, aber auch mehr als das: eine Existenzform, die durchaus mühevoll sein kann, mir mehr noch allerdings tiefe Befriedigung schenkt. Ja, mein Beruf ist ein Glücksfall: Während ich arbeite, lebe ich, und umgekehrt. Es gibt keine perfektere Flucht aus der Wirklichkeit, mit der man das nötige Geld für die Bewältigung eben dieser Wirklichkeit verdienen kann. Nach einigen Jahren als Dozent an der Universität habe ich den Sprung in die Selbständigkeit nie bereut. Seit zwanzig Jahren bin ich nun Schriftsteller. Oder Autor, wie man heute zu sagen pflegt. Ich schreibe mit schöner Regelmäßigkeit jedes Jahr einen Kriminalroman, mein Publikum ist zuverlässig und begeistert. Ich verdiene keine Millionen, aber wir können davon leben – und in Urlaub fahren.

Wenn eine Familie in den Sommerurlaub fährt, ist das in etwa so wie eine Operation am offenen Herzen. Wenn alles gut läuft, hat man viel Glück gehabt. In der Regel – so meine Erfahrung – geht keiner ohne Blessuren aus diesem Abenteuer hervor. Denn wie Weihnachten ist auch der Sommerurlaub ein hochemotionales Konglomerat mehr gegeneinander als miteinander strebender Kräfte, dem oft genug ein heftiges Ringen um Kompromisse vorausgeht.

Vielleicht liegt es an meiner kindlichen Prägung, dass ich mit dem Wort Urlaub nichts Verheißungsvolles verbinde. In meiner Familie waren die Ferien kein Anlass für größere Reisen, man verbrachte sie traditionell im eigenen Garten. Es gibt für mich keine Bilder, keine Geschichten von glücklichen Ferienreisen. Die Erinnerung an die Sommerfrische am Meer, unter Sonnenschirmen dösen, sich stundenlang durch den Sand wühlen, kiloweise Muscheln am Strand sammeln, ist mir verwehrt. Über die Alpen, nach Süden, hatte sich unser Blick nie gerichtet.

Und so ist auch mit meinen fünfzig Lebens-, zwanzig Ehe- und achtzehn Familienjahren der Sommerurlaub mit der Familie noch immer nichts, woran mein Herz hängt. Ich verbringe ihn natürlich wohl oder übel mit meinen Lieben, doch eigentlich bedeutet er mir nichts. Für mich ist Urlaub eine im besten Fall ganz angenehme Verlagerung meines Lebens- und Arbeitsortes in ein anderes Klima, das nicht zu heiß sein sollte. Dort übernehme ich klaglos meine väterlichen Pflichten, beschäftige mich ein bisschen mehr als sonst mit meinen Töchtern und bin auch meiner Frau ein wenig entspannter zugetan als im Alltag. Doch eine irgendwie fiebrige Urlaubserwartung, eine ausgelassene Ferienstimmung überfällt mich selten.

Fernreisen außerhalb Europas muss Leonie mit unseren Kindern allein unternehmen, denn zu Henry Wunderlichs anachronistischen Eigenheiten gehört, dass er noch nie in seinem Leben ein Flugzeug bestiegen hat und das auch in zunehmendem Alter nicht zu tun gedenkt. Zu Wasser oder zu Lande wie Marco Polo, sage ich immer, wenn mich jemand deswegen erstaunt anguckt. Und wie dieser nenne ich auch weder Auto noch Führerschein mein Eigen, was für die Organisation jedweder Ferien nicht gerade optimal ist. Bahnfahren wiederum löst wenig Begeisterung bei Leonie und den Mädchen aus. Kurzum: Jedes Frühjahr, wenn die Sommerferien in Sichtweite kommen, gibt es nicht enden wollende Familienkonferenzen mit unübersichtlichen Diskussionen, wer wann mit wem wohin möchte. Auch diesmal war es nicht gerade einfach gewesen, die Mädchen für den gemeinsamen Urlaub zu gewinnen.

»Natürlich fahren wir alle zusammen«, fasste Leonie schließlich alle unsere Überlegungen resolut zusammen. Julia, unsere Älteste, war gerade achtzehn geworden, es würden vermutlich die letzten Ferien sein, die wir zu viert verbringen würden. Nur wo, das war die Königsfrage.

Ich wusste natürlich, dass kulturbeladene Vorschläge von meiner Seite nicht mehrheitsfähig waren und nicht den Hauch einer Chance hatten, sich gegen das in meiner Familie übermächtige Bedürfnis nach Sommer, Sonne und Spaß durchzusetzen.

Julia schlug in jugendlicher Unbekümmertheit eine luxuriöse Ferienanlage auf Mauritius vor, in der eine Schulfreundin im Jahr zuvor einen angeblich sagenhaft angesagten Urlaub verbracht hatte. Laura trat vehement für einen Reiterhof in der Camargue ein, den sie im Internet entdeckt hatte; da gab es auch einen kleinen Film auf YouTube, vor den sie uns alle zerrte. Leonie schließlich brachte – wohl aus einer sentimentalen Kindheitserinnerung heraus – die Adriaküste ins Gespräch, genauer: das Grand Hotel in Marina di Languore, in dem sie mit ihren Eltern vor einem Vierteljahrhundert mehrere Sommer verbracht hatte.

Im Allgemeinen bin ich skeptisch gegenüber solchen Erinnerungen an bestimmte Bücher, bestimmte Filme, bestimmte Orte, die man dann und wann hervorkramt oder wiedersehen möchte. Sie halten einfach nicht stand. Das Buch ist nach ein paar Jahren bei weitem nicht mehr so spannend, der Film überhaupt nicht mehr so lustig, wie man es in Erinnerung hat. Und die Orte, sie ändern sich alle, und in den meisten Fällen nicht zum Besseren.

So lauschte ich mit skeptisch gerunzelter Stirn

den lebhaften Schilderungen meiner Frau. Das weiße Grand Hotel. Der feinpulvrige Sand des hoteleigenen Strandes, nur wenige Schritte vor der Terrasse. Der atemberaubende Ausblick vom Balkon auf das tiefblaue Meer. Das phantastische Essen. Es schien zu schön, um wahr zu sein. Doch ich zog eine Miene, als hätte ich auf eine Zitrone gebissen.

»Ach, komm.« Leonie lächelte und wuschelte mir durch das Haar, eine, wie sie immer behauptet, liebevolle Geste, die ich trotzdem nicht mag und die definitiv auf die Liste *Zehn Dinge, die ich an dir hasse* gehört. »Du musst auch mal ausspannen. Es wird dir gefallen. Goethe! Das Land, wo die Zitronen blühen!«

Ich entspannte augenblicklich. Nahm die Zitrone aus dem Mund und schenkte ihr ein scheues Lächeln. Vielleicht war es doch nicht so verkehrt, mal an die Adria zu fahren? Nach Italien. Ich war zwar schon in Venedig, Florenz und Rom gewesen, wo ich meinen Appetit auf alte Bauwerke und die Aromen früherer Epochen stillen konnte, doch die Adria kannte ich nicht. Hatte aber natürlich viel Schlimmes gehört, Teutonengrill und so. Tourismus von geradezu epidemischen Ausmaßen. Bausünden ohne Ende. Kilometerlange, übervölkerte Strände, die jeden halbwegs überzeugten Individualisten in die Flucht schlagen. Eine Sonne, die so heiß vom Himmel brennt, dass man nicht weiß, wo man sein permanentes Bedürfnis nach Abkühlung als

Erstes stillen soll. Und so weiter, und so fort. Die Adria – das klang nach einem abgegriffenen Mythos voller schlechter Angewohnheiten. Und das Meer war dort auch nicht gerade wie aus dem Bilderbuch.

Doch meine Phantasie brachte die missmutigen Flüsterstimmen in meinem Kopf zum Schweigen. Warum nicht Italien, das Sehnsuchtsziel der Deutschen noch immer? Schließlich ist es *das* Gegenmodell zu unserer teutonisch verplanten, erschöpfenden Effizienz, nicht wahr? Zumindest erträumen, ersehnen wir es uns so. Es gibt kaum ein anderes Land, das so viele Klischees hervorgebracht hat, dass es zuletzt zu einem Klischee seiner selbst geworden ist.

Was wusste ich schon von Italien? Gut, ich war oft in Venedig gewesen und hatte dort für meine Krimis recherchiert, fand mich mittlerweile in der Serenissima so gut zurecht, dass ich mich durch sie wie ein halber Einheimischer und nicht wie ein ganzer Tourist bewegte, und auch Rom gehörte zu meinen bevorzugten Reisezielen. Aber das waren Städte, voll von Kunst und Kultur. In einer der typischen italienischen Ferienregionen hatte ich den Sommerurlaub mit der Familie jedoch noch nie verbracht. Aber wie so oft im Leben gibt es immer ein erstes Mal.

Und so lief die kleine Illusionsmaschine in meinem Kopf rasch auf Hochtouren und produzierte eine Flut von Bildern und Empfindungen, denen ich mich lustvoll aussetzte. Schließlich bin ich Schriftsteller und abhängig von Phantasie. Das Meer, das Licht, die leichte Brise, die runden Hügel und die strengen Zypressen, die Erker und die Kuppeln, das vergnügte Summen der Insekten, der Gesang der Erde in der vergoldeten Abenddämmerung, die geheimnisvolle Stille und Klarheit des Himmels, wenn gerade die ersten Ausläufer der Finsternis über das Firmament streifen – erlebt das nicht jeder, der dieses Land besucht, als Lockerung seiner Sinne, als ein großes Auf- und Annehmen?

Wie so viele Deutsche vor mir schien auch ich plötzlich bereit, mich der Nostalgie in die Arme zu werfen, trunken zu werden von Licht und Luft, durch die stillen, holprig gepflasterten Gassen zu wandern, zwischen malerisch abbröckelnden Mauern leerer Villen hindurch. Die Hitze zu spüren in den mittäglich leeren Städten. Das Licht und die Farben zu trinken, die unendlichen Schattierungen des Himmels, die Landschaft und ihre Küsten, das Grün vor dem blauen Meer – all die Bilder, die zur unvergleichlichen Ausstrahlung des Mittelmeeres gehören und auf uns einwirken wie ein Aphrodisiakum, das uns willenlos macht. Das uns überwältigt. Ja, genau das ist es: Überwältigung.

Immer neue Bilder produzierte mein inneres Auge, eines verheißungsvoller als das andere: Buchten, die bei Sonnenuntergang die ganze Pracht des Himmels in sich aufnehmen, während auf den spiegelnden Wellen unzählige Reflexe tanzen und die Fischerboote in den Hafen zurückkehren. Die magische blaue Stunde, in der die Sonne sich gerade zur Ruhe gelegt hat und die kühle Brise der Nacht noch nicht aufgekommen ist. Die noch immer warmen Felsen, auf denen man eine Weile sitzt und die Zeit vergisst. Der Genuss, einfach herumzuschlendern durch dieses Licht, diese Farben, diese Ruhe und mit jedem Schritt das Glück zu spüren, lebendig zu sein.

Dieses Italien sah ich, als ich Leonie schließlich beherzt »Ja!« sagte.

Am Abend surfte ich heimlich im Internet, um Marina di Languore einem Realitätstest zu unterziehen und wenigstens ein paar Anhaltspunkte für eine begründete Beurteilung zu gewinnen. Die Hotelbewertungen auf verschiedenen Plattformen waren gut, wenn man mal von dem im Netz allgegenwärtigen Genörgel absieht. Auf seiner Webpage präsentierte sich das Hotel in altem, wenn auch frisch gestrichenem Glanz. Viele Photos, eines schöner als das andere. Wahrscheinlich ausgezeichnet mit dem italienischen Touristikpreis, sollte es so etwas geben. Und irgendwo, zwischen all den schönen Bildern und Texten, meinte ich etwas zu entdecken, das auch mich faszinierte: *italianità*. Die ganze italienische Lässigkeit eines unbeschwerten Feriensommers.

Ich sah Strohhüte, leichtbekleidete Mädchen, Schirmchen auf Eisbechern und gekühlte Drinks. Natürlich nur vor meinem inneren Auge. Aber ich sah sie. Zweifellos. Ich sah Möglichkeiten.

Nachdem die Eltern sich entschieden hatten, begann die Überzeugungsarbeit bei den Kindern. »Das Land, wo die Zitronen blühen« war für unsere Töchter offenbar nicht mit jenem romantischen Flair behaftet, dem wir Erwachsene uns so spontan hingegeben hatten. Goethes Italiensehnsucht schien ihnen gänzlich fremd, und vom Lied der Mignon hatten sie noch nie gehört. Auf den Lehrplänen der Schulen stehen heute keine Gedichte mehr …

Also schwärmten wir, was das Zeug hielt. Versprachen das Blaue vom italienischen Himmel. Malten Vergnügungen aus, wie sie schöner und aufregender nicht sein konnten. Laura, die eigentlich reiten wollte, war noch vergleichsweise leicht zu überzeugen: Sonne, Meer, Strand und kein einziges Schulbuch im Gepäck, dafür aber ein paar Schmöker aus Mamas Buchhandlung – sehr viel mehr brauchte es nicht, um sie zu begeistern. Und genug coole Klamottenläden im Ort, die wir ihr zusicherten, ohne die geringste Ahnung vom Shoppingangebot dort zu haben. Doch ein paar Läden würde es schon geben (wir sollten uns noch wundern, wie viele).

Julia hingegen befand kurz und bündig: »Viel zu langweilig!« Für sie war schon Italien »voll retro«, vermutlich ein Inbegriff der Spießigkeit. Was sollte man im Ernst im alten Europa, wo doch Mauritius, Kalifornien oder Ko Phangan lockten. Rom wäre ja noch gegangen, aber die Provinz? Da zog Julia ihr Näschen kraus. Und sie brachte von ihren Streifzügen durchs Web beunruhigende Kunde über Marina di Languore mit: zwar jede Menge Beach-Volleyball, aber kaum Clubs, kaum *street life*, das Kaff nicht gerade eine Location für *It-Girls*. »Da ist überhaupt nichts los. Wo soll ich denn abends hingehen?«, maulte sie.

»Nirgendwohin«, antwortete Leonie lakonisch. »Du liest noch ein bisschen, gehst früh schlafen und erholst dich.«

Diese weltfremde elterliche Zumutung würdigte Julia keiner Erwiderung.

Die Vorstellung, nur mit ein paar Büchern in einem Liegestuhl unter einem Sonnenschirm abgemalt zu sein, und das für mehrere Wochen, schien bei meiner Ältesten Panikattacken auszulösen. Sie gab ihren Widerstand erst auf, als sie erfuhr, dass ihre beste Freundin Melanie die Ferien ebenfalls mit ihren Eltern an der Adria verbringen würde, in einem nur wenige Kilometer entfernten Ort zwischen Ravenna und Rimini.

»Na, bitte! Das ist doch perfekt!«, rief Leonie überschwänglich. Großzügig sicherten wir Julia zu, dass es genug Mädelsabende für sie geben würde. Und großmütig bot Leonie ihr an, sie mit ihrer Freundin zusammenzubringen (und das hieß: sie zu chauffieren), wann immer sie es wolle. Ich glaube, sie hätte alles versprochen, um ihre Älteste für ihr Urlaubsprojekt zu gewinnen. So schmolz schließlich auch Julias Widerstand wie ein Eis im Hörnchen an der Sonne.

Also Marina di Languore an der Adria. Es war nicht unbedingt das, was ich mir als Traumziel ausgesucht hätte. Mich interessieren, wie gesagt, eher alte Städte, durch die ich spazieren kann. Und bitte nicht zu viel Hitze. Steigende Temperaturen und Lebensenergie gehen bei mir keine amalgamische Verbindung ein, im Gegenteil. Henry Wunderlich funktioniert bei über dreißig Grad nicht mehr. Er vegetiert dann vor sich hin, irgendwo im Niemandsland zwischen Bett, Tisch und Liegestuhl, und beäugt misstrauisch kleine rote Flecken auf der Haut – eine Sonnenallergie, die sich schon beim ersten sommerlichen Sonnenstrahl in einem heftigen Jucken manifestiert. Darum geht dieser Herr von Welt nie in kurzer Hose und selten im kurzärmligen Hemd und schon gar nicht barfuß oder in irgendwelchen Schlappen aus dem Haus, sondern stets vollständig bekleidet, wie es sich gehört. Schließlich will er auch im Sommer *bella figura* machen. Mit Sonnenhut, versteht sich. Wenn schon Klischee, dann richtig.

Meinen Sonnenhut mit brauner Schleife würde ich mitnehmen; Leonie hatte ihn mir vor ein paar Jahren in Rom gekauft, bei Troncarelli, in der Gasse, die von der Piazza Navona zum Campo de' Fiori führt. *Gegründet 1857*, wie in diesem Hut in goldenen Lettern auf dem Lederband eingeprägt war, eine klassische Adresse also, und *Genuine in Panama Ecuador*.

Meine Erleichterung, die ganze Familie zu einem Konsens in Sachen Ferienziel zusammengeführt zu haben, täuschte mich irgendwie darüber hinweg, dass ich meine Position in diesem Konzept erst noch finden musste. Der Strand kam aus naheliegenden Gründen für mich nicht in Frage, und wenn ich es richtig in Erinnerung habe, bin ich in den drei Wochen, die wir schließlich in Marina di Languore verbrachten, vielleicht drei oder vier Mal dort gewesen. Das Städtchen selbst versprach auch nicht gerade aufregende Entdeckungen, und der historische, angeblich von Leonardo da Vinci angelegte Hafen, mit dessen nostalgischen Bildern geworben wurde, dürfte in wenigen Spaziergängen erkundet sein. Mehr Kultur hatte Marina di Languore nicht zu bieten, und mehr war von den Zehntausenden Feriengästen sicherlich auch nicht gefragt.

Immerhin hatte das Hotel auf seiner Website verkündet, dass »Stil, Harmonie und Service eine perfekte Einheit bilden«. Genau das, was ein Schriftsteller in seinen Ferien sucht, oder? Darüber hinaus wandte sich das Vier-Sterne-Hotel ausdrücklich an »Familien mit Charme und Eleganz« und hatte die Besonderheit des Familienappartements zu bieten: ein großes Zimmer mit Meerblick für die Eltern, ein etwas kleineres Zimmer für die Kinder, mit getrennten Türen, jedoch beide miteinander verbunden durch einen winzigen Flur und ein gemeinsames Badezimmer. Ein solches Arrangement hatte Leonie gebucht, mit Vollpension. Frühstück »im Freien auf der sonnigen Panoramaterrasse mit Blick aufs Meer«, Speisen »in unserem eleganten Restaurant«.

»Ich muss nicht kochen!«, resümierte Leonie verzückt.

»Und ich nicht teure Restaurantrechnungen bezahlen!«, sagte ich mit nicht minder verklärtem Blick.

Dann war das Thema erledigt, für jene Wochen, in denen das Schuljahr seinem rühmlichen Ende entgegenging. Perfekt organisiert wie immer, beendete auch Leonie die Saison in ihrer Buchhandlung mit einem Anfall von Arbeitswut, übergab das Geschäft vertrauensvoll an ihre Urlaubsvertretung und erledigte auch sonst noch alles, was sie sich vorgenommen hatte. Ihr Mann schaffte es allerdings nicht, den Abgabetermin für sein neues Manuskript zu halten; er würde auch in Marina di Languore damit beschäftigt sein, zu schreiben. Allerdings erst in der zweiten und dritten Woche, wie er sich insgeheim vornahm.

»Toller Urlaub«, grummelte er.

»Es gibt Schlimmeres, als sich in einem schattigen Strandcafé bei einem Cappuccino und einem eiskalten San Pellegrino ein paar Seiten abzuringen«, befand Leonie kühl. Mit Mitleid von ihrer Seite war also nicht zu rechnen.

2

Wir waren früh aufgebrochen, erst wollten wir wegen befürchteter Staus am Brenner schon um sieben los, aber dann wurde es doch acht Uhr, bis unser alter Volvo so vollgeladen war, als würden wir allesamt auswandern und nicht nur für drei Wochen in die Ferien fahren. Allein Julia hatte einen Koffer, eine Reisetasche, einen Rucksack und einen Schuhbeutel von beängstigenden Ausmaßen zum Wagen getragen. Das Umhängetäschchen spielte dann auch keine Rolle mehr. Ich packte und lud und stopfte den Kofferraum, der mir leer immer geräumig wie ein Wohnzimmer vorkam – er war sogar mit Teppichware ausgelegt – bis unter das Dach voll. Es ist unglaublich, was Frauen für unverzichtbar erachten, sobald sie der heimischen Wohnung nur einen Augenblick den Rücken kehren.

Das kleinste Gepäckstück war meines, schließlich packen Männer, wie jeder weiß, äußerst ökonomisch. Nur ein kleiner Koffer. Und eine Tasche mit dem Mac-Book und ein paar Unterlagen für mein Manuskript. Ich hätte auch mit einem winzigen Alfa Romeo nach Italien fahren können. Goethe hatte auch nicht mehr dabei, wie ich gelesen hatte – »nur einen Mantelsack und Dachsranzen« (unter beidem konnte ich mir allerdings nicht viel vorstellen). Zu seiner Zeit war Reisen noch romantisch. Ein Abenteuer. In Bezug auf sein Gepäck war Goethe ein Minimalist. Meine Frauen hingegen waren für alles gerüstet.

Julia hatte sich überhaupt erst gar nicht die Mühe der Auswahl gemacht und zusammen mit Dutzenden T-Shirts und Sommerfähnchen gleich ihre gesamte Nacht- und Unterwäsche in den Koffer gestopft – ihr Kleiderschrank war fast leer. Und vier Bikinis, immerhin nahmen die nicht viel Platz ein. Was man von ihren Kosmetikutensilien nicht sagen konnte. Mit ihnen hätte eine Visagistin ein komplettes Filmteam schminken können.

Da Leonie als Einzige in unserer Familie einen Führerschein hat, lagen die siebenhundert Kilometer zwischen München und Marina di Languore sozusagen auf ihren schmalen Schultern. Ich persönlich habe nichts gegen das Auto, träume nachts sogar manchmal, dass ich Auto fahren kann. Es ist ein fabelhaftes Gefühl, ich schaue aus dem Fenster, gebe Gas und draußen fliegt die Landschaft vorbei, schneller und schneller. Auch in der Stadt bin ich im Traum schon Auto gefahren, aber das macht nicht so viel Spaß wegen der vielen Ampeln. Eigentlich gibt es keinen wirklichen Grund, warum ich keinen Führerschein habe. Ich bin weder ein militanter Autogegner, noch habe ich Angst vor dem Straßenverkehr. Es hat sich einfach nicht ergeben.

Dafür bin ich ein ziemlich begnadeter Proviantmeister. Leonie fährt immer mit vollgetanktem Wagen los und hat eine Abneigung gegen allzu frühe Unterbrechungen der Fahrt und säumige Pausen an irgendwelchen Tankstellen und in Rasthäusern. Sie fährt längste Strecken durch und hält nur widerwillig, wenn Mann oder Kinder ein gewisses drängendes Gefühl verspüren oder wenn sie frisch gebrühten Kaffee braucht. Allerdings bekomme ich schon wenige Kilometer hinter München Appetit, und meine Töchter auch. Da Pausen von der Fahrerseite her kategorisch abgelehnt werden, ist es ratsam, die Provianttasche gut zu füllen, mit Capri-Sonne (für Julia, die verrückt nach diesem altmodischen Getränk ist), mit Eistee Pfirsich (für Laura), mit San Pellegrino (für Leonie) und mit Coca-Cola (für mich, der ich dieses bekanntlich zutiefst ungesunde Getränk nur unter ehelichen Blicken äußerster Missbilligung zu mir nehmen und auch nur unter den besonderen Umständen langer Autofahrten überhaupt in Betracht ziehen darf). Dazu Sandwiches oder sagen wir ruhig belegte Brote, Käse, Schinken, Salami, gekochtes Ei, da hat jeder in unserer Familie seine Vorlieben. Und Obst. Und Schokoriegel. Und andere Süßigkeiten. *Snackeria Wunderlich.*

Das Schild *Holzkirchen* war noch nicht an uns vorübergeflogen, da wurde die Proviantasche schon geöffnet, wurden die ersten Sachen ausgepackt und verteilt.

»Hast du keine Brote mit Frischkäse gemacht?«, maulte meine Älteste.

»Aber natürlich. Schau nur mal richtig nach, Julchen.«

»Nenn mich nicht immer Julchen. Ich bin doch kein kleines Mädchen mehr. Ohne Frischkäsebrote sterbe ich«, sagte sie dann übergangslos mit einem theatralischen Seufzer. »Gibt's auch Tomaten?«

»Du bist sooo ein Freak«, stellte Laura fest und rollte die Augen theatralisch nach oben. »Wirst doch mal Schinken oder Schnittkäse essen können.«

»Niemals!«

»Die Tomaten sind in der Tupperbox. Damit sie nicht gedrückt werden und die Reise heil überstehen«, informierte ich.

»Und Salz?«

»Seid vorsichtig«, mahnte Leonie mit beunruhigtem Blick in den Rückspiegel. »Schmiert mir die Sitze nicht voll!«

Julia biss ungerührt zu. »Irgendwie ist das Brot trocken.«

»Wie dick soll ich den Käse denn noch draufstreichen?« Ich verdrehte ungehalten die Augen.

»Dicker.«

»Wie bitte?«

Sie verdrehte die Augen. »Dicker. Es ist zu viel Brot und zu wenig Käse.«

»Und ... schmeckt der Käse unserer Prinzessin wenigstens?«

»Der Hunger treibt's rein.«

Nun verdrehte Leonie die Augen und warf mir einen leicht entnervten Blick zu.

Unsere Familie ist Weltmeister im Augenrollen.

🛵 3

Nachdem wir über eine Stunde durch eine Reihe Radiosender – Dudelfunk von *Antenne Bayern* bis zum unerträglich gut gelaunten *Radio Charivari* – gesurft waren, schien es mir angeraten, unsere bevorstehenden

Ferien sozusagen auf ein kulturelles Niveau zu heben. Wir hatten gerade den Brenner, diesen prosaischen Übergang vom Norden zum Süden, hinter uns gelassen, da deklamierte ich feierlich die einzige Gedichtstrophe, die ich auswendig kannte:

Kennst du das Land, wo die Zitronen blüh'n,
Im dunkeln Laub die Gold-Orangen glüh'n,
Ein sanfter Wind vom blauen Himmel weht,
Die Myrte still und hoch der Lorbeer steht?
Kennst du es wohl? Dahin!
Dahin möcht' ich mit dir,
O mein Geliebter, ziehn.

Die Reaktionen meiner Familie waren zu erwarten gewesen und boten keinerlei Überraschung: Leonie zeigte ein feines, nachsichtiges Lächeln; auf Lauras Gesicht legte sich ein verträumt-entzückter Ausdruck; Julia stöhnte leise, aber unüberhörbar auf und blickte mit gelangweilter Miene aus dem Fenster.

»Das war Goethe, Julchen.«

»Du bist aber nicht Goethe, Papa«, erwiderte sie kühl.

»Wohl wahr, mein Kind, ich weiß es wohl«, sagte ich gravitätisch-ironisch. »Trotzdem können wir einen Augenblick innehalten in unserer banalen Existenz und uns vergegenwärtigen, was Goethe vor zweihundertfünfundzwanzig Jahren empfunden haben mag, als er seine Reise nach Italien unternahm und südlichen Gefilden zustrebte.«

»Mignons Lied ist aus *Wilhelm Meisters Lehrjahre*, mein Liebster«, warf meine Frau ein, ohne den Blick von der Fahrbahn zu wenden. »Nicht aus der *Italienischen Reise*.«

Das war mir neu. »Nicht aus der *Italienischen Reise*?«

»Nein. Mignon ist bekanntlich französisch und bedeutet ›Herzchen‹, ›Liebling‹. In der knabenhaften Figur dieses Mädchens nimmt Goethes Sehnsucht nach Italien Gestalt an. Er legt ihr in seinem Roman das Lied *Kennst du das Land, wo die Zitronen blüh'n* in den Mund.«

»Was du alles weißt«, staunte ich ehrlich.

»Germanistik in Heidelberg. Erstes Staatsexamen mit Prüfungsthema über Goethes berühmte Reise.«

»Lass es gut sein, Schatz, sonst geht vor unseren Kindern noch der Rest meiner Autorität flöten.«

»Welche Autorität?«, fragte sie mit einem boshaften Seitenblick.

Noch bevor ich diesen unterhaltsamen Schlagabtausch fortsetzen konnte, meinte Laura von hinten: »Mir gefällt das mit dem Geliebten.«

»Wie?«

»Dass Mignon mit ihrem *Geliebten* in das Land, wo die Zitronen blühn, ziehen will. Das ist sooo romantisch!«

»Du hast doch gar keine Ahnung, was ein Geliebter ist«, warf Julia höhnisch ein. »Du Teenie!«

»Hab ich doch!«, erklärte Laura trotzig.

»Wie bitte?« Die Stimme des strengen Vaters. »Davon weiß ich ja gar nichts.«

»Sie meint es rhetorisch, Paps«, sagte Julia herablassend. »Keine Angst, Laura hat noch keines Jungen Hand je berührt.«

Lauras »Hat sie doch, du blöde Kuh!« und mein »Das will ich aber auch hoffen!« kamen gleichzeitig und ergaben deshalb keinerlei Sinn.

»Soll das ein Geständnis sein, Laura?«, fragte ich mit gespielter Strenge.

»Ach was, Geständnis. Dieses Pummelchen hat nichts zu gestehen.« Julia war auf einem streitlustigen Trip.

Ich blickte mich um. Lauras Augen füllten sich wie so oft in letzter Zeit mit Tränen. Sie blickte starr aus dem Fenster.

Leonie rettete die Situation wie stets mit weiblichem Instinkt.

»Lassen wir's auf sich beruhen. Seht nur die Berge. Ist das nicht grandios, dieses Panorama?«

»Haben wir noch Capri-Sonne?«, fragte Julia und schaute demonstrativ *nicht* aus dem Fenster. Sie kramte in der Provianttasche, die sie zwischen sich und ihre Schwester gestellt hatte. Sozusagen als Sicherheitsabstand. Laura blickte weiterhin aus ihrem Seitenfenster.

»*Spectacular, spectacular*«, sagte ich. »Die Berge, meine ich.«

»Du musst nicht so ironisch sein«, kam es von meiner linken Seite. Leonie zeigte nach draußen. »Schau, das ist doch unglaublich, oder? Diese Wälder! Diese Burgen! Sieh mal dort oben, das kleine Kastell auf dem Berg!« Der Wagen machte eine kleine Schlingerbewegung nach rechts. »Und das Dörfchen mit dem Kirchlein, das sich darunter schmiegt. Seht ihr das?«

»Ja«, beeilte ich mich zu sagen. »Wir sehen es. Aber lass um Himmels willen die Hände am Lenkrad.« Ich schaute nach draußen. »Das geht da rechts ganz schön runter, finde ich. Hier sind bestimmt schon viele verunglückt. Sie schauen sich die Berge an und verlieren die Straße aus dem Blick. All diese vielen Kurven! Und bitte fahr etwas langsamer, mir ist schon ganz schlecht.«

Mir wird auf Autofahrten immer schlecht. Mir wird in jedem Fortbewegungsmittel schlecht. Es kommt stets irgendwann der Augenblick, wo ich stärkste Fluchttendenzen verspüre. Mein Magen tanzt Wiener Walzer, und der Wunsch, mich hinzulegen und auszustrecken und ganz ruhig zu verharren, wird übermächtig. Natürlich ernte ich in meiner Familie mit solchen Bekundungen meiner prekären Befindlichkeit nur Hohn und Spott.

»Meine Güte, Henry«, meinte Leonie seufzend. »Ich fahre doch nur achtzig.«

»Aber das sind Serpentinen!«

»Das sind keine Serpentinen«, versicherte mir meine Frau ernsthaft. »Die Straße schlängelt sich doch bloß ein bisschen. Wenn du selbst Auto fahren würdest, wäre das überhaupt kein Problem für dich. Du hast einfach kein Vertrauen in meine Fahrkünste. Nach zwanzig Jahren – noch immer kein Vertrauen! Ein Armutszeugnis, wenn du mich fragst.«

»Ich frag dich aber nicht. Ich bitte nur darum, vorsichtig zu fahren. *Die Straße schlängelt sich doch bloß ein bisschen*«, äffte ich sie nach. »Schau nur mal nach links, der Abgrund geht Hunderte von Metern in die Tiefe.«

»Ich richte meinen Blick lieber wie gewünscht nach vorn auf die Fahrbahn«, beschwichtigte Leonie. »Zu deiner ganz persönlichen Sicherheit! Sei froh, dass du nicht wie Goethe in der Kutsche über den Brenner fahren musst. Da wäre dir garantiert übel geworden. Du hättest dich vor Übelkeit gar nicht retten können.«

»Papa, echt jetzt. Du bist solch ein Paniker!«, kam es von hinten. Julia sog mit dem Strohhalm geräuschvoll die letzten Tropfen Capri-Sonne aus der Packung. »Du hast keinen Führerschein. Du fliegst nicht. Du fährst nicht ... nichts ... nicht einmal Fahrrad. Wird dir auf dem Fahrrad eigentlich auch schlecht?«, schloss sie mit Spott in der Stimme.

»Lasst Papa in Ruhe!« Laura legte von hinten fürsorglich die Arme um meinen Hals.

Ich tätschelte gerührt und dankbar ihre Hände. Laura ist immer so völlig ohne Arg. Immun gegen Ironie. Gefeit gegen Missgunst und Neid. Ein Sonnenkind. Mein Augenstern. Julia dagegen ist eine Prinzessin. Kapriziös bis in die Fingerspitzen. Kühl, elegant, umschwärmt. Eine achtzehnjährige Grace Kelly. Oder Gwyneth Paltrow.

»Wir wollen lieber ein Hörbuch einlegen«, schlug ich vor, um von meiner Person abzulenken.

»Oh ja«, rief Laura.

»Was denn?«, fragte Julia misstrauisch.

»Wirst schon hören«, brummte ich und kramte im Fach der Seitentür herum. Ich schob eine CD in den Player, der sie leise sirrend einsaugte, und drückte auf *Play*.

»Früh drei Uhr stahl ich mich aus Karlsbad, weil man mich sonst nicht fortgelassen hätte«, erklang eine sonore Stimme. »Die Gesellschaft, die den achtundzwanzigsten August, meinen Geburtstag, auf eine sehr freundliche Weise feiern mochte, erwarb sich wohl dadurch ein Recht, mich festzuhalten; allein hier war nicht länger zu säumen. Ich warf mich ganz allein, nur einen Mantelsack und Dachsranzen aufpackend, in eine Postchaise ...«

»Was ist denn das?«, rief Julia entgeistert.

»*Die Italienische Reise*. Von Goethe«, riefen Leonie und ich unisono.

»Oh nein!«

»Oh doch!«

»Strafe muss sein.« Laura sagte es nicht triumphierend. Sie stellte es nur fest. Dann lehnte sie sich zurück und schloss die Augen.

Ich lächelte. Ich saß mit dem Dichter in seiner Kutsche, ihm gegenüber, wir rumpelten die engen, holprigen Wege durch die alpine Bergwelt, durch Südtirol. Und mir wurde überhaupt nicht schlecht.

»Nun ging mir eine neue Welt auf«, erzählte Goethe. »Ich näherte mich den Gebirgen, die sich nach und nach entwickelten ...«

Nach dem Ausflug in Goethes Sehnsuchtsland wurden wieder – ganz paritätisch, jeder kam zum Zuge – CDs eingeschoben. Musik, so laut, so schön. Ich lehnte meinen Kopf an die Scheibe, und mein Blick verlor sich in der Tristesse oberitalienischer Autobahnlandschaften. Schilder flogen vorbei – Florenz, Bologna, Modena –, bis zum ersten Mal Rimini genannt wurde und das *Navigon* schließlich die verbleibenden Kilometer mit einer zweistelligen Zahl anzeigte.

Nach der Autobahn kamen die Landstraßen mit ihren Dutzenden von Kreiseln und Ausfahrtmöglichkeiten. Dies war so ganz und gar nicht das Italien, das meine Träume imprägniert hatte. Die Straßen liefen durch ein staubiges Nirgendwo, die Hitze war so flirrend, dass ich für die hochtourig laufende Klimaanlage tiefe Dankbarkeit empfand.

»Wir haben es bald geschafft«, sagte Leonie ein ums andere Mal. Die letzten zweihundert Kilometer hatten sich die Mädchen auf den Rücksitzen zusammengekuschelt und waren in einen tiefen Schlaf gefallen, wie ihn selbst Märchenprinzessinnen nicht oft erleben. Ab und zu blickte ich nach hinten, dann sah ich Leonie an, die den Blick auf die Straße richtete, konzentriert den Anweisungen des *Navigon* folgte, mir allerdings mit einem amüsierten Seitenblick zu verstehen gab, dass auch sie das schlafende Duo im Rückspiegel gesehen hatte.

Dann näherten wir uns dem Ziel. Ein paar Abbiegungen rechts und links, und die Straße wurde belebter. Sehr belebt, um es genau zu sagen. Marina di Languore, Via Andrea Costa, ein breiter Boulevard führte mitten durch die Stadt. Und je näher wir dem Zentrum kamen, umso mehr Passanten standen am Straßenrand. Sie klatschten. Wurden ankommende Touristen hier immer so frenetisch begrüßt? Die Mädchen blickten staunend durch die Fenster. Ein unbeschreiblicher Jubel. Fahnen wurden geschwungen. Wir kamen nur im Schritttempo voran, enthusiastisch winkten uns Hunderte von Zuschauern zu, pfiffen anerkennend, klopften johlend aufs Wagendach. Die Mädchen winkten lächelnd zurück. Ich nickte wohlwollend mit dem Kopf. Leonie verzog amüsiert die Mundwinkel. Was für eine Begeisterung! Selten bin ich in einer Stadt noch so enthusiastisch empfangen worden. Ein warmherziges Volk, diese Italiener!

Erst am Abend im Hotel sollten wir erfahren, dass Marina di Languore an diesem Tag den Aufstieg in die nächste Fußball-Liga feierte. Wir waren in einen Autokorso hineingeraten.

🛵 4

Wie ein Märchenschloss erhob sich das Grand Hotel über der Piazza, die mit Palmen, ornamental ausgeschnittenen Rasenflächen und Sitzbänken wie ein kleiner Park wirkte, der allerdings den Nachteil hatte, dass an ihm vorbei die Straße verlief. Weiß gestrichen, mit vanillegelben Balkonen und einzelnen dunkelroten Partien, reckte sich das vierstöckige Gebäude dem Betrachter entgegen wie eine Schöne, die mit ihren Reizen nicht geizen will. Auf dem Dach Statuen und Flaggen, vor dem Haupteingang eine geschwungene Steintreppe mit rotem Teppich, der jedem der darauf emporschritt, sogleich das Gefühl verlieh, etwas ganz Besonderes zu sein. Und doch hatte der Bau angenehme Proportionen, er wirkte nicht wuchtig oder massiv, sondern eher wie eine – zugegeben ziemlich groß geratene – Sommervilla. Die meisten Zimmer hatten kleine Balkone, allerdings mit mächtigen Steinbalustraden.

Das Grand Hotel war der alles beherrschende Bau an diesem Platz, ja, wie ich später feststellen sollte, des ganzen Städtchens Marina di Languore. Es verströmte Belle Époque pur, war aber, wie ich ebenfalls erfahren sollte, erst 1929 erbaut worden, als dieser historistische Prunkstil längst aus der Mode gekommen war, und konservierte sozusagen den Prototyp des Grand Hotels nach der Jahrhundertwende, als die Badeorte an der Adria zu den angesagtesten Plätzen zählten. Sicherlich hatte das Hotel in seinen Anfangsjahren Scharen von illustren Gästen beherbergt, war in den Monaten der Sommerfrische eine erste Adresse gewesen für alles, was Rang und Namen hatte und am Meer Abkühlung und Erholung suchte. Immer noch strahlte das Grand Hotel eine aristokratische Atmosphäre aus, und wenn man es betrat, glaubte man eine Zeitreise zu machen.

Als wir die Stufen der Freitreppe mit dem roten Teppich hochstiegen, erschöpft und zugleich erwartungsvoll, eilte ein soignierter Herr auf uns zu, der sich als Giovanni Tornatore, Hoteldirektor, vorstellte. »Ah, Signore e Signori!«, rief er und breitete die Arme aus, als seien Verwandte im Anmarsch und nicht ihm noch unbekannte Gäste. Überwältigt von dieser typisch unverfälschten Gastfreundschaft der Romagna, ließen wir uns wie alte Freunde umarmen und auf die Schulter klopfen, schüttelten wir Hände, nicht nur die des Direttore, sondern auch die seiner bezaubernden Gemahlin Elena, welche wohl die Empfangsleiterin hier war und ein fast perfektes Deutsch sprach. Es gab noch einen rundlichen Portier, einen ebenfalls stattlichen Gepäckträger sowie zwei hinreißend aussehende junge Damen in dunklen eleganten Kostümen, deren wichtigste Aufgabe an der Rezeption wohl in einem niemals erlöschenden Lächeln bestand. Sie alle schienen hocherfreut, dass wir den Weg in ihr Traumschloss gefunden hatten.

Während der Gepäckträger hinauseilte, um seinen riesigen Wagen mit unseren Koffern und Taschen vollzuladen und die ganze Bagage dann auf unsere Zimmer zu bringen, Leonie mit dem Einchecken beschäftigt war und Julia sogleich mit dem smarten *barista* anbandelte, der hinter der Theke seiner kleinen Bar hantierte, flanierte ich durch die großzügige Hotelhalle. Die Sofas und Sessel der in verschiedenfarbigen Seidenstoffen bezogenen Sitzgruppen schienen von einiger Bequemlichkeit. Hier würde ich gut Zeitung lesen können, meine Mails checken, mir gekühlte Drinks servieren lassen. Die hohen Türen zur Terrasse waren weit geöffnet, und der Abendwind bauschte die Vorhänge, als sorgte eine unsichtbare Regie dafür, den größtmöglichen Eindruck von unbeschwertem sommerlichem Flair entstehen zu lassen. Ich trat hinaus auf die Terrasse, die sich auf der gesamten rechten Seite des Hauses entlang erstreckte und auch noch die zum Meer gelegene Seite umfing. Die hoteleigene *spiaggia* mit ihren langen Reihen aus blauen Sonnenschirmen und weißen Liegestühlen war zu dieser spätnachmittäglichen Stunde nur noch von wenigen Gästen frequentiert. Das Wasser glitzerte schwach in der tiefstehenden Abendsonne, die von der Landseite her auf das Meer fiel, doch die Sonnenaufgänge versprachen hier an der Ostseite des Hotels spektakulär zu werden. Der neben der Terrasse gelegene Swimmingpool mit seinen Liegen lag verlassen da, einer der Hotelangestellten räumte auf und rückte alles akkurat gerade. Auf dem sich anschließenden Tennisplatz mühten sich zwei ältere Herren in einem Spiel, dessen Schwung erschöpft war.

Eine Phalanx strahlend weißer Sonnenschirme war auch über dem rotgelb gewürfelten Terrazzoboden der beiden in rechtem Winkel zueinander stehenden Terrassen aufgespannt und versprach angenehmen Schatten an heißen Sommernachmittagen. Ich sah mich schon an einem der kleinen Tischchen sitzen, mit einem Strohhut auf dem Kopf, einem Kaffee vor mir und einem Zigarrillo im Mundwinkel – schreibend, träumend, in angenehmer Ruhe, ab und zu würde ich ein paar Bikinischönheiten nachblicken, die über die Terrasse den Weg zum Strand nahmen.

Zufrieden kehrte ich wieder zurück in die Halle, von der aus es übergangslos in die beiden durch offene Flügeltüren miteinander verbundenen Speisesäle ging, wo bereits für das Abendessen eingedeckt war. Bis auf den auch hier in mattem Rot und Ocker gewürfelten Boden und die dunkelblauen Volants vor den hohen Fenstern war im Speisesaal alles weiß: Die Tische waren weiß, die gefalteten Stoffservietten waren weiß, die Hussen der Stühle waren weiß, die Wände waren weiß, die Hemden der Kellner und die Schürzen der Kellnerinnen, die schon parat standen, waren weiß. Und sogar die prächtigen Lüster waren aus weiß gestrichenem Holz.

Man konnte den Speisesaal nicht betreten, ohne gleich an den drei riesigen Tischen vorbeizukommen, auf denen in mehreren Etagen das Antipasti-, Salat- und Dolci-Buffet aufgebaut, ja, man musste schon fast sagen: inszeniert war. In einem wagenradgroßen Parmesan steckte ein Käsemesser, das sich darauf zu freuen schien, bald in Aktion treten zu können. Salate, Vorspeisen, Brotkörbe, Platten mit Käse, Salami, Mortadella, salzigen Fischchen, eingelegtem Gemüse. Ungezählte Schüsseln mit Oliven, Gurken, Tomaten, Thunfisch, Zwiebeln, Bohnen. Olivenöle in einer beeindruckenden Flaschenparade, accompagniert von nicht weniger als zehn großen Pfeffer- und anderen Gewürzmühlen. Allein vom Anschauen dieser überbordenden Fülle an Desserts, Kuchen, frischen Erdbeeren, frischen, bereits aufgeschnittenen Melonen, an Zuppa Pavese, Tiramisu und Panna Cotta, an Pudding und Creme nahm man augenblicklich zu. Es gab sogar eine kleine Eistheke mit sechs verschiedenen Sorten, bewacht von einer überaus hübschen, adretten Kellnerin, die mir zulächelte, als warte sie nur darauf, meinem Abendessen hier einen unvergesslichen Abschluss zu bereiten.

Ich lächelte.

Ich seufzte.

Das wird ein schweres Gefecht mit den Kalorien, dachte ich. *Und wer daraus siegreich hervorgehen wird, ist keineswegs ausgemacht.*

»Atemberaubend«, rief ich aufgeräumt, erst auf Deutsch, dann auf Englisch, klatschte in die Hände und gab mit einer großräumigen Geste meiner Bewunderung Ausdruck.

Die dunkelhaarige Kellnerin nickte nur und ihre großen Augen glänzten. Ihr Lächeln war das Süßeste an diesem Süßspeisenbuffet.

🛵 5

»Signor Wunderlich!«, rief es von der Rezeption. Dort hatte man inzwischen alle Formalitäten erledigt und war bereit, uns auf die Zimmer in der dritten Etage zu begleiten.

Sowohl das riesige Zimmer für die Eltern als auch das wesentlich kleinere für die Kinder waren zweckmäßig eingerichtet. Es fehlte jeglicher Belle-Époque-Charme, den ich eigentlich erwartet hatte. Das Bett war riesig, alles andere – die kleinen Nachttischchen, der Kleiderschrank, die Gepäckablage und die Minibar mit einem darauf stehenden Fernseher – eher nüchtern. Es gab keine Sitzgruppe, ja, nicht einmal ein Sofa oder einen Sessel. Ein rundes Tischchen mit zwei hussenbezogenen Holzstühlen, mehr hatte das Grand Hotel in seinem Appartement nicht zu bieten. Ein bisschen enttäuschend, fand ich. Leonie nahm es gefasster. »Genau wie früher«, war ihr Kommentar. »Hier hat sich wirklich nichts geändert.«

In Windeseile hatte Leonie unsere Koffer ausgepackt, während die Mädchen in ihrem Zimmer dabei waren, binnen weniger Minuten das größte Durcheinander anzurichten. Eigentlich ging es ja nur darum, die Koffer zu leeren und die Schränke zu füllen, doch Julia und Laura hatten erst einmal alles auf die Betten gekippt, um dann dort mühsam Stück für Stück die Kleidungsstücke auseinanderzusortieren und dabei gleich in einen Streit zu geraten, den Leonie schlichten musste.

Julia war unschlagbar unpraktisch, sie lebte völlig rücksichtslos der Welt ihrer Phantasie sowie der Pflege ihrer bereits beträchtlichen Schönheit. Teint, Figur und Kleidung waren unerschöpfliche Themen, über die sie stundenlang reden, telefonieren, simsen und twittern konnte. Wir bekamen das natürlich nur am Rande mit, denn es kam nur noch selten vor, dass sie uns ins Vertrauen zog oder gar um unsere Meinung fragte. In dieser Hinsicht hatten wir unsere älteste Tochter längst verloren; sie war nur noch über eine ziemlich brüchige Leitung mit der Familie verbunden.

Mit einigem Entsetzen verfolgte Leonie daher, was Julia an Sachen auspackte. Es fehlte fast alles, was man auf Reisen gemeinhin so braucht, und sogar einiges, was man getrost als unabdingbar erachten könnte. Mit einer an Nachlässigkeit grenzenden Souveränität hatte Julia vor allem ihre Lieblingsstücke in den Koffer gestopft, und wofür sie das Paar Reitstiefel aus den zwanziger Jahren, das sie mal auf einem Flohmarkt ergattert und dann einen ganzen Herbst und Winter praktisch nicht mehr ausgezogen hatte, hier am Strand brauchte, blieb nicht nur mir vollkommen unerfindlich.

»Deine Tochter spinnt«, sagte Leonie zu mir.

In solchen Situationen ist Julia immer *meine* Tochter. Vermutlich will meine Frau damit in ihrer unnachahmlich charmanten Weise zum Ausdruck bringen, solche Verhaltensweisen und Marotten könnten nur das Produkt meiner fehlgeleiteten Erziehung sein. Väterliche Nachsicht, von der Leonie begreiflicherweise wenig bis gar nichts hält.

»Was um Himmels willen will sie mit diesen Stiefeln?«

»Keine Ahnung.«

An diesem ersten Abend unternahmen wir nach einem üppigen Abendessen mit vier Gängen, von dem wir pappsatt aufstanden, einen Spaziergang, um die Città Marina di Languore zu erkunden. Wir trotteten auf dem Pflaster, das noch erfüllt war von der Hitze des Tages, die auch nach dem Sonnenuntergang nicht nachlassen mochte. Mein Magen drückte von dem ganzen Essen und mich befiel ein unerklärliches Gefühl der Fremdheit.

Die Sonne war verschwunden, ich hatte ein T-Shirt (ohne Aufdruck, ich hasse diese flotten Sprüche und Statements, mit denen vor allem Frauen ihren Busen garnieren, so dass man gar nicht weiß, wo hinschauen – direkt auf den gewölbten Spruch oder doch besser irgendwoanders hin) und eine leichte helle Baumwollhose an, dazu blaue Turnschuhe. Für meine Verhältnisse war das schon ganz nah dran an ferienmäßiger Lässigkeit, die hier der angesagte Stil war. Allerdings hatte ich keine verspiegelte Sonnenbrille, die hier jeder zweite Mann trug, obwohl die Sonne, wie gesagt, längst nicht mehr schien. *It's never too dark to wear black*, hätte Julia gesagt, die sich ihre Sonnenbrille ebenfalls lässig in die Haare geschoben hatte und die Passanten mit gelangweiltem Blick musterte.

So zogen wir in schlenderndem Schritt über den Corso, an dem auch unser Hotel lag, und stellten uns auf den Rhythmus ein, der irgendwie von corsoartiger Gemächlichkeit war, und ich bemerkte die taxierenden Blicke der Menschen, die vorübergingen. Wir Hellhäutigen, die in München in diesem Sommer noch nicht allzu viel Sonne gesehen hatten, wurden gleich als Neulinge identifiziert. Meine Bräunungsbereitschaft, ja, -fähigkeit hielt sich sowieso in Grenzen, was ich vom Rest meiner Familie nicht behaupten konnte. Er war der Rasterfahndung ungeschützt ausgesetzt und nahm sie sich zu Herzen. Julia und Laura genierten sich sehr dafür, noch ganz am Anfang des gigantischen Bräunungsprozesses zu stehen, der ihnen bevorstand und dem sie sich mit Inbrunst hinzugeben gedachten. Auch Leonie wollte braun werden, wenn auch vielleicht nicht so exzessiv wie ihre beiden Töchter. Sondern so, dass sie »gesund« aussah. Sie hielt, ganz im Gegensatz zu mir, Blässe nicht für einen Ausweis von Noblesse.

Doch etwas anderes machte mir schon damals, an jenem ersten Abend zu schaffen: Ich passte irgendwie nicht hierher, das spürte ich genau. Nicht nur wegen der bereits Sonnenverwöhnten, es war mehr. Es war nicht meine Welt, durch die ich schritt, nicht mein Terrain. Ich war hier ein Fremdkörper, und dass ich es vermutlich in den kommenden drei Wochen bleiben würde, weil ich nicht im Ansatz bereit sein würde, etwas zu unternehmen, um dieses Gefühl mangelnder Anpassungsbereitschaft zu verlieren oder auch nur zu relativieren, das stimmte mich trübsinnig.

Wie kann man nur so ostentativ ferienresistent sein? Oh, bitte keine Sonne! Bitte nicht barfuß am Strand laufen müssen! Bitte nie ohne Strohhut! Bitte nicht diesem grellen Licht ausgesetzt sein! Bitte keinerlei sportliche Betätigung! Bitte nicht so laut!

Man muss kein Psychologe zu sein, um dieses Negativbündel an Bitten als das zu erkennen, was es war: Abwehr. Voll einsatzbereit für Genüsse war ich allein am Mittags- und Abendtisch. Ansonsten: Nein, danke. Eine sehr deutsche, sehr höfliche Form der Abwehr, die ich selbst ziemlich unsouverän fand. Aber nun, nach über fünfzig Jahren Konditionierung, hatte ich keine Exit-Strategie parat. Ich fand keinen Weg mehr aus den

Marotten, Gewohnheiten, Spleens, die ich inzwischen als einen Teil meines Wesens begriff und manchmal sogar für einen besonderen Ausweis an Originalität hielt.

Das alles ging mir schon auf unserem ersten Abendspaziergang durch den Kopf, der uns vorbeiführte an Dutzenden Bars und Restaurants, aus denen wummernde Musik nach draußen klang. Vorbei an Modegeschäften und Schuhläden, Krimskrams- und Souvenirbuden, Schmucktempeln und *Intimissimi*-Shops, Parfümerien und Outlets, aneinandergereiht wie eine Perlenkette. *Sportswear* war allgegenwärtig, Strandmode, Bikinis, Freizeitlook. Alle großen Marken. *Fred Perry* für die Jungs. *Benetton, Tommy Hilfiger* und *Maui Wowie* für die Mädchen. Das Entzücken meiner weiblichen Begleitung kannte überhaupt keine Grenzen mehr. Nur mit Mühe konnte ich die Mädels davon abhalten, mit spitzen Schreien in buchstäblich jeden dieser Läden und Shops hineinzustürzen, die natürlich am Abend alle geöffnet hatten und vermutlich überhaupt nie schlossen.

Als ich vollkommen unerwartet eine *Feltrinelli*-Buchhandlung erblickte, jubelte ich innerlich auf. Ich würde, das wusste ich schon jetzt, mich stundenlang dort aufhalten, obwohl ich keine fünf Sätze Italienisch konnte und neunzig Prozent der Buchtitel überhaupt nicht verstand. Allein die physische Nähe von Büchern würde mich unendlich beruhigen.

Leonie hatte meinen erleichterten Blick bemerkt. »Siehst du, mein lieber Henry«, schnurrte sie. »Da hat Marina di Languore doch auch für dich etwas zu bieten.«

🛵 6

Wie von Gold überglänzt standen wir in der Morgensonne unseres ersten Ferientages und blickten auf das Meer hinaus. Der Balkon war gerade so groß, dass wir beide uns neben- oder hintereinander stellen konnten. Es hätte ein schöner, ein unvergesslicher Augenblick sein können, voller berührungsseliger Zärtlichkeit, doch ich verpatzte es mit meinem mürrischen Gesichtsausdruck, mit dem ich der Sonne begegnete.

»Ach, Henry, musst du so griesgrämig schauen?«, fragte Leonie. »Es macht wirklich keinen Spaß, mit dir zu verreisen, wenn du immer so verdrossen guckst. Kannst du dich nicht freuen, dass wir alle an einem solch schönen Ort sein dürfen und dass nun drei Wochen unbeschwerte Ferien vor uns liegen?«

»Ich freue mich ja«, seufzte ich.

»Seltsame Art, seine Freude zu zeigen.«

»Ich freue mich!«, beharrte ich und versuchte ein Lächeln.

Leonie seufzte, als habe sie es mit einem Unbelehrbaren zu tun. Und womöglich war ich genau das: unbelehrbar. Nicht zu erheitern. Nicht zu erfreuen.

Dann hörten wir die Badezimmertür. Der Tag hatte unwiderruflich begonnen.

Der erste Ferienmorgen bot einen Vorgeschmack auf alle künftigen Vormittage. Nicht nur, was den bei uns üblichen Kampf ums Badezimmer betraf, der hier erstmals auf italienischem Boden, jedoch in gewohnter Heftigkeit ausgetragen wurde, sondern auch hinsichtlich des Frühstücks, das wie ein Ritual auf der Terrasse ablief, wo die Kellner schon die Tische eingedeckt und die großen Sonnenschirme aufgespannt hatten. Hier herrschte ein ständiges Kommen und Gehen der Familien, Paare und Einzelgäste, wie auf einer Bühne, auf der Schauspieler ihren Auftritt und Abgang haben. Eine Drei-Generationen-Großfamilie aus Holland fiel mir auf, in der sich die lauten mit den höflichen Elementen stritten. Ein französischer Vater in den besten Jahren mit seinen beiden Töchtern, die von derart extravaganter Schönheit waren, dass wir sie fortan nur »die Beautés« nannten. Dazwischen einige deutsche, englische und skandinavische Familien, die weniger auffällig waren. Ein paar Damen unbestimmbaren Alters, die mit wallenden Gewändern und Sonnenhüten groß wie Wagenräder Aufmerksamkeit beanspruchten.

Ein älterer Herr, der auch bei größter Hitze einen Anzug mit Krawatte und Einstecktuch trug, aus leichter Baumwolle zwar, aber formvollendet.

Der Maître, der die Kellnerschar souverän dirigierte, lotste uns an einen perfekt beschatteten Tisch, ließ die Menükarten da, aus denen wir die Wahl für Mahlzeiten zu treffen hatten. »Tak, tak«, sagte er ein ums andere Mal, und mir war nicht klar, ob dies eine Art Zungenschnalzen oder ein verballhornter deutscher Gruß sein sollte. Wie die Schar seiner dienstfeifrigen Geister trug dieser schlanke, hochgewachsene Zampano einen perfekt sitzenden dunklen Anzug, und das üppige Gel in seinen schwarzen, zurückgekämmten Haaren ließ ihn wie die Karikatur eines italienischen Restaurantleiters aussehen. Er war von beiläufig-fröhlicher Unbekümmertheit und redete an jedem Tisch den jüngsten Gast mit »Chef« oder »Chefin« an. Es klang ironisch und wurde von einem leicht süffisanten Lächeln begleitet, verfehlte jedoch nicht seine Wirkung auf die Kinder, die diese Anrede wohl als besondere Auszeichnung empfanden.

An unserem Tisch war Laura die »Chefin«, die uns sämtliche Speisefolgen der Menükarte vorlas und sich kringelig lachte über die drolligen, allzu wörtlichen und wohl aus einem Internetprogramm stammenden deutschen Übersetzungen der zur Auswahl gestellten Speisen. »Oberst von Huhn bittet zu Tisch«, zitierte

Leonie grinsend den Titel eines Bestsellers, den sie in ihrer Buchhandlung stapelweise verkaufte.

»Nun, was liegt heute an?«, fragte ich die Runde erwartungsvoll, als sich das Frühstück dem Ende zuneigte.

»Strand«, kam es wie aus einem Munde.

Leonie würde also am hoteleigenen Strand vier Liegestühle und zwei Sonnenschirme mieten, vielleicht noch eine der hölzernen weißen Umkleidekabinen, die gleich hinter dem Strandcafé lagen. Dann würde das exzessive Sonnenbaden seinen Anfang nehmen, das Faulenzen, Am-Strand-Entlangschlendern, Lesen, Schlafen, Schwimmen. Nur unterbrochen von Cappuccinos, Kaltgetränken und Eis, die man im Strandcafé zu sich zu nehmen beabsichtigte.

»Hm«, machte ich. Hatte ich etwas anderes erwartet? Nein, nicht wirklich. Trotzdem bedeutete es, dass ich bis zum Lunch und der sich für mich anschließenden Siesta auf mich allein gestellt wäre.

🛵 7

An diesem Morgen unternahm ich zum ersten Mal einen Spaziergang nach dem Frühstück zu dem nur wenige hundert Meter entfernten Kiosk, der fast die gesamte italienische Presse von der seriösen *Repubblica* bis hin zu quietschbunten Klatschmagazinen vorrätig hielt, zusammen mit einer komplexen, hochaufgerüsteten Mischung aus Comics und Gimmicks für die Kids, Plastikfiguren, DVDs mit aktuellen Filmen (aber auch *Vacanze di Roma* mit der unvergleichlichen Audrey Hepburn), Süßigkeiten und Getränken. Und einer durchaus ansehnlichen Auswahl deutscher Zeitungen und Zeitschriften, die von *FAZ* und *Süddeutscher* über *Spiegel* und *Stern* alles bot, auf was man als Teutone auch im Urlaub nicht verzichten zu können meint. Sogar die Münchner *Abendzeitung* lag hier jeden Tag verlässlich aus, *BILD* sowieso. Und so stellte ich mir eine Auswahl zusammen und ließ sie mir in einen dieser superdünnen, erstaunlich reißfesten Plastikbeutel packen, die in Italien jedes Geschäft vorrätig hält, ein Ritual, das sich von nun an jeden Tag wiederholen sollte.

»*Buongiorno.*«

»*Grazie.*«

Mit meiner Tageslektüre bewaffnet, zog ich an jenem ersten Morgen durch das Städtchen auf der Suche nach einer kleinen ruhigen Bar. Ich fand sie in einer Seitengasse des Boulevards, der die Hauptschlagader des Verkehrs in Marina di Languore bildete und entsprechend laut und belebt war. Die Via Andrea Costa begann am späten Vormittag zu leben, und wann sie zur Ruhe kam, würde ich nicht feststellen können, da ich mich nachts und frühmorgens nie draußen herumtrieb. Vielleicht waren ihr nur wenige Stunden vergönnt, in denen das touristische Herz der Stadt langsamer schlug. Nur um am nächsten Tag dann umso heftiger weiterzuschlagen.

Die Bar hieß *Tre Amici*, sie befand sich in einer ruhigen, kaum frequentierten Seitengasse. Sie war herzlich unmodern und von jenem schäbigen Chic, der auf mich seit jeher eine unwiderstehliche Anziehungskraft ausübt. Eine Mischung aus italienischer Eisdiele der fünfziger Jahre und englischem Club. Sehr eigen und sehr eigensinnig. Besonders taten es mir die bequemen, am Fenster stehenden dunklen Ledersessel an, die in italienischen Bars nun wirklich selten zu finden sind und die hier merkwürdig fremd und antiquiert wirkten – als sei die Bar von einem Engländer mit seiner italienischen Frau eingerichtet worden, die sich nicht auf einen Stil hatten einigen können.

Trotz oder gerade wegen ihrer disparaten Mischung verliebte ich mich auf den ersten Blick in die Bar *Tre Amici*. Sie hatte, als ich durch die offen stehende Tür trat, gerade erst geöffnet. Eine Oase der Ruhe empfing mich. Kein Radio, das plärrte, kein Fernseher, der wie sonst üblich ununterbrochen lief. Es war angenehm kühl, auf die Annehmlichkeiten einer Klimaanlage hatte man trotz aller Antiquiertheit wohl nicht verzichten wollen. Und es war leer.

Wie es aussah, war ich der einzige Gast an diesem Morgen, und so steuerte ich auf einen der bequemen Sessel am Fenster zu und bestellte bei der Bedienung, die offensichtlich eine Aushilfe war, einen *cappuccino* und ein San Pellegrino.

Zehn Minuten später war das Mädchen mit einem Blechtablett, dem Kaffee und dem Wasser zurück.

»Sind Sie allein hier?«, versuchte ich es auf Englisch und lächelte jovial. Die Bedienung hob nur die Schultern und schenkte mir einen verwirrten Blick. Dann erst schien sie zu begreifen, dass dies keine Anmache war, und antwortete: »*Signor Jonathan e Signora Chiara.*«

Also doch, ich hatte nicht falsch gelegen mit meiner Vermutung.

Der Kaffee war vorzüglich, nicht zu viel Schaum (diese vor allem in Deutschland immer stärker zu beobachtende Schaumseligkeit war mir sowieso zuwider), kräftig, aber nicht bitter. Und sehr heiß. Wunderbar! Ich streute ein halbes Tütchen *zucchero* darüber und rührte zwei, drei Mal kurz um.

Dann breitete ich meine Zeitungen aus und begann mit der Lektüre. Ich runzelte die Stirn, konzentrierte mich auf das Weltgeschehen, was ging mich hier in Marina di Languore an, worüber in Deutschland gestritten und gelästert wurde.

In diesem Moment hörte ich sie zum ersten Mal.

Die Stimme.

Mit unverkennbar italienischem Akzent sagte sie: *»Eeeh, amico, was geht, alter Knabeumpel?«*

Es klang so real, dass ich überrascht aufblickte und mich in der Bar umschaute.

Es war niemand zu sehen, nicht einmal die Kellnerin.

»Glaub mir, wir werden viele Spaß zusammen haben, Enrrrico«, redete es weiter. Die Stimme meinte mich, ohne Zweifel, und ich konnte das breite Grinsen geradezu hören. *»Also immer schön locker bleiben.«*

Ich nannte ihn schließlich den Italiener in mir. Dieser Name war nicht meine Erfindung, um der Wahrheit die Ehre zu geben, doch dazu später. Aber es gab ihn, diesen kleinen provokanten Mann, der sich nicht zum Schweigen bringen ließ. Das erste Mal vernahm ich die Stimme also in jener Bar, die ich soeben zu meinem ganz persönlichen Stützpunkt, meinem Refugium in diesem quirligen Marina di Languore auserkoren hatte. Dort saß ich, versuchte zu lesen und legte schließlich entnervt die Zeitung beiseite, weil die Stimme ungebremst weitersprudelte: *»Du solltest dich dem Zauber von Marina di Languore ein bisschen öffnen, amico.«*

»Welchem Zauber?«

»Ecco ... Was iste mit der Entdeckung der Langsamkeit?«, schlug die Stimme vor.

»*Ich sitze doch hier wohl langsam genug, oder?*«

»*Aber du biste nicht entspannt.*«

»*Was erwartest du? Ich lese doch schon ganz gemütlich meine Zeitungen.*«

Die Stimme kicherte. »*Zeitungen! Fällt dir nix Besseres ein? Die Lufte iste seidig warm, das Lichte klar, das Wasser hat mehr als zwanzig Grad! Was brauchst du noch mehr? Du haste alles erledigt. Du musste auch keine Zeitungen mehr lesen. Du biste durch das Städtchen gewandert, in kaum mehr als vierundzwanzig Stunden kennst du jedes Fleckchen hier, noch ein Tag, dann machste du keine Pläne mehr. Dir kann doch gar nichts Besseres passieren, als auf einem Felsen zu sitzen und aufs Meer zu schauen.*«

»*Ich bin nicht so der Strandtyp*«, erklärte ich lahm.

Der Italiener in mir kicherte, ein bisschen boshafter, wie mir schien. »*Du biste überhaupt kein Typ, fürchte ich*«, sagte er.

Ich wollte gerade zu einer Erwiderung ansetzen, als ich den Blick der Kellnerin bemerkte. Sie schaute mich irgendwie fragend an.

Ich räusperte mich ein paar Mal, als hätte ich mich verschluckt. Dann sagte ich mit fester Stimme einen der wenigen Sätze, die ich auf Italienisch konnte: »*Il conto, per favore.*«

Die Kellnerin lächelte erleichtert.

Nachdenklich schlenderte ich zum Hotel zurück.

Ich wartete. Doch der Italiener in mir schien verstummt. Mittagessen, Siesta, in der Hotelhalle herumsitzen, Mails abrufen und beantworten, auf der Terrasse Zigarillos rauchen – es schien ein Urlaub wie jeder andere zu werden. Und doch hatte mich eine Unruhe erfasst, die sich den ganzen Tag nicht legen wollte.

🛵 8

Zu den schönsten Augenblicken eines Sommerurlaubs gehört es, wenn mit dem Sonnenuntergang die Hitze des Tages allmählich ihre Kraft verliert. Ein Glücksfall, wenn dann ein laues Lüftchen aufkommt, am frühen Abend, und die erhitzte Haut abzukühlen beginnt. Am zweiten Tag unserer Ferien war es so: Tagsüber war es heiß wie die Hölle gewesen, dann kam die Erfrischung, der Abend senkte sich über die kleine Piazza, die Laternen gingen an, eine nach der anderen, der Himmel über dem Meer verfärbte sich zu einem unglaublich intensiven Blau, das allmählich dunkler wurde, bis der Himmel schließlich wie Tinte aussah. Tinte mit den ersten funkelnden Sternen.

Nach dem Abendessen hatte die Familie noch auf der Terrasse einen Drink genommen. Ich hatte mir einen Zigarillo angezündet und blies fröhliche Rauchkringel in die laue Abendluft. Leonie saß neben mir auf der dick gepolsterten Rattancouch. Sie hatte sich die dunkelblonden Haare hochgesteckt und trug ein dünnes blaues Kleidchen, das ihren Körper zart umspielte. Ich schenkte ihr einen wohlgefälligen Blick und sie nahm meine Hand. Die Mädchen waren mit ihren Smartphones beschäftigt und belegten einen Fortgeschrittenenkurs im Kichern. Es war alles von einer solch heiteren Gelassenheit, wie meine Familie sie nur selten erlebte. Das Glück schien geradezu über uns zu schweben.

Dann fragte Julia, ob sie noch ein bisschen spazieren gehen könne, was wir ihr großmütig erlaubten. Laura hatte dazu keine Lust und zog einen Flunsch, als wir sie aufforderten, ihre Schwester zu begleiten. Womöglich hatten sich die beiden aber auch längst verständigt, ihren Vergnügungen an diesem Abend auf jeden Fall getrennt nachzugehen. Laura war schon den ganzen Tag in die *Tribute von Panem* vertieft gewesen und begierig darauf, im Bett weiterzuschmökern.

Küsschen von Julia, dann war sie auf und davon. Hüpfte die rote Empfangstreppe vor dem Hotel wie ein Prinzesschen herunter. Sie drehte sich noch einmal um und winkte uns übermütig zu. Ich sah ihr nach und merkte, wie ich plötzlich sentimental wurde. Meine Güte, wie groß das Mädchen schon war.

Meine Kleine. Ihr goldenes Kleid flatterte, noch ein paar rasche Schritte, dann bog sie um die Ecke des Hotels und war verschwunden.

Und wir Zurückgelassenen? Leonie kuschelte sich in meinen Arm und ließ ihren Blick verträumt in die Ferne, aufs Meer hinaus schweifen. Sie war ganz still, und auch ich sagte kein Wort. Ich streichelte ihr über den Rücken und genoss diesen wunderschönen Abend in trauter Zweisamkeit.

Na, was sagst du jetzt, Italiener?, dachte ich zufrieden. *Das ist doch schon einmal ein Anfang, oder?*

Im Hotelzimmer arbeitete die Klimaanlage auf Hochtouren. Offenbar wurde sie von den Zimmermädchen jedes Mal, wenn sie den Raum verließen, auf die höchste Stufe gestellt, was das Hotel wahrscheinlich als besonderen Service ansah. Unversehens war die Raumtemperatur in Richtung Arktis abgestürzt. Ein Schwall eisiger Luft empfing uns, der uns sofort frösteln ließ.

»Meine Güte, ist das kalt hier«, rief Leonie und stürzte auf das kleine, in der Wand eingelassene Board zu, mit dem man Klimaanlage, Raumtemperatur, Heizung und vermutlich auch Familienprobleme regeln konnte. Ungeduldig, wie Frauen ausgeklügelter Technik gemeinhin begegnen, drückte Leonie alle verfügbaren Knöpfe. Offenbar gab es einen geheimen

Code, der nur ihr bekannt war. Ich sah ihr zu und dann passierte das, was ich erwartet hatte: Nichts. Die Anlage blieb stur. Weder schaltete sich das Gebläse ab, noch veränderte sich die Raumtemperatur. Der Kasten unter der Decke blies uns unbeeindruckt seinen eisigen Atem entgegen, und meine Nase wurde allmählich zum Eiszapfen.

»Lass mal den Fachmann ran«, sagte ich und schob Leonie etwas energischer, als höflich gewesen wäre, zur Seite. Verärgert stemmte sie die Hände in die Taille, sagte aber nichts, als ich meine Brille zum Lesen der Anzeige auf die Nasenspitze schob.

Wie es aussah, waren Abkürzungen auf Italienisch noch unverständlicher als in der deutschen Sprache. Ich starrte auf das Board wie auf den Stein von Rosetta. TEMP ließ sich ja noch einigermaßen verlässlich als »Temperatur« identifizieren, aber die anderen Kürzel blieben mir ein Rätsel. So dass auch ich schließlich, zögernd zunächst, dann aufgebracht, einen Knopf nach dem anderen und zum Schluss sogar alle auf einmal drückte. Bevor ich mit einem leisen Fluch, dem ein gezielter Hieb auf das gesamte Board folgte, die Sache aufgab.

Leonie klatschte wortlos Beifall und lächelte ironisch.

Ich nickte ein paar Mal. *Ja, ja,* dachte ich, *klatsch du nur. Dein Triumph ist nichts wert ... gar nichts.*

Doch da war Leonie schon am Telefon und rief in ihrem passablen Italienisch den Portier an. Der schien zu einer längeren Erklärung anzusetzen, denn ich sah, wie Leonie ihm kopfnickend zuhörte und immer wieder nur: »Ah, ja ... *si, si* ...« sagte.

Dann legte sie auf und sah mich stirnrunzelnd an.

»Was ist?«, fragte ich ungeduldig.

»Das geht alles automatisch ... zentral, sagt er. Wir müssen gar nichts einstellen.«

»Automatisch, so ein Quatsch. So was habe ich ja noch nie gehört. Man wird doch wohl die Temperatur in einem Raum individuell regeln können, oder?«

Leonie nickte unwillig. Immerhin waren wir uns einig.

»Kannst du nicht die Temperatur senken, so dass sich die Anlage abstellt ...?«

»Wie kalt soll es denn noch werden in diesem Zimmer? Außerdem schaltet sich das Ding wieder ein, sobald die Temperatur erneut ansteigt. Was angesichts der Außenwerte rasch der Fall sein wird«, gab ich mich klug. »Wie auch immer ... ruf bitte noch mal an.«

Gehorsam griff Leonie erneut zum Hörer des Zimmertelefons. Wieder ein längeres Gespräch. »Ah, ja ... *si, si* ...« Nach einer gefühlten halben Stunde zog ein Leuchten über ihr Gesicht, als gehe über dem Meer die Morgensonne auf.

»Ich hab's«, rief sie euphorisch, als sie den Hörer wieder auflegte. Sie lief zum Board, drückte einen Knopf, dann noch einen. Und im selben Augenblick verstummte das Rauschen.

Die Anlage schaltete von Arktis auf Sahara. Innerhalb weniger Minuten wurde die Luft stickig, abgestanden. Nicht Salz auf unserer Haut, sondern Schweißperlen. Sie bildeten bald unseren einzigen Körperschmuck. Leonie zog sich aus und legte sich nackt aufs Bett, verschränkte die Arme hinter dem Kopf und blickte auf den schwarzblauen Himmel hinter dem Panoramafenster.

Ich schwitzte in Shorts und T-Shirt. Saß aufrecht im Bett gegen das Kopfteil gelehnt und versuchte zu lesen. *Der Schatten des Windes*. Mein Lieblingsbuch. Lese ich jedes Jahr ein Mal. In Barcelona war es gerade kühl und regnerisch. Wider Willen musste ich grinsen.

»Werden wir jetzt immer schwitzen oder frieren?«, fragte ich so beiläufig, als sei das eine Kleinigkeit. Und das war es ja sicherlich auch angesichts der Abenteuer, die Daniel Sempere in Carlos Ruiz Zafóns Roman erlebte.

»Keine Ahnung«, sagte Leonie kleinlaut. Dann, nach einer Weile: »Ich rufe noch mal an!«

»Ah, ja ... *si, si*.« Die Erläuterungen des Portiers schienen unerschöpflich zu sein, denn das Gespräch dauerte nun eine gefühlte Stunde. Doch konnten es nur wenige Minuten sein, denn ich hatte nur einmal umgeblättert.

»Er will es mir noch einmal erklären«, sagte Leonie. »Ich muss nach unten ...«

»Nackt?«

»Natürlich nicht.« Augenverdrehen. »Ich werfe mir rasch mein Kleid über.«

»Und warum kommt er nicht hoch und erklärt es dir hier an Ort und Stelle?«

»Er kann da unten nicht weg. Ist allein ... Nachtportier, weißt du? Außerdem ist sein Englisch nicht zu verstehen, und dein Italienisch geht ja über *Ti amo* und *Grazie* nicht hinaus.«

»Ich kann auch noch *Buenasera*«, rief ich, aber da war Leonie schon zur Tür hinaus. »Und *Il conto, per favore!*«

Ich stand auf und öffnete die Tür. Draußen war das milde Abendlüftchen zum Erliegen gekommen oder weitergezogen. Ins glücklichere Rimini vielleicht. Mit einem Mal umfing mich eine Schwüle, die definitiv zu heiß war für eine Nacht, in der man schlafen wollte, und sie würde in Windeseile unser Zimmer erobern. Egal. Hauptsache, es war nicht stickig. Und nicht eisig. Irgendwo lauert immer der Kompromiss, mit dem niemand leben kann.

Ich zog die doppelt verglasten Türen weiter auf, trat hinaus auf den winzigen Balkon und lehnte mich über die steinerne Balustrade. In der Ferne war das Meer nur noch als ein schwarzer Balken zu sehen, als gäbe es dort etwas Unzüchtiges zu zensieren.

Das wahre Unzüchtige aber geschah nicht in der Ferne. Sondern direkt unter mir, als ich auf die Piazza hinabblickte, die nun keineswegs in abendlicher Stille dalag, sondern belebt war wie der Wochenmarkt einer Kleinstadt. Die Teenager hatten den Platz erobert, jetzt, am späten Abend und wohl auch noch in der hereinbrechenden Nacht, gehörte er ihnen. Ihnen allein – den auf den Bänken Herumlungernden, den Skatern auf ihren Skateboards, den Jugendlichen, die mit ihren Vespas laut knatternd den Platz umrundeten, um den Mädchen zu imponieren, die kichernd und in kleinen Gruppen herumstanden. Ein paar Halbstarke lachten zu laut. Flaschen fielen zu Boden. Genau unter dem Balkon stand mit laufendem Motor ein Auto, dessen Türen weit geöffnet waren, um die hämmernden Klänge aus Autoradio und Verstärker in die Welt zu tragen. Weit nach draußen und weit nach oben. Dazwischen immer wieder das Knattern heran- und wieder abfahrender Vespas. Der Lärm war ohrenbetäubend.

Buonanotte. Ich konnte doch mehr Italienisch als gedacht.

In einer Mischung aus ungläubigem Erstaunen und

aufziehendem Widerwillen, die in einem Gefühl der Ohnmacht mündete, und in bangen Gedanken an die Nachtruhe, die sich hier wohl nicht einstellen würde, schaute ich auf das Treiben unter mir. Balzrituale, wohin man sah. Mädchen, die sich herausgeputzt hatten. Jungs, die lautstark gestikulierten, als trainierten sie auf Mafiaboss. Und dazwischen, unübersehbar, ein Mädchen in einem Goldkleidchen.

Julia.

Meine Julia!

Meine Tochter, das wurde mir erschreckend rasch klar, war der unbestreitbare Mittelpunkt all dieser Aktivitäten. Der Fixstern, um den sich das testosterongeschwängerte Universum drehte. Es schien, als würden alle diese Rituale, die um Aufmerksamkeit und Geltung buhlten, allein ihr gelten. Und einer dieser sexhungrigen Frechlinge hatte sich sogar erdreistet, einen Arm um sie zu legen und sie besitzergreifend an sich zu ziehen. Was die anderen nur noch mehr anspornte und anstachelte, ihre lächerlichen Bemühungen zu verdoppeln.

Oh. Mein. Gott.

Ich blickte mich hilfesuchend im Zimmer um. Leonie war noch nicht zurück. Ich wankte zum Balkon zurück, allein und außer mir vor väterlicher Sorge.

Wann immer meine Tochter den Kopf auch nur bewegte, winkte ich wie verrückt, um auf mich aufmerksam zu machen. Ein paar Mal rief ich heiser ihren Namen. Doch meine Stimme ging unter in dem allgemeinen Getöse, das auf der Piazza herrschte. Julia drehte sich kein einziges Mal zu mir um oder blickte zu unserem Balkon hoch. Sie hatte nur Augen für diese Halbstarken, die ganz offensichtlich von ihr hingerissen waren. Niemand beachtete mein heftiges Armeschwenken, mein Rufen, niemand würdigte das Rumpelstilzchen auf diesem Miniaturbalkon im dritten Stock des Grand Hotels auch nur eines Blickes. Vermutlich tanzten auch auf anderen Balkons die Väter wütend herum. Ich gab es auf.

Was für Optionen hatte ich? Keine, wenn ich ehrlich war. Herunterzugehen und meine Tochter zur Rede zu stellen kam überhaupt nicht in Frage. Das wäre in hohem Maße lächerlich. Das würde sie mir nie verzeihen. Dann hatte ich die rettende Idee: ihr Smartphone! Oh, du Segnung der mobilen Kommunikation!

Mit fliegenden Händen ergriff ich mein Mobiltelefon, tippte Julias Nummer, vertippte mich, tippte wieder neu, vertippte mich erneut, rief dann ihren Namen aus dem Adressbuch auf. Drückte so energisch die Taste *Anrufen*, dass ich sie beinahe im Gehäuse eingeklemmt hätte.

Tuuut. Prrrt. Tuuut. Prrrt.

Gebannt schaute ich auf die Piazza, als erwartete ich, dass beim ersten Klingelton die von Eros geblendeten *ragazzi* wie vom Blitz getroffen auseinanderstoben und Julia, eingetaucht in einen Lichtkreis, der sich von oben auf sie herabsenkte, nach ihrem iPhone griff, um den Anruf von Gottvater entgegenzunehmen.

Doch im wirklichen Leben war ich nicht Gott. Im wirklichen Leben war der Lärm so laut, dass niemand auf dem Platz sein *telefonino* hörte. Auch Julia nicht. So verhallte der väterliche Rettungsruf in dem Täschchen, das sorglos über ihrer Schulter baumelte. Ich hätte ihr nicht ferner sein können.

Die Tür ging. Leonie kam zurück. Aufgeregt.

»Alles klar«, sagte sie, und ihr Atem flog. »Ich weiß jetzt, wie man die Temperatur regelt. Und das Ganze aus- und einstellt ... ganz einfach. Es geht doch individuell in jedem Zimmer. Natürlich!«, schloss sie in triumphierendem Ton, als hätte ich das je bezweifelt.

Ich blickte sie düster an. Das Ausbleiben jeglicher Begeisterung über ihre technologischen Fortschritte, ja, überhaupt irgendeiner Reaktion irritierte sie.

»Was ist?«, fragte sie.

Ich hob resigniert die Schultern und wies auf die Balkontür.

»Schau selbst!«

Leonie stürzte zum Balkon und beugte sich hinaus. Ich trat hinter sie und griff trostsuchend nach ihren Brüsten. Ließ mein Kinn auf ihre Schulter sinken. So standen wir, Kopf an Kopf, fassungslos, versteinert. Das Kind warf derweil den Kopf in den Nacken und lachte laut. Wie verständigte es sich? Es konnte noch weniger Italienisch als ich.

»Das glaube ich jetzt nicht«, flüsterte Leonie. Ich hatte es trotzdem gehört.

Ich nickte auf ihrer Schulter.

»Was macht sie da? Eine ganze Stadt aufreißen?«

»Sieht so aus.«

»Oh, Henry! Was sollen wir denn nun tun?«

»Nichts, fürchte ich.«

»Ich geh da jetzt runter. Sofort.«

»Das lässt du schön bleiben.«

Leonie seufzte. »Du hast recht. Das können wir nicht bringen.« Dann hatte sie denselben Geistesblitz wie ich. »Ihr Handy!«

»Vergiss es. Hab ich schon probiert.«

»Was sollen wir tun?«, wiederholte Leonie.

»Nichts«, wiederholte ich. »Wir sind doch aufgeschlossene, moderne, tolerante Eltern.«

»Ja, das sind wir«, sagte Leonie tapfer.

»Und sie ist achtzehn.«

»Ja, das ist sie.«

»Sie kann tun und lassen, was sie will.«

»Ja, das kann sie.«

»Wir haben keine Gewalt mehr über sie«, schloss ich theatralisch.

»Nein, haben wir nicht. Hatten wir nie ... oder?«

»Nein, nie.«

In diesem Augenblick schmerzlicher Erkenntnis wurde die Sache auf der Piazza entschieden. Julia schwang sich auf eine der Vespas, eine rote natürlich, legte die Arme eng um einen Typ mit kurzem dunklem Haar in schwarzer Kluft, Lederjacke vermutlich, ein Unhold wahrscheinlich. Und der ließ das Ding zwischen seinen Beinen aufheulen und losknattern, als gebe er das Signal zur Schlacht. Und genauso war es. Allgemeiner Aufbruch: Der Vespatyp fuhr los. Und eine Schwadron anderer Vespas hängte sich an ihn dran. Der Rattenfänger hatte seine süße Maus gefangen. Und alle Ratten folgten ihm.

Leonie stöhnte auf. Ich sah, wie ihre Brustwarzen sich zusammenzogen. Aber die Erregung galt nicht mir. Natürlich nicht. Es war ein verzweifeltes Aufbäumen vor der Einsicht in das Unabänderliche. Julia war auf und davon gefahren.

Leonie drehte sich zu mir um. Gab mir einen flüchtigen Kuss, der nach Trostsuche und unbestimmter Zärtlichkeit schmeckte.

»Schaust du mal nach Laura?« Ihre Stimme war rau, ihr Blick waidwund.

Ich nickte. Im Nebenzimmer war es ruhig. Ein Lichtstreif blitzte unter der Tür hervor. War unsere Jüngste etwa ausgerissen und hatte das Licht brennen lassen, um uns zu täuschen? Leise öffnete ich die Tür. Im Zimmer herrschte ein unglaubliches Durcheinander, alle Schranktüren standen offen, der Inhalt auf dem Boden verteilt. In dem zerwühlten Doppelbett lag Laura quer über der Matratze. Die Nachttischlampe brannte, doch mein Töchterchen war eingeschlafen, das Haar verwuschelt, die Arme in einer völlig unnatürlichen Haltung ausgestreckt. Die *Tribute von Panem* lagen aufgeschlagen neben ihr. Nie hatte ich mein Kind zärtlicher angeblickt.

🛵 9

Mit weit aufgerissenen Augen lag das Ehepaar Wunderlich in der Dunkelheit. Trotz der nun optimal eingestellten Klimaanlage hatten wir die Balkontür offen gelassen, um nur ja nicht zu verpassen, wenn die Vespa-Kavalkade mit unserer Tochter zurückkehrte. Mit den Stunden beruhigte sich der Lärm unten auf der Piazza ein wenig und reduzierte sich auf ununterbrochenes Reden und Lachen, dem wiederholten Scheppern einer Coladose und den nun etwas sanfteren Klängen, die immer noch aus dem Auto drangen. Wir horchten auf Vespageräusche, und immer wenn ich meinte, eines zu vernehmen, stand ich auf und eilte zum Balkon. Doch jedes Mal war es nur irgendein Motorrad, nicht Julia mit ihrem Unhold.

Ein Uhr.

Zwei Uhr.

Drei Uhr.

Leonie schlief ein, irgendwann. Zärtlich betrachtete ich ihren bloßen Rücken, den sie mir zugewandt hatte. Das Bettlaken hatte sie nur bis zum Oberschenkel gezogen, es sah sehr verführerisch aus. Weibliche Rückenakte haben mir schon immer gefallen und den von Leonie liebe ich ganz besonders. Doch in dieser Nacht stand mir weder der Sinn noch irgendwas anderes nach den Präliminarien zu träge-sinnlichem Urlaubssex. Die Sorge um Julia überflutete alle meine Gedanken und alle meine Gefühle.

Alles völlig irrational, sagte ich mir. Julia ging auch in München abends aus und blieb bis spät in die Nacht weg, und sie mit Nachfragen zu traktieren, hatten wir seit langem schon aufgegeben. Ab einem gewissen Alter bekam man von seinen Sprösslingen keine klaren Antworten mehr, nur noch ausweichende. Doch hier, unter südlicher Sonne, schien mir die Gefahr zu wachsen wie ein Baum im Zeitraffer eines Zeichentrickfilms. Alle diese hormonübersteuerten Miniaturmachos ... und diese blonde, überaus ansehnliche, ja überirdisch schöne Ferienprinzessin aus dem fernen Germania. Eine unheilvolle Kombination. Sehr unheilvoll.

Ich bin – im Gegensatz zu vielen anderen Männern – antizipatorisch außerordentlich begabt. Das heißt, ich habe die Fähigkeit, nach vorn zu denken, mir alles Mögliche, was passieren könnte, vorzustellen und auszumalen, bis in die fernste Zukunft hinein. Wie ein Seher schaue ich ins Leere, mit starrem Blick, und vor meinem inneren Auge entfalten sich in Windeseile alle nur denkbaren Dramen und Tragödien. Mein angeborener Pessimismus lässt mich zudem prinzipiell immer das Schlimmste annehmen. Nie das Beste.

Und so wälzte ich mich im Bett und wälzte Gedanken, die sich zu einer schreckenerregenden Abwärtsspirale verdichteten: Julia fährt mit diesem zwielichtigen Typen davon. Er hat sie mit einem romantischen Ort geködert, wo der Mondschein in die malerische Ruine fällt. Unter einem Baum legen sie sich ins Gras und die ewigmenschliche Geschichte nimmt ihren Lauf. Es passiert, was passieren muss. Entehrt kehrt sie zurück, mit seinem Kind unter dem Herzen. Der Vater bedroht uns alle mit einer Flinte, er ist noch Gott weiß welchen traditionellen Ehrbegriffen seiner uralten *compagnia* verhaftet. Er hält, gut katholisch, die Frau für die Verführerin. Wir reisen überstürzt ab. Julia will das Kind behalten. Der Typ flüchtet vor seiner Familie zu ihr nach Deutschland und wir haben ihn am Hals. Oder der Typ lässt Julia kaltlächelnd fallen und sie wird rasend unglücklich. Wie auch immer, das Abitur können wir vergessen. Das Studium können wir vergessen. Sie wird nie ausziehen. Wir sitzen da mit dem Balg abgemalt auf alle Zeit. Ich werde grau, alt und klapprig und muss mit ansehen, wie selbst die Jugend meiner Kinder zerbröselt. Laura nimmt sich an ihrer Schwester ein Beispiel und kommt auf die schiefe Bahn. Leonie wird depressiv. Ich werde depressiv. Die Familie zerfällt. Und das alles nur, weil Julia ihr iPhone ausgestellt hat.

Ich stöhnte auf und rieb mir völlig übermüdet die Augen. Ich horchte auf die Geräusche von draußen. Ich stand auf und lief im Zimmer umher, zündete mir auf dem Balkon einen Zigarillo an, rauchte und starrte in die Nacht. Dann ging ich wieder zum Bett, schaute Leonie an, die sich inzwischen umgedreht hatte. Das Haar war ihr halb über das Gesicht gefallen und kringelte sich um ihre Brüste. Ich wurde von einer Welle überschäumender Zärtlichkeit für meine Frau überwältigt. Erstaunt und zutiefst gerührt wischte ich mir eine Träne aus dem Augenwinkel.

Schließlich legte ich mich hin. Ein letzter Blick auf den kleinen Wecker. Halb fünf. Julia war nicht zurückgekehrt. Erst als eine halbe Stunde später auch mich der Schlaf zu übermannen drohte, hörte ich den Schlüssel des Nebenzimmers. Die leisen Geräusche, die jemand macht, der kein Geräusch produzieren will. Erleichtert atmete ich aus, was ich stundenlang in mich hineingeatmet hatte. Ich schloss die Augen. Und dann fiel auch ich in einen schweren, bleiernen, erschöpften Schlaf, den nicht einmal Träume zu durchdringen vermochten.

Das Letzte, was ich zu hören glaubte, war eine Stimme, die mir zuraunte: »*Was iste los, amico? Vertrauste du deine eigene Tochter nicht?*«

🛵 10

Als wir am nächsten Morgen um halb zehn auf die Terrasse traten, fühlten wir uns trotz der unruhigen und ziemlich kurzen Nacht erstaunlich ausgeschlafen. Der Chef krächzte uns sein aufgekratztes *Buongiorno, famiglia Wunderlich* entgegen und geleitete uns wie ein Zeremonienmeister zu unserem Tisch, wo Laura schon Platz genommen hatte und an einem Toast knabberte.

Jeder hatte, bevor er ins Badezimmer ging, einen Blick ins »Kinderzimmer« geworfen, in dem Julia unschuldig in ihrem Nachthemdchen schlief, als hätte sie keine orgiastische Nacht hinter sich. Laura hatte sie zu wecken versucht, was ihr aber nicht gelungen war. »Sie roch nach Alkohol und Zigaretten«, petzte sie. Ich nickte nachsichtig, als sei das nicht weiter von Bedeutung. Auf eine bühnenreife Szene mitten auf der Terrasse, unter den Augen aller Frühstücksgäste, hatte niemand Lust.

Die Sonne strahlte vom Himmel und strafte alle pessimistischen Gedanken Lügen. Unter einem solchen

Himmel konnte keine Sünde geschehen. Die Schirme spendeten Schatten, das Buffet war exorbitant wie stets, die in nobles Schwarz gewandeten Kellner lasen uns jeden Wunsch von den Augen ab. Ein neuer Tag in der besten aller Welten begann.

Ich hatte gerade mein Frühstücksei geköpft, das hart wie Carrara-Marmor war, als ein bleiches, ätherisches Wesen in einem langen, dünnen, weißen Sommerkleid und mit Sonnenbrille auf der Terrasse erschien. Somnambul bewegte es sich auf unseren Tisch zu und setzte sich auf den freien Stuhl. Sofort stürzten zwei Kellner herbei, um das Wesen nach seinem Begehr zu fragen. »*Un caffè, per favore*«, sagte Julia mit rauchiger Stimme. Ein Hollywoodstar hätte den Auftritt nicht besser hingekriegt.

»Guten Morgen, meine über alles geliebte Tochter«, sagte ich munter und hoffte, genug Arglosigkeit in meine Stimme zu legen. Leonie schwieg und blickte Julia nur an, allerdings war ihrem Blick nichts zu entnehmen, denn auch sie trug eine Sonnenbrille.

»Morgen, Papa. Morgen ... ihr alle.« Dann stand sie auf und schwebte zum Buffet.

»Ich werde ...«, hob Leonie an, als sie verschwunden war.

Ich schüttelte unmerklich den Kopf und blickte kurz zu Laura hinüber, um anzudeuten, dass ich irgendwelche Grundsatzdiskussionen *coram publico* nicht für angebracht hielt. Leonie nickte resigniert und widmete sich wieder ihrem Teller, den sie mit frisch geschnittenen Früchten gefüllt hatte. Wenn's drauf ankam, hielten wir Eltern immer zusammen. Wir waren uns in Erziehungsfragen selten uneins, was für unsere Kinder den Nachteil hatte, dass sie uns fast nie gegeneinander ausspielen konnten. Wir standen immer wie ein Monolith vor ihnen, und die Macht war mit uns.

Ich beschloss, die ganze Sache zunächst auf sich beruhen zu lassen. Bis ich irgendwann mit Julia allein war. War ich feige? Hatte ich Angst, von meiner Tochter für uncool gehalten zu werden? Ihr die Ferien, den Spaß zu verderben? Wo war all die Sorge, ja Wut hin, die nächtens in meiner Brust getobt hatte? Ungeachtet der frühen Stunde war es schon sehr heiß, die Sonne brannte vom Himmel und schmolz all meine Bedenken zusammen zu einem kümmerlichen Rest übertriebener elterlicher Besorgnis, zu einem kläglichen Häuflein verletztem Stolz. Was hatte der Italiener in mir gesagt? *Vertraustе du deine eigene Tochter nicht?* Natürlich tat ich das. Aber ebenso natürlich und in hohem Maße war es verletzend, mit ansehen zu müssen, dass das eigene Kind sein Glück nun anderswo suchte und fand, überall, nur nicht mehr im Schoß der Familie.

Mag sein, dass sich das auch schon zu Hause abgezeichnet hatte, aber hier fiel es mir besonders auf. Vielleicht, weil ich nicht abgelenkt genug war, weil ich es mit *ansehen* musste, wie meine Tochter in die Fänge dieser entfesselten *papagalli* geriet, die hier jeden Abend ihre Beute suchten und abschleppten. Das war so ... durchsichtig. So unoriginell. So unfassbar *italienisch*. Ein Klischee, das so ungebrochen wirksam war, wie ich es nicht für möglich gehalten hatte.

Nachdem Julia wie ein Spatz gefrühstückt und vier Tassen Kaffee in sich hineingeschüttet hatte, zog sie sich wieder in ihre Gemächer zurück. Sie schützte Kopfschmerzen vor, aber es war ganz offensichtlich fehlender Schlaf, zu viel Alkohol und allgemeine Zerrüttung infolge nächtlicher Ausschweifungen. Mir lag vieles auf der Zunge – Ironisches, Sarkastisches, Zynisches –, aber ich schluckte brav alles herunter. Auch Leonie hatte keine Kraft, sich der Situation zu stellen und irgendeine adäquate Reaktion zu produzieren. Es war kläglich, wie wir versagten.

Als wir wieder ins Zimmer zurückgekehrt waren, das hilfreiche Geister während des Frühstücks in seinen aufgeräumten Zustand zurückversetzt hatten, unternahm ich einen Anlauf. Leonie zog ihren Bikini an, über den sie gedankenverloren ein kurzes Kleidchen streifte. Die kleine süße Strandnixe fixte mich mächtig an, doch zunächst musste ich das ansprechen, was mir auf dem Herzen lag.

»Julia ...«, begann ich.

»Ich weiß«, entgegnete Leonie. »Wir wollen das nicht unkommentiert lassen. Sonst verschwindet sie eines Tages in den Bergen und macht, was sie will. Aber sie ist auch achtzehn ... und für moralische Entrüstung fehlt uns die Legitimität, fürchte ich. Was willst du ihr vorwerfen? Dass eine junge Frau die Liebe sucht?«

»Aber doch nicht hier ... *mit Italienern!*«

»Henry, bitte ... was soll denn das? Willst du ihr mit solchen Sprüchen kommen? Mit einer so unverhohlenen Spießigkeit? So kenne ich dich ja gar nicht.«

»Aber gestern Abend hast du auch ...«

»Ja, gestern Abend war ich auch entsetzt. Doch wenn ich ehrlich bin ...« Leonie unterbrach sich und band mit versonnenem Blick eine Schleife ihres Kleidchens zu und griff sich dann in die Haare, um sie hochzustecken.

»Ja?«, fragte ich ungeduldig.

»Wenn ich ehrlich bin ... ich war genauso. In ihrem Alter.«

»Wie?«

»Ja, als ich damals mit meinen Eltern hier war, in diesem Hotel.« Sie lächelte. »Ich war siebzehn, ich war unschuldig, ich war liebeshungrig, ich war neugierig, ich war unbekümmert. Aber ich habe es anders angestellt, es war eine andere Zeit. Die Unverfrorenheit, es sozusagen unter den Augen meiner Eltern zu tun, hatte ich nicht. Aber diese Heimlichkeit macht mich wohl kaum zu einem besseren Menschen als Julia, der es offensichtlich egal ist, ob wir etwas mitbekommen oder nicht. Ich wette, sie hat gestern Abend keinen Augenblick lang darüber nachgedacht, dass ihre Eltern dem Treiben auf der Piazza vom Balkon aus zuschauen.«

»Du meinst, es ist das Vorrecht der Jugend, hier unter den Augen der eigenen Eltern die Unschuld zu verlieren?«

»Nun ... von Unschuld möchte ich bei Julia nicht mehr sprechen ...«

»*Waaas?*«

»Na ja ... Sie hat mal so was angedeutet. Mit Pascal, du erinnerst dich ... diesem französischen Austauschschüler ...«

»Dieser miese, intrigante Franzose, dieser unverschämte ...«, schnappte ich.

»Du hast ihn von Anfang an nicht gemocht.«

»Ja, und ich hatte allen Grund dazu, wie ich jetzt höre. Du meinst, dass Julia mit ihm ...?«

»Ja, Julia hat mit ihm. Und nicht nur mit ihm.«

Ich stöhnte. Wieder, wie vorhin schon auf der Terrasse, schwanden mir unversehens die Kräfte für energische Empörung. Was mich jedoch vollends lähmte, war die gelassene Reaktion meiner Frau. Woher kam diese plötzliche Nachsicht? War es nur die Reminiszenz an ihre eigenen Jugendjahre, um nicht zu sagen: Jugendsünden? War es die adriatische Sonne, die hier alle in den Zustand der Lethargie trieb? Was war nur los mit Leonie? Mit Julia? Mit mir?

»Also, ich geh jetzt an den Strand«, verkündete Leonie und nahm ihre Strandtasche. »Lass uns später weiterreden, ja?«

»Wann später? ... Wie später? Du kannst doch jetzt nicht so einfach ...«

»Doch, kann ich. Jetzt komm mal wieder runter, Henry. Wir haben uns herrlich aufgeregt, wir haben uns wieder abgeregt. Es ist der Lauf der Dinge, den wir nicht aufhalten werden.«

»Aber du kannst Julia doch nicht einfach in ihr Verderben laufen lassen«, rief ich theatralisch.

Leonie öffnete die Tür und drehte sich noch einmal um.

»Du bist der Vater. Walte deines Amtes, wenn du magst. Wirst mir sicher bald von deinen Erziehungsfortschritten erzählen. Ich bin schon ganz gespannt.« Sie winkte mir mit einem nachsichtigen Lächeln zu. »Ich kann's kaum erwarten. *Buona fortuna! Ciao!*« Mit einem leisen Schnappen fiel die Tür hinter ihr ins Schloss.

11

Noch in jedem Urlaub, an den ich mich erinnern kann, hatte ich spätestens am dritten Tag das dringende Bedürfnis, wieder nach Hause zu fahren. Nach dieser Zeitspanne beschlich mich stets das Gefühl, alles gesehen und erlebt zu haben, meinte ich mir ein Bild gemacht zu haben, mit dem ich getrost wieder die Heimreise antreten konnte.

Es war nur ein Gefühl, wie gesagt. Doch die Zuverlässigkeit, mit der mich dieses Gefühl überfiel, erschreckte mich jedes Mal. Auch in Marina di Languore war Tag drei der Wendepunkt. Ich wurde unruhig und die Aussicht, mich noch weitere zweieinhalb Wochen diesem trägen Ferienrhythmus anpassen oder ausliefern zu müssen, war alles andere als berauschend oder befreiend. Es schien mir wie eine Pflicht, die mir auferlegt war und aus der es kein Entkommen gab. Und an ein Entkommen war ja tatsächlich nicht zu denken, denn meine Familie amüsierte sich offenbar prächtig, während sich der Adria-Blues über mich zu legen begann.

Missmutig studierte ich beim Frühstück die Menükarte des Tages, schon überfordert von der Aufgabe, zu solch früher Stunde unsere Mahlzeiten auszuwählen. Man sollte nicht noch im Halbschlaf und gesättigt und träge von einem üppigen Frühstück Entscheidungen von derartiger Tragweite treffen müssen! Unruhig lief ich durch die Straßen zum Kiosk und zur Bar, wo mich der *caffè* nervös machte, diese permanente Aufforderung zum Genuss. Fahrig blätterte ich durch die Zeitungen, unschlüssig, worauf ich meine Aufmerksamkeit richten sollte, denn eigentlich war mir alles, was dort stand, herzlich egal. Und dann, mit einem Mal, brach die Krankheit aus: *Morbus dysfunctionalis feriae*. Oder so ähnlich. Der Ferienkoller. Man will nur noch weg aus dem Paradies. Zurück ins vertraute Einerlei, in den gemütlichen Trott, in die Komfortzone des eigenen Heims. An den Ort, von dem man erst vor kurzem aufgebrochen war, als das Wort *Süden* noch verheißungsvoll klang.

Leonie lachte, als ich ins Hotel zurückkehrte und ihr von meinen trüben Gedanken berichtete. Wie immer nahm sie mich nicht ernst.

»Aber das ist doch jedes Mal so bei dir, Henry! Meine Güte, es ist doch herrlich hier. Jetzt versuch einfach mal, dich zu entspannen. Kannst du denn gar nicht abschalten? Musst du jetzt schon sehnsüchtig an dein Hamsterrad denken, dem du gerade erst entronnen bist? Ich verstehe dich nicht. Was ist das bloß für ein seltsamer Mechanismus bei dir?«

»Weiß auch nicht«, brummte ich.

»Hör doch einfach mal auf den Italiener in dir!« Sie lachte.

Ich fuhr herum. Was wusste sie vom Italiener? Hatte ich etwa im Schlaf geredet?

»Auf wen?«, fragte ich vorsichtig.

»Den Italiener in dir. Er sitzt da ...« Sie tippte an meine Stirn. »Und er will nur dein Bestes.«

Damit hatte die Stimme ihren Namen bekommen. Von meiner Frau.

»Mein Bestes?«, wiederholte ich misstrauisch.

»Ach, komm ... gib ihm eine Chance!« Leonie wuschelte mir durch das Haar, und ich zog unwirsch den Kopf weg. Sie weiß genau, dass ich es nicht mag, wenn man mir in den Haaren herumwühlt.

»Lass das«, knurrte ich und versuchte mich aus ihrem Zärtlichkeitsterror zu befreien. Sie grinste.

»Aber was hast du denn? Du musst mich doch nicht so wegstoßen. Ich bin doch deine Frau ... deine liebe, liebe Frau. Die wird doch ihrem kleinen Brummbär ein bisschen das Fell kraulen dürfen.«

Der kleine Brummbär widerstand nur mit Mühe der Versuchung, mit seiner Tatze Ordnung zu schaffen, damit weitere ungebetene Streichelattacken aufhörten, die sich umso unerträglicher anfühlten, als sie etwas Herablassendes hatten. Leonie selbst hätte es wohl nicht so niedlich gefunden, wenn ich ihr immerzu die

Haare durcheinandergebracht hätte. Doch weil Frauen Frisuren, Männer aber nur Haare haben, ist ein Mann diesem Herumwuscheln wehrlos ausgesetzt.

Ich nahm die in meinem schütteren Haupthaar lustige Löckchen drehende Hand vorsichtig, aber bestimmt herunter und setzte ein leises, gefährlich klingendes »Lass es gut sein, ja?« hinzu. Das in meiner Frau nur ein glockenhelles Lachen auslöste. Von Zerknirschung keine Spur. Immerhin ließ sie ab von ihrem Tun und blickte mich nur noch spöttisch an. Ein Gespür für den richtigen Zeitpunkt ist Leonie nicht gegeben, sonst hätte sie nicht ausgerechnet jetzt, in dieser »aufgewühlten« Stimmung eine Neuigkeit verkündet, die meiner Laune den Rest geben sollte. Sozusagen den Todesstoß.

»Rate mal, wer heute kommt? Valerie! Ist das nicht großartig?«

Ich starrte sie begriffsstutzig an.

»Welche Valerie?«

»Also wirklich, Henry. Ich kenne nur eine Valerie – und du auch, wie ich hoffe – und die ist meine beste Freundin. Sie kommt auch nach Marina di Languore, heute Nachmittag.«

»Valerie ... kommt ... hierher?«, echote ich. »Du meinst, sie kommt uns heute Nachmittag besuchen? Ja, macht sie denn auch hier in der Nähe Urlaub?« Ich dachte an Melanie, Julias Freundin. »Fährt denn halb München im Sommer an die Adria?«

»Nein, nein, nicht *besuchen*. Sie wird hier ihre Ferien verbringen, zweieinhalb Wochen ... immerhin. Hier im Grand Hotel. Ich hatte es ihr empfohlen. Ach, ist das ein Glück ... wir haben seit Jahren keine Ferien mehr miteinander verbracht.«

Stumm blickte ich zu meiner ekstatischen Frau hinüber. Die einzigen Ferien, die wir mit Valerie und ihrem damaligen Mann – er hieß Rüdiger und so war er auch – verbracht hatten, in einem Ferienhaus an der Côte d'Azur, hatte ich vollkommen verdrängt. Ständig hatten Leonie und Valerie zusammengehockt, und ich war mit Rüdiger abgemalt, einem tiefenentspannten Zeitgenossen, dessen Interessen sich auf seine Modelleisenbahn und die Mitgliedschaft im CDU-Ortsverein beschränkten. Ich hatte weinen müssen vor Langeweile. Und Valerie selbst war auch nicht gerade eine Frau von knisternder Intelligenz. Aber sie war und ist nun einmal Leonies beste Freundin – eine von ihren gefühlten fünf bis zehn besten Freundinnen, die früher tage- und nächtelang unsere Telefonleitung blockiert hatten. Inzwischen gab es SMS und E-Mail, und alle Mädels waren mit iPhones ausgerüstet, da bekam ich von den ausufernden Telefonaten nicht mehr ganz so viel mit.

Die Aussicht, meine geliebte Frau noch einmal mit ihrer besten Freundin teilen zu müssen, versetzte mir einen Stich.

»Aber ... aber ...«, stammelte ich, »das ist ja ... *furcht-bar*! Da hängt sie ja von morgens bis abends mit dir ab ... Und ich ... und ich? Was mache denn ich?«, rief ich hilflos wie ein kleines Kind, dessen Mama unversehens aufbricht, um in Indien oder Sansibar sich selbst zu finden.

»Du übertreibst mal wieder maßlos, Henry. Sie wird mit mir am Strand liegen, an den du sowieso nicht gehst ... Vielleicht fahren wir mal zum Shoppen nach Rimini oder schauen uns die Mosaiken in Ravenna an ... Du wirst Valerie gar nicht so oft zu Gesicht bekommen. Eigentlich nur zu den Mahlzeiten ...«

»*Zu den Mahlzeiten?*«, kreischte ich.

»Ja, das ist doch wohl selbstverständlich, dass sie bei uns am Tisch sitzt. Du wirst doch die arme Valerie nicht an einem Einzeltisch dinieren lassen, nur ein paar Meter von uns entfernt!«

Ich vergrub den Kopf in meinen Händen.

»Seit wann weißt du es?«, fragte ich tonlos. »Seit wann ist das beschlossene Sache? Und warum erfahre ich davon erst jetzt?«

»Ach ... Das war ganz spontan«, log Leonie mir frech ins Gesicht. Ich weiß genau, wann sie lügt, ich höre es an ihrer Stimme, die dann etwas rauer und hektischer wird, mir kann sie nichts vormachen. »Das Hotel hatte kurzfristig noch ein Zimmer frei ... ein ganz kleines Zimmer mit einem ganz kleinen Balkon«, sagte sie, als mache das die Sache erträglicher. »Und da hab ich ihr gesagt, sie soll rasch buchen.«

»Wann?«, wiederholte ich dumpf und unfähig, den Kopf aus meinen Händen zu heben.

»Ach, das weiß ich nicht mehr so genau. Vor drei Wochen vielleicht. Was spielt denn das für eine Rolle?«

»Du hättest mit mir darüber sprechen sollen. Oder ist das etwa zu viel verlangt?«

»Ja, hätte ich vielleicht. Aber was ändert es denn, wenn Valerie hier Ferien macht? Für uns, meine ich ...«

Ja, was änderte es? Vielleicht alles, vielleicht nichts, wer wusste das schon. Zu erwarten waren lange rotweingeschwängerte Mädelsabende auf der Terrasse, ermüdende Tischgespräche über Mädelskram, unendliche Mädelsnachmittage am Strand, ausgedehntes, kein Ende findendes Mädelsshopping in Dutzenden Mädelsläden in Marina di Languore und sämtlichen Orten im Umkreis von hundert Kilometern. *Das* war zu erwarten. Und selbstverständlich noch einiges mehr, was ich mir kaum vorzustellen wagte.

Mit Valerie im Bunde würde ich das Anhängsel sein, dachte ich erbost. Leonie würde abtauchen, wortwörtlich, mit der blöden Freundin an ihrer Seite, in Gefilde, in die ich ihr nicht zu folgen vermochte. Seite an Seite würden die beiden durch das Meer schwimmen, im Swimmingpool baden, am Strand unter einem Sonnenschirm liegen und sich den Sand durch die Zehen rieseln lassen. Nun gut, dafür war ich wirklich nicht zu haben. Aber musste man mich deshalb gleich aufs Abstellgleis schieben?

»Du schiebst mich ab«, murmelte ich. »Da hätte ich mir diesen ganzen Quatsch hier auch sparen können, wenn du mit Valerie Urlaub machen willst.«

»Ach, Henry, was redest du denn da? Keiner schiebt dich ab. Außerdem kannst du immer mitkommen.« Leonie lächelte gewinnend.

Ja. Haha! Möglicherweise würde das unzertrennliche Duo sich sogar dazu herablassen, mich mitzunehmen auf den diversen Spaziergängen und Ausflügen, aber da würde ich nur der Trottel sein, der in Schuh- und Modegeschäften auf der Bank oder im Sessel saß und in italienischen Modemagazinen blätterte, bis ihm die Finger vor Langeweile abstarben. Ich würde den neben mir in tiefen Sesseln sitzenden, graumelierten Leidensgenossen düster zunicken und ergeben die Schultern heben. Und was würde Leonie dann noch mit mir reden, wenn doch jedweder Gesprächsbedarf von Valerie Hochegger abgedeckt wäre. Für mich würden nur die Brosamen der Kommunikation übrig bleiben und ein herzhaftes Gähnen, wenn Leonie spät in der Nacht zu mir ins Bett kroch, nachdem sie ausgiebig mit ihrer Freundin alles besprochen hatte. *Beziehungsgespräche!* Nicht erst seit ihrer Scheidung liebte Valerie Beziehungsgespräche – und wer weiß, ob ich nicht auch bald Bestandteil dieser Beziehungsgespräche sein würde. Mir wurde jetzt schon schlecht.

»Mir wird jetzt schon schlecht«, sagte ich.

»Manchmal bist du wirklich unmöglich, Henry. Du weißt doch, in welch schwieriger Situation sich Valerie gerade befindet.«

»Wieso *gerade*? Ich dachte, sie ist von diesem Langeweiler Rüdiger schon seit langem geschieden.«

Leonie blickte mich angriffslustig an. »Seit ein paar Wochen«, zischte sie. »Aber du hörst ja nie richtig zu.« Es folgte eine erhitzte Diskussion über den Seelenzustand der »armen Valerie« und mir ging bald die Puste aus. Das würde nur eines der heillos verfahrenen Gefechte werden, aus denen niemand wirklich als Sieger hervorgeht, jedenfalls wäre am Ende nicht ich es, der als Sieger hervorgehen würde.

Irgendwo an der kurzen Schwelle zum handfesten Krach drehte ich bei. *Was soll's, alter Knabe,* dachte ich wie einst Sherlock Holmes, der jeden neuen Fall mit den Worten »Kommen Sie, Watson, das Spiel hat begonnen« in Angriff zu nehmen pflegte. Diese Valerie ist nicht Irene Adler und kann dir herzlich egal sein.

So schleppte sich der Tag in ziemlich trüber Stimmung seinem Ende entgegen. Ich badete in Selbstmitleid und haderte mit meinem Schicksal. Auch der sonst so nimmermüde blaue Himmel zog sich ein paar graue

Schleierwölkchen über, hinter denen die Sonne verschwand. Bereits am frühen Morgen war es drückend gewesen, dann unerträglich heiß, jetzt aber kam eine kühle Brise auf, von irgendwoher. Ich bestellte mir eine *spremuta* mit Eis, zündete mir einen Zigarillo an und setzte mich vor das Hotel unter einen der Sonnenschirme, die nun keine Funktion mehr hatten, da die Terrasse am Nachmittag im Schatten lag. Giorgio, der Hausdiener mit der milde resignierten Miene, war gerade dabei, die aufgespannten Schirme zuzuklappen und mit einer Kordel zusammenzubinden. Ich beobachtete jede seiner Handbewegungen, als gelte es, bei ihm in die Lehre des Sonnenschirmzubindens zu gehen.

Andrea, der *barista*, mit dem ich ab und zu ein paar Worte wechselte, weil er Deutsch konnte, brachte meinen Orangensaft und stellte das kleine Tablett mit schwungvoller Bewegung vor mir ab. Ich nickte ihm nur dankbar zu, sagte aber nichts.

»Der verflixte dritte Tag, nicht wahr?«, meinte er mit teilnahmsvollem Blick.

Ich blickte überrascht auf. Woher wusste Andrea das mit dem dritten Tag? Hatte Leonie ihm das etwa erzählt? Redete man schon über mich? Doch, nein, wie sich herausstellte, war dieser Stimmungseinbruch ein in touristisch erschlossenen Gegenden durchaus bekanntes Phänomen. Und ich hatte es für meine besondere Eigenart gehalten. Originell und unverwechselbar. Weit gefehlt, wie ich erfuhr.

»*Ecco!* Das ist normal. *Alle* Männer bekommen am dritten Urlaubstag den Blues«, klärte mich Andrea auf. »Sie wissen nix mit sich anzufangen, so ohne Arbeit und immer nur rumsitzen. Sie sind nicht allein mit Ihrem Gefühl, Signor Wunderlich.«

»Das ist ja tröstlich.«

»Aber Sie mussen was dagegen tun. Sonst rutschen Sie in eine Urlaubsdepression.«

Urlaubsdepression? Davon hatte ich noch nie gehört. Was sollte das sein? Trübsinn ohne Ende, Lethargie, Schwermut, schwere Kontaktstörungen, morgendliches Nichtaufstehenwollen?

»Ich bin nicht deprimiert«, versicherte ich halbherzig. »Nur ...«

»Nur?«

Ich wusste nichts zu sagen, zuckte nur die Schultern. Andrea zog sich mit seinem Tablett und mitleidvoller Miene wieder hinter die Bar zurück. Was für ein sicherer Hafen, die kleine Bar dieses Hotels. Umgeben von Dutzenden Flaschen hochprozentigen Inhalts, die allesamt Trost und Hilfe versprachen. Nicht dass sie's mir versprachen – ich machte mir nichts aus Alkohol, war gegen seine Verlockungen gefeit, er schmeckte mir nicht besonders. Außerdem konnte ich auch ohne Alkohol Spaß haben. Konnte ich das? Ich seufzte tief.

Vielleicht hatte ich doch eine Urlaubsdepression. Die in Aussicht gestellten Veränderungen in meiner ohnehin schon zweifelhaften Urlaubsexistenz hatten mich einen Blick in den Abgrund tun lassen. Da unten war nur schwarzes Schweigen gewesen. Wie in Dalís Bildern zerflossen Uhren, zerrann die Zeit sirupartig. Dafür gibt es das schöne deutsche Wort Langeweile.

Laaaaaaaangeweile. Sie gähnte mich an. Ich gähnte zurück. Und mit Valerie würde dieses Wort noch ein paar »a« mehr bekommen.

Ach, was, Valerie! Ich straffte mich, ein Ruck ging durch meinen Körper, als hätte irgendjemand von irgendwoher einen Stromstoß durch mich hindurchgejagt. Es war ein merkwürdig aufrüttelndes Gefühl. Vielleicht war es Gottes Finger, der mich zur Ordnung rief?

Nein, es war nur eine Stimme: »*Steh auf, Enrico Wunderlich*«, sagte sie. »*Du biste ein Mann, eh? Also hör auf mit dem Gejammer und stell dich der Welt.*«

Gott hatte einen merkwürdigen Akzent.

Ich legte den heruntergebrannten Zigarillo vorsichtig im Aschenbecher ab, trank den Saft aus, zerbiss todesmutig den letzten Eiswürfel im Mund und stand auf.

In Wahrheit war es nicht Gott. Es war der Italiener in mir, der mich aus meiner Lethargie riss und zurückstieß ins große wunderbare Leben.

Im Hotelfoyer hing ein Spiegel. Ich blickte hinein. Was ich sah, stimmte mich zuversichtlich. Der Typ mit dem unverschämten Grinsen blickte mich an, als sei er mein bester Freund. Ich tippte mir an den Sonnenhut. Auch er tippte sich an seinen Sonnenhut. Sein Grinsen wurde breiter.

🛵 12

Die ekstatische Begrüßung Valeries bei ihrem Eintreffen mit dem schnittigen roten Sportwagen, auf den ich – obwohl kein Automobilist – immer schon neidvolle Blicke geworfen hatte, ersparte ich mir. Leonie erspähte ihre Freundin vom Balkon aus, als diese gerade vor dem Hotel vorfuhr. Sie stieß einen spitzen Freudenschrei aus und sprintete aus dem Zimmer. Die Freude war ganz meinerseits und ich verdrehte genervt die Augen. Immerhin war ich so neugierig, dass ich aufstand und auf den Balkon trat, um Augenzeuge des herzzerreißenden Wiedersehens dieser beiden Frauen zu werden, die sich, nach meinen Berechnungen, zuletzt vor zwei Wochen gesehen hatten. *Was für ein Getue*, dachte ich missmutig.

Valerie war ihrem Sportwagen in einem sommerlichen Ensemble entstiegen, das an Eleganz nichts zu wünschen übrig ließ. Sie hatte sich, das konnte ich sogar hier aus luftiger Höhe sehen, irgendwie verändert: Einige Pfunde waren gefallen, sie sah plötzlich so schnittig und kurvig wie ihr Wagen aus. Aber warum war sie so gut gelaunt? Vielleicht, weil sie die Schnarchtasse Rüdiger endlich los war?

Zum ersten Mal – jedenfalls aus der Entfernung von ein paar Metern Luftlinie – erschien sie mir attraktiv, ja sexy. Sie hatte auch ihre Frisur verändert, die in jeder Hinsicht überproportionierten Locken waren einem raffinierten Schnitt gewichen.

Ich beschloss, nach unten zu gehen, um meiner Pflicht Genüge zu tun.

In der Hotelhalle fiel Valerie mir mit einem entzückten Aufschrei in die Arme, als sei ich ihr lang vermisster Geliebter. Ich hatte Mühe, auf diesen Zärtlichkeitsanfall adäquat zu reagieren, sie in meinen Armen gerade noch schicklich zu drücken und ihre heftigen Küsschen so abzufangen, dass nicht alle Welt glaubte, wir seien tatsächlich das Traumpaar, das sich nach langem, allzu langem Getrenntsein wiedersieht. Dabei schien es mir, dass Valerie nicht einmal Komödie spielte, sondern dass sie mich tatsächlich so mochte, wie sie es hier zum Ausdruck brachte. Jedenfalls mochte sie mich mehr als ich sie. Obwohl sie sich – zugegeben – in meinen Armen verdammt gut anfühlte.

Leonie stand daneben und betrachtete uns wohlgefällig. Sie schien erleichtert, dass ich es nun so gelassen nahm, Valerie mit uns hier in diesem Hotel zu wissen.

Wir gingen zusammen an die Bar, Andrea blinzelte mir verschwörerisch zu – ja, ein Mann mit zwei hübschen Frauen ist immer eine scharfe Nummer. Ich fühlte mich wie James Bond mit seinen beiden Girls. Lässig bestellte ich drei Camparis und die erste halbe Stunde verging mit minutiösen Schilderungen der ersten Ferientage in Marina di Languore. Valerie hing an Leonies Lippen, sie hörte ihren lebhaften Schilderungen zu, als seien sie das Witzigste, was sie je vernommen hatte. Als Leonie jedoch sagte: »Und du ... erzähl, wie es dir ergangen ist«, erhob ich mich, murmelte eine höfliche Entschuldigung und ging aufs Zimmer zurück. Täuschte ich mich oder warf mir meine neue Freundin einen enttäuschten Blick zu?

Was war nur mit Valerie Hochegger passiert? Ich gestand, dass sie mich mächtig irritierte. *So weit kommt's noch, dass ich zulasse, dass Valerie mir schöne Augen macht*, dachte ich. Doch so sehr ich mich dagegen wehrte und sperrte – mit einem Mal schien mir diese kleine *ménage à trois* mit mir als Hahn im Korb nicht mehr die schlimmste aller Vorstellungen zu sein.

»Warum nicht ein bisschen Spaß haben, ein bisschen flirten? Was iste schon dabei?« Der Italiener in mir schoss eine Frage nach der anderen ab. *»Sie sind schön. Sie sind*

hingebungsvoll. Sie sind leidenschaftlich und bereit zu lei-den – die Italienerinnen. Sie werfen dir eine Blick zu, und du biste verloren.«

»Ich nicht«, wandte ich hochmütig ein. *»Außerdem ist Valerie Hochegger keine Italienerin.«*

»Na, wenn schon«, sagte der Italiener in mir unbe-eindruckt. *»Sie iste eine Frau, nicht wahr? Und sie hat Augen, die sich in jedes Männerherz brennen.«*

»Verflucht, sie ist Leonies Freundin. Was soll das? Soll ich mich hier um jeden Preis zum Narren machen?«

Valerie. Valerie. Valerie. War mir der Campari zu Kopf gestiegen? Nach Kräften bemühte ich mich, mir all ihre schlechten Eigenschaften und kapriziösen Launen, die mir früher immer mächtig auf den Kiki gegangen wa-ren, ins Gedächtnis zurückzurufen. Ihre nervige, stets aufgekratzte Art, ihr modisches Getue, ihr aufreizendes Lachen, ihre allzu blonden Marilyn-Superlocken, ihre ganze Art, sich ständig in den Mittelpunkt zu spielen und alle Aufmerksamkeit auf sich zu ziehen – wie sehr hatte ich das verabscheut. Immer gehasst. Eine Blondi-ne auf Ecstasy. Gab es etwas Schlimmeres?

Und jetzt? Sie lachte immer noch ein bisschen zu laut. Sie zog sich noch immer sehr modisch an. Doch war es nicht ganz natürlich, wenn eine Frau ihre Freude an körperlicher Präsenz zeigte? Was war daran eigent-lich so verwerflich? Warum nur hatte mich das früher so miesepetrig gestimmt? Und – vor allem: Warum war das jetzt anders?

Ich schüttelte, erstaunt über mich selbst, den Kopf und rückte verstohlen meine Hose zurecht, in der sich bei dem Gedanken an Valerie plötzlich etwas zu regen schien. Wie peinlich war das denn?

»Iste nicht peinlich, iste schön«, raunte der Italiener in mir.

Santa Maria Virgine, salve!, dachte ich.

Beim Dinner gab ich mich dem stillen Genuss der einzelnen Gänge hin, die appetitlich einer nach dem anderen serviert wurden, ohne der Unterhaltung, die nahezu ausschließlich von den Frauen bestritten wurde, sonderlich aufmerksam zu folgen. Frauenthemen langweilten mich schnell, so war es immer schon. Psychozeug halt. All diese Beziehungen, Störungen, Konflikte, Gerüchte, Vermutungen, Befürchtungen, die sich wie ein *perpetuum mobile* durch die Gespräche zogen und sie dominierten, lösten in mir einen spontanen Fluchtimpuls aus. Dabei hatte ich die Technik perfektioniert, mit bedeutungsschweren Blicken, gelegentlichem Kopfnicken und planlos eingeworfenen »Hm's« und »Ah's« zweifelsfrei zu dokumentieren, dass ich der Konversation folgte und mich stets auf der Höhe der Unterhaltung befand. Die lief sozusagen wie das Textband in einem Nachrichtensender mit. Sie beanspruchte meine Aufmerksamkeit nicht, aber ich war jederzeit in der Lage, mich einzuklinken oder eine direkt an mich gerichtete Frage zu beantworten. Eine besondere Kunst, ich beherrschte sie, wie gesagt, perfekt. Niemand war in der Lage, meine wahren Gedanken zu erraten oder auch nur zu vermuten, dass mich das Ganze nicht sonderlich interessierte.

Und so zog auch an diesem ersten Abend mit Valerie ein Textband an mir vorüber, etwa so: »Hast du gehört, dass Nicola ... Nein, nicht *die* Nicola, die andere, du weißt schon ... Ja, sie soll jetzt ... Das glaube ich nicht! ... Aber ja, wenn ich es dir sage ... Und du meinst, sie hat ... Natürlich, was denkst denn du ... Cornelia hat ja auch ... Nein! ... Doch, doch, sie hat es mir selbst gesagt ... Letzte Woche erst ... Also, ich könnte das nicht!«

Und ich dachte währenddessen ungefähr Folgendes: »Das Fleisch ist wirklich sehr zart ... Ja, Braten können die Italiener ... Wenn ich an das Essen bei Nicola zurückdenke ... ungenießbar! ... Die kann überhaupt nicht kochen ... Es war so zäh, die Reste sitzen mir heute noch zwischen den Zähnen ... Es geht doch nichts über ein zartes Stück Fleisch ... Die Frau dort drüben am Fenster, die wie von Waterhouse gemalt aussieht ... von der würde ich mich gern einmal bekochen lassen ... Und anschließend ...«

Der Italiener in mir lachte.

Ach, halt die Klappe, dachte ich.

An diesem Abend tat ich mir das abendliche Schauspiel auf der Piazza vor dem Hotel nur für ein paar Minuten an. Es hatte sich nichts geändert: sich produzierende Jungs, unbeeindruckt dreinschauende Mädchen. Ein ebenso unermüdliches wie durchsichtiges Spiel. Und Julia mittendrin. Nur eine – mich doch ein wenig beunruhigende Variante – gab es: Meine Tochter brauste gegen elf Uhr nicht mit dem Typen auf der roten Vespa davon, sondern stieg in das Auto ein. Der Fahrer sah kaum vertrauenerweckender als sein Vorgänger aus.

Diesmal trat Leonie hinter mich und umfing mich mit den Armen, legte den Kopf auf meine Schulter. So verschmolzen wir zu einem Bild heimlicher Voyeure, die ihrer Tochter hinterherspionierten. Dabei geschah das Balzritual dort unten so öffentlich und so uninteressiert an seiner Wirkung, dass wir uns nicht wie Voyeure fühlten, sondern nur ... wie Eltern.

Wie am Abend zuvor gab Leonie mir einen Kuss, aber ihr Blick war nicht mehr ratlos und waidwund, sondern ... wie soll ich sagen ... seltsam animiert.

»Wohin sie wohl fährt?«, fragte sie, den Blick verträumt auf das Meer gerichtet.

»Was sie wohl macht?«, fragte ich, nicht weniger sinnierend.

»Wann sie wohl diesmal wieder zurückkommt?«

»Wie viel sie dann wohl getrunken hat?«

»Ach, Henry!«

»Ach, Leonie!«

»Waren wir nicht ganz genauso?«

»Auf gar keinen Fall!«

»Waren wir nicht?« Leonie löste sich aus der Umarmung und blickte mich erstaunt an.

»Nicht die Spur. Wir waren brav. Lieb. Verantwortungsbewusst. Vorsichtig. Du warst eine höhere hanseatische Tochter.«

»Du hast recht. Ich fuhr nicht mit Vespas in die Nacht. Mit Typen, die ich nicht kannte.«

»Und ich fuhr nicht mit dem Auto durch die Gegend. Mit offenen Wagenfenstern und lärmender Musik.«

»Du fährst heute noch kein Auto.«

»Siehst du!«

»Ja, so waren wir«, sagte Leonie, als schwelge sie in süßen Erinnerungen. Sie kuschelte sich enger an mich. Wir schwiegen, und niemals hatte es ein innigeres Schweigen gegeben.

»Na ja ... nicht ganz«, sagte ich dann. »Wenn ich es mir recht überlege ...«

»*Du* warst ganz anders?«

»Ja, irgendwie schon. Ich war anders, wenn auch ohne Vespa oder Auto. Ich war ein einsamer Wolf. Wo ich durch den dunklen Wald streifte, war Gefahr. Mädchen mit roten Käppchen hatten das Schlimmste zu befürchten.«

»Ach, wirklich? Oh, wie schlimm! Und ich dachte, du bist ein liebes Bärchen.«

»Früher war ich ein böser Wolf. Wirklich, ich schwör's dir.«

»Und der Schwur gilt immer noch?«

»Na klar.«

»Beweise es.«

Frech lachte sie mich an, griff mir in den Kragen und zog mich an sich. Ihre funkelnden Augen, ihre warmen Lippen waren ganz nah. Ich schob sie zum Bett, warf sie wie eine Beute auf die Matratze, setzte mich auf sie. Beugte mich über sie und küsste sie. Wie damals die Mädchen mit den roten Käppchen.

🛵 13

Wenige Tage später war klar, dass die Prinzessin ihren Platz auf dem Rücksitz eines Mopeds gegen ein komfortableres Beförderungsmittel eingetauscht hatte. Mit dem Sohn eines Gelataio, der den größten und – so sagte man – auch besten Eissalon des Städtchens betrieb, hatte sie sich näher angefreundet. Julia sprach kaum ein Wort Italienisch, er hingegen radebrechte etwas Deutsch, von dem er wohl jeden Sommer ein paar Brocken mehr lernte, im engen Kontakt mit jüngeren teutonischen Touristinnen, versteht sich. Doch die Jugend kennt keine sprachlichen Barrieren, und da beide ein ganz passables Schulenglisch sprachen – wobei der Sohn mit seinem stark italienischen Akzent für meine Begriffe kaum zu verstehen war – stand der Kommunikation nichts im Wege. Für den Rest würde die Körpersprache reichen.

Er hieß Leonardo und wurde von Leonie und mir wegen seines unverschämt guten Aussehens nur »der Adonis« genannt. Ja, ich weiß, es ist nicht fair, einen Menschen nach seinem Aussehen zu definieren, aber es schien uns bei diesem mit unserer Tochter anbandelnden Heranwachsenden nun einmal die hervorstechende Eigenschaft zu sein.

Beunruhigenderweise hatte er nicht nur ein schnittiges Auto, sondern auch einen Mund, dem man es ansah, dass er gerne küsste. Der Typ war kaum älter als zwanzig und sah aus, als sei er direkt aus einem Fresko des Piero della Francesca herabgestiegen.

Schließlich hielt ich es nicht mehr aus.

»Sag mal ... dieser Leonardo ... was ist das denn so für ein Bursche?«, fragte ich Julia eines Abends, als ich mit ihr am Nachspeisenbuffet stand und wir uns Kuchen und Tiramisu auf die Teller taten. Ich versuchte beiläufig zu klingen.

»Er ist ganz nett«, versicherte mir meine Tochter mindestens ebenso beiläufig.

»Ich meine ... also ... läuft da was ... zwischen Leonardo und dir?«, hakte ich nach.

Julia verdrehte die Augen. »Ach, Papa!«, sagte sie nur und ließ mich mit meinem Teller stehen.

Ich blickte ihr ratlos hinterher.

»Möchten Sie noch etwas Nusseis?«, fragte die süße Kellnerin, die wie jeden Abend am Nachspeisenbuffet stand, und lächelte mich an.

Ihr Lächeln war reizend. *Warum nicht?*

Ich lächelte zurück und hielt ihr meinen Teller hin.

Als wir die Eisdiele besuchten, war Leonardo uns gegenüber äußerst höflich und zuvorkommend. Doch ich erkannte sehr schnell, dass dieser junge Mann die irritierende Fähigkeit hatte, sein strahlendes Lachen ganz nach Bedarf an- und auszuknipsen, wenn er uns unsere Lieblingssorten im *cornetto* über die Theke reichte. Was seiner Höflichkeit etwas Berechnendes gab. Vielleicht war es aber auch nur der Verkäufer in ihm, eine Masche, die er sich antrainiert oder von seinem Vater Luigi übernommen hatte, der ein Ausbund an guter Laune war und kein *cornetto* ohne schwungvolle Gesten und einem dröhnenden »*Ecco!*« zu füllen imstande war.

Inzwischen war klar, dass Julias Anwesenheit im Kreis ihrer Familie sich nur auf das Nötigste beschränken würde. Tagsüber lag sie schlafend auf der Sonnenliege und war kaum ansprechbar. Und ihre Nächte verbrachte sie lieber in Diskotheken mit einer Horde Teenager aus dem Ort, mit der sie im Konvoi über das adriatische Küstenland von einer glitzernden Tanzfläche zur nächsten brauste. Auf diesen Fahrten waren stets zwei französische Beautés aus dem Hotel mit von der Partie, und die drei Grazien verbrachten ihre Nachmittage mit exzessiven Vorbereitungen auf den bevorstehenden Abend.

Isabelle und Claire – so die Namen der beiden Mädchen, die im Grand Hotel zusammen mit ihrem Vater Ferien machten – waren etwa in Julias Alter. Keine Zwillinge, aber Schwestern, die man so gut wie nie alleine sah. Sie klebten zusammen, als könnte man sie nur im Doppelpack buchen. Sie kleideten sich sogar ganz ähnlich, was ihrem Auftritt immer etwas Theatralisches verlieh: Sie betraten die Bühne, als hätten sie den Applaus abonniert. Der auch nicht auf sich warten ließ: Sämtliche unverheirateten und lüsternen Angestellten des Hotels versuchten die Mädchen nach der Arbeit in ihre Behausungen zu locken, aber mit wenig Erfolg.

Jeden Nachmittag gegen fünf machten sie sich auf den Weg, perfekt geschminkt, bekleidet mit schrillen Miniröcken und jeder Menge Modeschmuck. Isabelle und Claire waren in dem kleinen Städtchen trotz starker Konkurrenz bald ein solcher Hit, dass sie selten rechtzeitig zum Dinner ins Hotel zurückkehrten. Eine der beiden Schwestern sprach ein wenig Italienisch, die andere keine Silbe. Dadurch keineswegs entmutigt, verständigten sie sich durch die Sprache der sexuellen Ausstrahlung und ihrer wilden Entschlossenheit, sich zu amüsieren. Wann immer die beiden Schwestern auftauchten, gab es ein großes Hallo. Im Hotel, am Strand, auf der Piazza, in den verschiedensten Bars – wo immer man ihnen begegnete (und es war fast unmöglich, ihnen nicht wenigstens drei oder vier Mal am Tag über den Weg zu laufen), waren sie umringt von Verehrern, die ihnen besinnungslos huldigten, als seien sie das Aufregendste, was Marina di Languore jemals gesehen hatte.

Keine Frage, dass die beiden Französinnen für Julia rasch zu einer Art *role model* wurden. In den ersten Tagen hatte sie sich ihnen einfach angeschlossen, und dass sie Französisch sprach, hatte den Austausch erheblich erleichtert. Inzwischen schien sie nahezu mit den beiden Beautés zu verschmelzen. Mit einiger Sorge beobachtete ich, dass sich da eine Art *trio infernal* gebildet hatte, das sich unserer Kontrolle gänzlich entzog.

Was Monsieur Aubry, den Vater der Beautés betraf, war mit ihm auf der Ebene der Vernunft oder der elterlichen Besorgnis keine Koalition zu bilden – ihn schien es nicht sonderlich zu interessieren, was seine Töchter trieben. Sie verabschiedeten sich mit flatterigen Küsschen von ihrem Papa, riefen *ciao ciao,* und er blickte den entfleuchenden Vögelchen stets in einer Mischung aus Ahnungslosigkeit und geistiger Abwesenheit nach.

Mich – und vor allem auch Leonie – interessierte es schon, auf welchen Pfaden Julia wandelte. Aber Nachfragen wurden nur einsilbig beantwortet, sämtliche Strategien der Überwachung versagten. Mit ihrem amazonenhaften Mut und ihrer ganzen exotischen Pracht zogen die Beautés Julia in einen Bann, gegen den kein elterlicher Abwehrzauber half. Nicht einmal von Melanie, Julias bester Freundin, die nur wenig entfernt ihre Ferien ebenfalls mit den Eltern verbrachte, war noch groß die Rede.

Die nächtlichen Exzesse forderten ihren Tribut: Julia erschien zwar – weil wir darauf bestanden – übernächtigt zum Frühstück, schlummerte nach dieser kulinarischen Anstrengung dann aber noch einmal bis zum Mittag und schöpfte so Kraft für eine weitere durchtanzte Nacht. Die Beautés ließen sich zum Leidwesen der adretten Kellner, die morgens auf der sonnenbeschirmten Terrasse ihren Dienst taten, beim Frühstück selten sehen. Sie schliefen wohl halbtot in ihrem nicht weit von unserem Appartement entfernten Zimmer ihren Rausch aus und nur das Radio, das irgendwann lief, deutete darauf hin, dass die beiden wieder zum Leben erwacht waren.

🛵 14

Mit wachsender Spannung begann ich das geheime Leben meiner ältesten Tochter zu erforschen. So nutzte Julia die Stoßzeit in der dem Grand Hotel gegenüberliegenden Bar, um sich in auffälliger Abgeschiedenheit auf eine der leeren Bänke vor dem Gebäude zu setzen. Sogleich setzte eine Art Bewegung zu ihr hin ein: Die Burschen und jungen Männer drifteten langsam aus der Bar in die Abendsonne zurück, um sich mit Julia zu unterhalten. Um halb sieben gesellten sich die französischen Groupies zu ihr – angemalt, aufgedonnert und zu allen Schandtaten bereit. Kurz danach kam in einer Staubwolke Leonardo mit aufheulendem Motor angefahren und parkte das Auto gewagt halb auf dem Trottoir. Mehrere der jungen Männer sprangen auf, um ihm in die Rippen zu boxen und auf die Schulter zu hauen. Irgendwie war er der geborene Anführer. Allerdings auch der geborene Angeber. Ein Adonis mit schwarzen Locken und einem lässigen Dauergrinsen. Und einem Auto, das schwerlich zu überhören war. Ich jedenfalls überhörte es nie.

Irgendwann zwischen dem Abendessen und dem Einbruch der Dunkelheit, wenn sich der kleine Platz vor unserem Hotel mit Jugendlichen zu füllen begann, stand ich auf dem Balkon und beobachtete alles. Julia fuhr nicht immer mit Leonardo. Manchmal entdeckte ich sie auf dem Rücksitz anderer Vespas, wo sie die Arme vertrauensvoll um den jeweiligen Fahrer schlang, manchmal stieg sie in mir unbekannte Autos ein, an deren Steuer irgendwelche jungen Typen mit Goldkette saßen. Und ich hatte die schlimmsten Befürchtungen.

Freitag- und Samstagnacht blieb die ganze Bande bis kurz vor Sonnenaufgang fort, an den anderen Abenden kamen sie früher zurück, um noch ein wenig auf der Piazza unter unserem Fenster abzuhängen.

Nachdem sie der ortsüblichen Sitte gefrönt hatten, mehrere Stunden lang bei laufendem Motor im Auto zu sitzen, Musik zu hören, leere Getränkedosen herumzukicken und sich lautstark in ihrer etwas abgehackten Primatensprache zu unterhalten, wurden die meisten dann doch irgendwann müde, fuhren nach Hause, so sie denn eins hatten, und ließen mein Kind in der Obhut dieses unverschämten Adonis mit den großen Händen zurück, mit denen er wer weiß was anstellte. Adonis kannte das Grand Hotel gut, er hatte dort einmal in der Bar gearbeitet. Irgendwann in der Nacht eskortierte er unser Kind dann zu seinem Zimmer, wo es umgehend in einen ohnmachtsartigen Schlaf fiel. Ganz gleich, wie spät es war, überzeugten wir uns, dass Julia wohlbehalten im Bett lag. Immer fanden wir sie schlafend vor, manchmal noch in ihren Ausgehsachen und ohne Pyjama, den anzuziehen ihr wohl die Kraft fehlte. Laura bekam von alledem nichts mit. Sie schlummerte selig wie ein Kind, das sie noch war.

Eines Mittags, ich war gerade aus dem Badezimmer gekommen und wollte mich zu einer Siesta hinlegen, hörte ich durch die geöffneten Türen unseres Appartements ein Gespräch mit, das Leonie mit ihrer ältesten Tochter im Nebenzimmer führte.

»Bist du nicht müde, wenn du die ganze Nacht tanzt?«, fragte Leonie.

»Aber wir tanzen nicht die ganze Nacht«, schmollte Julia. »Wir fahren zu verschiedenen Diskotheken an verschiedenen Orten. Du weißt ja, bis Forli ist es ganz schön weit.«

»Ah«, sagte Leonie, wohl nicht viel klüger. Forli lag fünfzig Kilometer von Marina di Languore entfernt. Aber die Regelmäßigkeit und die Dauer der Ausflüge hatten nicht nur Leonies, sondern auch meine Neugier geweckt. Im weiteren Verlauf des Gesprächs kam heraus, dass diese nächtlichen Ausflüge randvoll mit Flirts zu sein schienen, aber ohne expliziten Sex. Sie waren immer in der Gruppe unterwegs – diese *ragazzi*, zwischen vierzehn und zwanzig Jahre alt, eine Meute unermüdlicher Tänzer und vermutlich fleißiger Trinker. Und Geld für all die Fahrten und Eintritte und Getränke schien kein Thema zu sein. Ich hatte Julia und Laura ein großzügiges Taschengeld für die Ferien gegeben, da ich keine Lust hatte, mehrmals am Tag um ein paar Euro angegangen zu werden. Alkoholische Kaltgetränke fielen wohl, jedenfalls bei Julia, nicht sehr ins Gewicht, da sie der *aranciata*-Fraktion angehörte. Für Alkohol hatte sie nicht viel übrig, wie ihr Papa.

»Wir fahren die ganze Nacht zusammen herum«, erzählte Julia weiter. »Luigi hat auch ein Auto. Und Sebastiano. Manchmal fahren wir nach Rimini, manchmal nach Cattolica. Wir fahren nach Ravenna und Riccione, Forli und Pesaro. Wir gehen etwa eine Viertelstunde lang in die Disco, dann stecken alle die Köpfe zusammen und streiten, wohin sie als Nächstes wollen, schließlich fahren wir ans andere Ende von Italien, und es dauert zwei oder drei Stunden, bis wir zurück sind.«

»Und magst du denn das Herumfahren? Warum fährt *du* mit?«

»Weil es total cool ist. Es macht einfach Spaß, sie sind ja alle soooo nett. Auch die Mädchen. Richtige Freundinnen. Außerdem wird mir ja nicht immer schlecht. Meistens lege ich mich auf die Rückbank und schaue in den Abendhimmel. Oder ich schlafe fast die ganze Zeit und wache erst mitten in Marina di Languore oder irgendwo am Meer auf. Das gefällt mir ... kurz vor Sonnenaufgang am Strand zu sein. Voll krass.«

Ich zuckte zusammen. So hätte es Goethe gewiss nicht gesagt.

»Und wen von deinen Freunden magst du besonders?«, hörte ich Leonie fragen.

»Ach, Mama. Nur einen. Ich doch immer nur einen, das weißt du doch. Und tu nicht so, als ob du nicht wüsstest, wen.«

»Leonardo, nicht wahr?«

Wieder konnte ich die Antwort nicht hören. Ich drückte die Tür sachte einen Spalt auf, um einen Blick ins Zimmer zu erhaschen. Sie bemerkten mich nicht. Sie standen am Fenster und hielten sich umarmt. Eine flammende Röte überzog mein Gesicht.

»*Siehste du*«, sagte der Italiener in mir. »*Vertrauen ... du musste vertrauen, Enrico.*«

🛵 15

Es ist eine seltsame Sache mit dieser Krankheit, die sich *amore all'italiana* nennt und seit Romeo und Julia eine alte Tradition in Italien zu haben scheint. Vielleicht ist sie ansteckend, sicher sogar. Denn schließlich sollten wir ihr alle zum Opfer fallen. Nicht nur Julia hatte sich mit dem Liebesvirus infiziert. Die Nächste, die es erwischte, war Laura. Und sie sollte nicht die Letzte sein.

Nach der nahezu ununterbrochenen Lektüre ihrer *Tribute von Panem* hatte sich Lauras Vergnügungsbedürfnis zunehmend nach draußen verlagert. Auch sie fand Kontakt zu den *ragazzi*, die in ihrem Alter waren, sozusagen in einer niedrigeren Spielklasse. Die kleinen Macker, mit denen sie loszog, schleppten sie in die Spielhöllen, von denen es zwei gab, gottlob nicht weit entfernt vom Hotel gelegen. Auch von ihnen kurvten einige bereits auf Vespas herum und nahmen die vor Vergnügen quietschende Laura hintendrauf, wie die Eltern missbilligend bemerkten. Aber es waren natürlich keine nächtlichen Ausflüge. Nervenaufreibend waren nur die allabendlichen Diskussionen, wann unsere jüngste Tochter wieder zu Hause zu sein hatte. Erst war es neun Uhr, dann zehn Uhr, dann elf Uhr. Dann zog Leonie die Reißleine, so sehr Laura auch bettelte.

»Aber Julia ...«

»Julia ist achtzehn und volljährig. Du bist vierzehn und hast noch jede Menge Schlaf und Erziehung nötig.«

»Das ist voll unfair, Mama!«

Laura nannte grundsätzlich alles unfair, was ihr nicht passte. Doch selbst mit ihren überzogenen Appellen an Fairness biss sie bei ihrer Mutter diesmal auf Granit. Natürlich auch bei mir, wenn man mich denn gefragt hätte. Bis sich das Thema mit einem Mal schlagartig erledigte.

Gegen Ende der ersten Woche kam er an. Ich sah Laura vom ersten Augenblick an, dass er ihr gefiel. Beim Frühstück rätselten wir, welcher Nationalität wohl die kleine Familie – Vater, Mutter und Sohn – war, die am Vorabend eingecheckt hatte. Ihre Sprache, von der wir nur ein paar Brocken hörten, weil sie zumindest am Morgen noch wortkarg zu sein schienen, war nicht auf Anhieb zu verstehen. Sie sahen aus, als seien sie aus der Zeit gefallen. Der Vater hatte den melancholischsten Gesichtsausdruck, den ich je an einem Mann gesehen habe. Er war hager, hatte schon schütteres Haar, das er ein wenig zu lang und nach hinten gekämmt trug, und seine Hose und sein bis zur Brust geöffnetes Hemd schlotterten im Morgenwind. Die Mutter war eine präraffaelitische Schönheit mit üppigem, kupferfarbenem Haar, das in der Sonne schimmerte, und einem lebhaften Lachen.

Der Sohn schlug ganz nach dem Vater, sowohl was sein Aussehen als auch was sein Wesen anging. Er hatte die traurigsten Augen und das verlorenste Lächeln, das man sich nur denken kann. Er war von einem höflichen Ernst, der ihn viel älter wirken ließ. Kein Teenager war so zuvorkommend, so zurückhaltend wie dieser ernsthafte Junge, dessen fragile Schönheit das Herz rührte.

Laura verfiel ihm augenblicklich. Sie war ungefähr in seinem Alter, und er löste etwas in ihr aus, was sie kaum hätte benennen können. Vielleicht suchte er Schutz bei ihr, Trost, auf jeden Fall Freundschaft. Laura war von Natur aus neugierig und vertrauensselig, was sie überaus gesellig machte. Sie sprach den Jungen gleich am Buffet an, als er sich einen Orangensaft holte, aus dem sein ganzes Frühstück zu bestehen schien. Er antwortete ihr höflich und ausführlich, wie ich aus der Entfernung beobachten konnte, und ich sah an Lauras Reaktion, dass er mit seiner Antwort eine Saite in ihr zum Schwingen gebracht hatte.

»Sie sind Portugiesen«, verkündete sie, als sie wieder an unseren Tisch zurückgekehrt war. »Er ist fünfzehn, also ein Jahr älter als ich.« Sie sagte es mit einem solchen Nachdruck, als hätten wir das unmöglich selber errechnen können. »Und er heißt Tiago.«

Sie hatte auch noch in Erfahrung gebracht, dass die Familie Gonçalves hieß, dass der Vater ein berühmter Maler war und die Mutter eine Schriftstellerin (»Wie du, Papa!«). João und Mariana. Nicht gerade unbekannt in der portugiesischen Kunstszene, wie ich durch eine Internetrecherche erfuhr, die ich am Nachmittag dieses Tages durchführte. Irgendwie fand auch ich diese Familie bemerkenswert. Sie war einfach anders als die übrigen Feriengäste und schien in einem magischen Kreis zu leben, dessen Linie niemand zu übertreten vermochte.

Später gestand Laura mir einmal, allein Tiagos Anblick mache sie vollkommen wehrlos. So stark war wohl die Aura der Traurigkeit in seinen tiefblauen Augen. Es gab vieles, was unser Kind zu Tränen rührte – von Büchern über Filme, Zeitschriften, Photos bis hin zu herrenlosen Hunden und toten Ratten, aber was den Gonçalves-Sohn anging, konnte ich sie verstehen.

Julia war anfangs der Meinung, das sei alles nur eine Masche, und handelte sich dafür von Laura einen erbosten Blick ein. Doch auch sie blieb schließlich von Tiagos traurigem Zauber nicht unberührt und gab zu, dass er etwas Besonderes hatte. Für einmal gab es zwischen unseren beiden Töchtern keinen Streit, keine Häme, keine Hänseleien. Etwas herablassend, um ihre wahren Gefühle nicht zeigen zu müssen, tätschelte Julia Lauras Arm und sagte: »Er tut dir gut. Das sehe ich.« Nie werde ich vergessen, wie dankbar Laura ihre große Schwester anblickte, weil sie einmal nicht herumwitzelte und ihre Gefühle verspottete.

Sie wurden bald unzertrennlich, Laura und ihr Tiago. Man sah kaum noch einen ohne den anderen. Abends wurde Laura manchmal an den Tisch der Gonçalves eingeladen, und wir erlaubten es ihr großzügig. Da sie nur wenig entfernt von uns saßen, bekam ich aus dem Augenwinkel mit, dass Lauras Benehmen sich schlagartig änderte, wenn sie am Tisch der Gonçalves saß. Alles Kicherige, Alberne, Mädchenhafte war mit einem Mal verschwunden. Sie sah in diesem Ensemble irgendwie erwachsener aus, von romantischem Ernst erfüllt, wenn man das so sagen kann. Sie gewann dort an Statur, während sie bei uns am Tisch ja immer die »Jüngste« war. Das war sie zwar auch bei den Gonçalves, aber doch auf ganz andere Weise. Es beschämte mich sogar ein wenig, dass sie unser Kind ganz offensichtlich ernster nahmen, als wir es je getan hatten und vermutlich tun würden.

Der positive Einfluss, den ihr neuer Freund auf sie hatte, war unübersehbar. Das Herumlungern in den Spielhöllen hörte augenblicklich auf. Laura hatte nur noch Augen für Tiago. Ich sah sie stundenlang am Strand auf den Liegen miteinander reden, sie hielten dort Händchen, manchmal ohne sich anzuschauen, dann blickten sie in den azurblauen Himmel, als ob es dort etwas zu sehen gäbe. Und vielleicht öffnete sich der Himmel ja tatsächlich für sie und sie sahen dort etwas, das nur für sie da war und das sie nicht mit jemand anderem teilen konnten oder wollten.

»Rührend, nicht wahr?«, sagte Leonie und ich nickte.

Tiago hatte eine deutsche Großmutter und war mit der deutschen Sprache aufgewachsen. Er sprach sie ganz gut mit einem niedlichen Akzent, manchmal suchte er nach dem richtigen Wort und fand es nicht. Er sagte dann »Televisionsgerät« statt »Fernseher«. Oder »Sandfläche« statt »Strand«. Das gab ihm etwas Altkluges, doch weil ihm offensichtlich bewusst war, dass es nicht das richtige Wort war, und er einen drollig-schuldbewussten Blick aufsetzte, rief er damit bei seinen Zuhörern ein nachsichtiges Lächeln hervor. Laura korrigierte ihn jedes Mal, aber so liebevoll, dass er sie dankbar anschaute.

Am glücklichsten schien Laura zu sein, wenn sie Tiago zum Lachen bringen konnte. Wenn sie sich im Sand eingruben, so dass nur noch die Köpfe herausschauten. Wenn sie ihm deutsche Nonsensgedichte oder Schnellsprechverse vortrug, die bei Tiago wahre Lachanfälle hervorriefen. Wenn sie versuchte, ein paar Brocken Portugiesisch zu lernen und damit bei Tisch zu glänzen.

Wenn Tiago lachte und er für wenige wunderbare Augenblicke all seinen Ernst und seine Zurückhaltung vergaß, konnte man das Gefühl haben, er sei vielleicht doch ein ganz normaler Junge und nicht schon ein halberwachsener portugiesischer Melancholiker.

João Gonçalves, sein Vater hingegen lachte nie. Zumindest sah ich ihn immer nur ernst und bedeutungsschwer dasitzen, und wenn er sich ein Lächeln erlaubte, war das schon viel. Immer aber schaute er seinen Sohn und seine Frau mit großer Zärtlichkeit an. Ich hatte im Internet ein paar Gemälde von ihm gesehen; sie hatten mich in ihrer lichtdurchfluteten Art an Joaquin Sorolla erinnert, den großen spanischen Impressionisten. Und sie waren alles andere als düster oder schwermütig, im Gegenteil: Sie strahlten eine mediterrane Stimmung von besonderem Reiz aus. Aber sie wirkten wie der Maler selbst aus der Zeit gefallen – als seien die Farben auf der Suche nach der verlorenen Zeit auf einer verzauberten Palette gemischt worden.

🛵 16

Es gibt Männer, welche die Schönheit einer Frau nachgiebig, ja wehrlos macht. Ich gestehe, dass auch ich in dieser Hinsicht sehr anfällig bin. Ein charmantes Lächeln, ein seelenvoller Augenaufschlag und schon fliegen die Gedanken, auch wenn ich mir das natürlich nicht anmerken lasse. Das geht so weit, dass ich inzwischen gerne zur professionellen Zahnreinigung gehe – einzig und allein aus dem Grund, weil Doktor Rösch, mein Zahnarzt, eine hübsche Assistentin hat.

Nicht nur hübsch, sondern bildhübsch war die Kellnerin, die der Maître des Grand Hotels dem *dolci*-Buffet zugeteilt hatte, wo sie die unumschränkte Herrscherin über sechs Eissorten war. Schon am zweiten Tag hatte ich bei Andrea, dem *barista*, in Erfahrung gebracht, dass sie Giulia hieß. Und sie lächelte mich stets an, als sei ich Romeo. Vielleicht bildete ich mir das nur ein und Giulia lächelte jeden Gast, gleich ob männlich oder weiblich, auf diese Weise an. Doch irgendeine Besonderheit meinte ich in ihrem Lächeln auszumachen, und als Beweis ihrer kaum kaschierten Zuneigung wertete ich es, dass sie den Namen Wunderlich so rollend-drollig aussprach. »Buonasera, Signor Wunderrrrliche«, sagte sie und schenkte mir ihr strahlendes Lächeln. Und sie sagte auch immer: »Ich wünsche Ihnen einen guten Appetit.«

Das war, wie ich später erfahren sollte, der einzige Satz, den sie auf Deutsch sagen konnte. Ich war überzeugt, dass ich ihr noch den einen oder anderen Satz beibringen konnte. Ich nickte der schönen Giulia zu und schloss heimlich eine Wette mit mir selbst.

Ich schließe gern Wetten mit mir selbst. Sie sind die einzige Art von Schicksals- und Zeichengläubigkeit, die ich mir zugestehe. Wenn du hundert Schritte auf dem Bordstein balancieren kannst, wird der Kardiologe dir sagen, dass mit deinem Herzen alles in Ordnung ist. Wenn die Sonne innerhalb der nächsten Minute hinter dem Dach dort drüben untergeht, wirst du mit deinem Manuskript rechtzeitig fertig werden und das Buch wird ein Bestseller. Wenn du Giulia dazu bringst, die alles entscheidenden Worte auf Deutsch zu sagen, wird dein Glück ewig und vollkommen sein. Und du wirst mit ihr in einem roten Alfa Romeo in den Sonnenuntergang fahren.

Seit dem ersten Abend schwärmten mir meine Lieben von dem Haselnusseis vor. Das *dolci*-Buffet brach fast zusammen unter der Last der Köstlichkeiten, doch alle ließen sich von Giulia immer auch eine Portion Nocciola-Eis reichen – zusammen mit diesem bezaubernden Lächeln, das sie für meine Familie reserviert zu haben schien. Ich bin nun überhaupt kein *gelati*-Freund und finde – *horribile dictu* – italienisches Speiseeis ... nun ja ... etwas überschätzt.

Am Nachspeisenbuffet konnte sich jeder seinen Teller selbst mit frischen Früchten, Puddings, Cremes, Torten und Mousses bis zum Rand füllen, doch das Eis wurde von der schönen Giulia zugeteilt: ein perfekt geformtes Gebilde, mit anmutiger Bewegung aus den Kühlbehältern geschält. Es gab sechs verschiedene Sorten, was vielleicht ein wenig überschaubar war. Doch glücklicherweise waren Zitronen- und Haselnusseis dabei, die bevorzugte Kombination meiner Frau.

Wenn ich also in irgendeine größere Interaktion

mit der schönen Giulia treten wollte, musste ich mich für *gelati* begeistern. Zumindest so tun als ob.

So hielt ich ihr allabendlich meinen Teller entgegen und Giulia reichte mir mit einem Lächeln, das jedes Eis egal auf welchem Teller auf der Stelle zum Schmelzen gebracht hätte, das vermutlich beste Haselnusseis meines Lebens. Cremig, verführerisch. Und dann legte sie unaufgefordert – eine geradezu erotische Vorwitzigkeit, die ganz sicherlich nicht in ihren Vorschriften für den richtigen Umgang mit Gästen am Nachspeisenbuffet stand – eine rote Kirsche mit grünem Stengel auf dem Eisgipfel.

War das zu fassen?! Und dieses Lächeln! Dieser Blick aus unergründlichen Augen! Dieses frisch gestärkte weiße Schürzchen, auf dem kein Fleckchen und kein Fusselchen den Eindruck absoluter Akurratesse beeinträchtigte!

»Sie hat dich angelächelt. Offenbar mag sie dich ...«, sagte Leonie anzüglich grinsend, als ich mit meinem Eis an den Tisch zurückkehrte. Valerie nickte versonnen.

»Was? Wer? Wovon sprichst du?«

Meine theatralische Verwirrung verfing nicht. Nicht einen Augenblick ließ Leonie sich täuschen.

»Du weißt schon, von wem ich spreche ...«

»Nein, weiß ich nicht.« Ich blieb bockig, setzte eine renitente Miene auf. Mir war völlig klar, worauf das hinauslief. Und ich hatte nicht die geringste Lust darauf.

»Aber natürlich, mein Lieber!« Leonie streichelte mir über die Wange, aufreizend, ja geradezu demonstrativ. Es war mir unangenehm, dass Giulia womöglich Zeugin solcher besitzanzeigender Zärtlichkeitsgesten wurde. Doch nach einem raschen, verstohlenen Blick hatte ich mich davon überzeugt, dass sie ganz von ihrer Aufgabe, anderen Gästen Eiskugeln auf die Teller zu füllen, in Anspruch genommen war. Eine Kirsche als Verzierung bekam keiner. Ich atmete erleichtert auf.

»Du schaust ja immer wieder hinüber«, fuhr Leonie in dem spöttischen Ton fort, mit dem sie ihre Eifersuchtsattacken tarnte. »Und sieh mal an ... da ... deine hübsche Kellnerin hat dir sogar eine Kirsche auf das Eis gesetzt.«

»Das tut sie bei jedem.«

»Was du nicht sagst.« Sie zog ihre hübschen Augenbrauen hoch.

»Ich sage nur die Wahrheit.«

»Du redest nur Unsinn.«

»Mama ... Papa ...!« Julia und Laura verdrehten im schwesterlichen Einklang die Augen. »Müsst ihr über solche Kinkerlitzchen streiten?«

»Wer streitet denn? Niemand streitet«, entgegnete ich.

»Und ich habe euren Vater nur darauf hingewiesen«,

sagte Leonie in geradezu geschäftsmäßigem Ton, »dass sich unsere kleine Eiskellnerin dort drüben am Buffet für ihn interessiert. Oder er sich für sie. Genau ist das nicht auszumachen ...«

»So ein Unsinn«, unterbrach ich sie. »Ein irgendwie unziemliches Interesse am hiesigen Servicepersonal lasse ich mir nun nicht nachsagen. Auch nicht von dir.«

»Aber es stimmt doch«, warf Laura ein. Julia kicherte. Allmählich liefen mir die letzten Verbündeten von der Fahne.

»Ach, was weißt du denn!«

»Ich weiß etwas, was du nicht weißt«, beharrte Laura, die fuchsig wird, wenn man sie herablassend behandelt. »Und auch ich sehe die Kirsche auf deinem Eis. Von uns hat *niemand* eine Kirsche bekommen.«

»Keine Kirsche!« echoten die anderen beiden.

»Meine Güte, ihr seid so kindisch. Alle miteinander! Nicht zum Aushalten! Ich hatte um die Kirsche gebeten, und sie hat sie mir gegeben. So einfach, so uninteressant. Könnten wir uns jetzt bitte wieder unserem Nachtisch zuwenden?«

Wie auf ein Kommando löffelten alle an ihrem Eis. Das Problem war nur – und ich hatte keine Ahnung, ob es jemand bemerkt hatte –, dass ich rot geworden war wie ein Schuljunge, den man beim Flunkern ertappt hat.

Das Haselnusseis schmeckte vorzüglich.

Valerie hatte kein Wort gesagt. Sie lächelte mich an wie eine Sphinx, die jedem Mann in sein schwarzes Herz zu blicken vermag.

🛵 17

Jeder hat sicherlich schon einmal die Erfahrung gemacht, von einem Ohrwurm befallen zu werden, einer eingängigen Melodie, die man, einmal gehört, nicht mehr aus dem Kopf bekommt. So war es bei mir mit Giulia. Sie war mir schon wenige Minuten nach unserer Ankunft im Grand Hotel aufgefallen, doch erst, als Leonie diese kleine, unschuldige Verliebtheit vor den Augen und Ohren aller an unserem Tisch als eine nicht zu bestreitende Tatsache enthüllte, wurde die Melodie zum Ohrwurm.

Was Leonie damit bezweckte, blieb mir unerfindlich. Möglicherweise war es gar nichts Besonderes, sondern nur eine Neckerei, die ich jedoch vor ihrer Freundin Valerie und mehr noch vor unseren Kindern als völlig deplatziert empfand. Was sollte das? Nie wäre ich auf die Idee gekommen, die Blicke, die meine Frau irgendwelchen gutaussehenden Männern zuwarf – und es hatte diese Blicke durchaus gegeben! –, irgendwie zu kommentieren, schon gar nicht vor anderen.

Ich hatte also einiges zum Nachdenken. Denn es hatte – obwohl mir diese »Enthüllung« gegen den Strich ging – zweifellos seinen Grund, dass mir Giulia aufgefallen war, mehr jedenfalls als sonstige weibliche Schönheit, die mir begegnete und die ich immer wohlgefällig registrierte.

Das tat ich an diesem Abend allein. Nachdenken. Wir hatten es uns angewöhnt, nach dem Dinner den lauen Abend auf der Terrasse zu verbringen, doch diesmal lehnte ich es höflich, aber bestimmt ab.

Leonies hochgezogene Augenbrauen ignorierte ich. Ich wollte allein ein paar Schritte gehen, ohne die anderen, ohne das übliche Geplapper und Gerede, das man im Urlaub so über sich ergehen lässt.

Also spazierte ich durch die Stadt hinunter bis zum historischen Hafen. Die dort vor Anker liegenden, pittoresk vor sich hinrostenden Schiffe und Segelboote, deren Farben so herrlich dekorativ abbröckelten, schienen mir aus der Zeit zu stammen, als Leonardo da Vinci diesen Hafen angelegt hatte. Zumindest hatten sie die Patina. Rechts und links der breiten Wasserstraße gab es niedrige Häuserzeilen, deren Erdgeschosse allesamt von erleuchteten Läden, Cafés, kleinen Restaurants und Eisdielen geschmückt waren. Es gab eine Piazzetta, einen Platz für den Wochenmarkt. Sogar ein kleines Theater. Es war eine Welt für sich, die vor allem abends von Einheimischen und Touristen belebt wurde.

Durch diese von milchigen Laternen beleuchtete Welt bewegte ich mich mit langsamen Schritten. An einem der Straßenstände hatte ich mir – in lächerlichem Trotz meiner Frau gegenüber, die mir immer irritierte Blicke zuwarf, wenn ich dieses »völlig überzuckerte Zeug« trank – eine eisgekühlte Coca-Cola gekauft, und mit dieser Dose schlenderte ich die *riva* entlang. Der Ärger über Leonies Verhalten nahm mit jedem Schritt ab, nicht aber die Gründlichkeit, mit der ich über mein Leben nachdachte. Wie es dahinging, mit Leonie an meiner Seite, ein Leben so still wie ein langer, ruhiger Fluss. Keine großen Katastrophen und Krisen, aber auch keine besonderen Höhepunkte.

Überraschungen erwartete oder befürchtete ich nicht mehr. Ich lag so sicher und behaglich im Hafen wie die leicht angerosteten Schiffe, an denen ich vorbeischlenderte. Und nichts hatte mich darauf vorbereitet, dass unter der Sonne der Adria meine Frau mir eine Überraschung bereiten sollte, welche die bislang unangefochtenen Gewissheiten meines Lebens gründlich ins Wanken bringen sollten.

Doch von alldem hatte ich an diesem Abend nicht die geringste Ahnung. Ich sinnierte über Leonie und mich nach, über unsere Liebe, unsere Ehe. Und ließ es mit einer gewissen Genugtuung zu, dass meine Frau etwas in den Hintergrund, die kleine Kellnerin Giulia jedoch etwas in den Vordergrund meiner Gedanken rückte.

Befeuert wurde dies durch den Italiener in mir, der sich auch auf diesem langen Spaziergang durch den kleinen Hafen von Marina di Languore zu Wort meldete. Wie nun schon mehrfach geschehen, nistete er sich in meinem Kopf ein und meldete sich zu allen nur denkbaren passenden und unpassenden Gelegenheiten zu Wort. Er zerpflückte mit Vorliebe jeden meiner grüblerischen Gedankengänge, als seien sie ein persönlicher Affront gegen ihn. Er war amüsant, vorlaut, nervig, witzig, und er hatte zu allem und jedem eine Meinung. Meistens eine, die mit meiner nicht übereinstimmte.

Der Italiener in mir bot das perfekte Kontrastprogramm zu einer gepflegten Melancholie, mit der ich mich all die Jahre gegen die Anforderungen der Welt und die Zumutungen der Zeitgenossen zu schützen suchte. Er akzeptierte nicht einmal meine selbstironische Art, die ich perfektioniert hatte. Meine subtile Arroganz, auf die ich heimlich stolz war, ließ er nicht gelten und rannte mit nie nachlassender Energie gegen die kleinen Mauern an, die ich um mich gezogen hatte. Geradezu lustvoll.

»Eh … Kann es sein, dass du die Ehe ein bisschen überbewertest?«, fragte er mich listig, aber auch selbstzufrieden, als sei er sich sicher, bei mir einen wunden Punkt getroffen zu haben.

»*Warum sollte ich? Ich liebe meine Frau.*«

»*Du nennste sie ›meine Frau‹ ... das klingte schon ein bisschen distanzierte, findest du nicht? Warum nichte Leonie?*«

»*Na schön, meinetwegen: Ich liebe Leonie.*«

»*Darum gehte es nicht*«, behauptete der Italiener.

»*Natürlich geht es um Liebe.*«

»*Ja, Liebe zu deine Frau. Liebe zu deine Kinder. Liebe zu deine Mama. Liebe zu deine Katze.*«

Ich schluckte. »*Ich würde die Liebe zu Leonie nicht mit der Liebe zu meiner Katze gleichsetzen.*«

»*Du möchtest es vielleichte nicht, aber du tuste es. Italiener sind da ganz anders.*«

»*Ich bin aber kein Italiener.*«

»*Ja, iste sehr schade eigentlich. Denn wärst du einer, würden wir hier nicht diese dumme Gespräch führen. Dann wäre klar: Leonie ist deine Standbein. Und die kleine Giulia, die könnte vielleicht deine Spielbein werden.*«

»*Willst du damit andeuten, Italiener sind in der Ehe prinzipiell treulose Tomaten und jagen jedem Rock hinterher?*«, entgegnete ich im Brustton der Empörung.

Der Italiener in mir kicherte. »*Treulose Tomaten ... nichte schlecht. Den Ausdruck kenne ich noch gar nicht. Nein, nein, wir sinde schon treu. Auf unsere Art. Aber italienische Männer denken vielleicht nicht ganz so ... prinzipientreu.*«

»Ein bisschen Treue gibt es nicht. Entweder ist man treu oder man ist es nicht. Man kann auch nicht ein bisschen schwanger oder ein bisschen tot sein.«

Das war nicht schlecht pariert. Doch der Italiener in mir gab sich unbeeindruckt. Bevor er die Lampe unserer kleinen Konversation ausknipste, konterte er: *»Aber ein bisschen lebendig reichte eben auch nicht, eh? Denke mal darüber nach, amico.«*

🛵 18

Leider, so muss ich sagen, hatte der Italiener in mir mit seinem leichtfertigen Gerede eine Wirkung, die er wohl nicht beabsichtigt hatte. Ich fühlte mich gewarnt. Ich wurde hypervorsichtig. Schon beim Mittagessen am nächsten Tag ließ ich mir von Giulia zwar wieder eine Kugel Haselnusseis auf den Dessertteller tun, lehnte jedoch die symbolträchtige Kirsche mit einem bedauernden Lächeln ab. *»Non, grazie!«* Die Geschwindigkeit, mit der sich ihr strahlendes Lächeln verschattete, gab mir einen Stich ins Herz. Ich fühlte mich schuldig. Immerhin blieb ich tapfer und kehrte mit unbeteiligter Miene an unseren Tisch zurück.

Leonie spitzte den Mund.

Valerie spitzte den Mund.

Sie tauschten einen Blick. Und sagten dann unisono: »Keine Kirsche!«

»Tja«, entgegnete ich gleichmütig. »Das Leben ist kein Kirschgarten.« Und ergänzte souverän: »Immer wieder ein Genuss, dieses Eis, nicht wahr?«

Ich hatte Zeit gewonnen. Mehr nicht.

Damit war die »Affäre Giulia« natürlich noch nicht beendet. Sie hatte ja noch gar nicht angefangen. Doch die spöttischen Blicke an unserem Tisch erloschen, die Frauen redeten wieder über Frauengeschichten. Und ich atmete unmerklich auf.

Was mich aber den ganzen Tag hindurch und bis zum Abendessen quälte, war der Schmerz, den ich Giulia zugefügt zu haben glaubte. Ich musste ihr irgendwie zu verstehen geben, dass die zurückgewiesene Kirsche nichts mit ihr zu tun hatte. Dass sich an meinen aufflammenden Gefühlen nicht das Geringste geändert hatte. Dass sie mir doch bitte, bitte weiter ihr hinreißendes Lächeln schenken sollte.

Am Anfang der zweiten Ferienwoche hatte sich eine Art Urlaubsroutine herausgebildet: Laura war mit Tiago unterwegs, Julia mit Leonardo, ich – wenn überhaupt – mit Leonie und Valerie, als fünftes Rad am Wagen. Tagsüber taten die beiden Freundinnen eigentlich nicht mehr, als am Strand zu liegen und zu reden. Unterbrochen vom Mittagessen, wo sie am Tisch weiterredeten, und dem Abendessen. Danach setzte man sich raus auf die Terrasse, um noch ein bisschen weiter zu reden. Mit einer gewissen ungläubigen Faszination stellte ich fest, dass Frauen wirklich nicht nur stunden-, sondern tagelang fast ununterbrochen reden konnten. Für manches Mal war ich froh, mich ihnen entziehen zu können. An den Strand ging ich erst gar nicht mit; ich holte mir morgens meine Zeitungen, setzte mich stets als einer der ersten Gäste ins *Tre Amici*, las oder trank mich dort fest, streunte durch die Stadt, manchmal auch durch die Buchhandlung, las und schrieb E-Mails in der Hotelhalle, machte nach dem Essen eine kleine Siesta und hielt den Italiener in mir in Schach.

Allmählich fand auch ich meinen Rhythmus. Irgendwie gelang es mir, immer genau dann in der Lobby aufzukreuzen, wenn Giulia und ihre Kollegen im Speisesaal das Buffet aufbauten und die Tische eindeckten. Die Kellnerin hatte nicht nur ein hinreißendes Lächeln, sondern auch einen aufreizenden Gang. *Dio mio!* Und mein größtes Glück war es, wenn Andrea seine Bar verließ und Giulia bat, ihn dort zu vertreten. Man hätte die Uhr danach stellen können, dass ich bereits in der nächsten Minute eine Bestellung aufgab – *spremuta* mit Eis, einen *caffè*, ein Wasser, was auch immer. Längst war Giulia wieder ganz reizend zu mir, ihr Lächeln gewann täglich an Strahlkraft. Einmal konnte ich sogar ihr Parfüm riechen, als sie das Getränk – näher als es sein musste – neben mir auf dem Tischchen abstellte.

Und immer gab es etwas dazu, obwohl ich nichts Alkoholisches bestellte: Nüsse, Chips, Pistazien. Mein kleiner Engel versorgte mich und ich genoss es, wie er mich verwöhnte. Obwohl ich mir durchaus noch ganz andere Verwöhnungen vorstellen konnte. Aber diese Gedanken würgte ich immer rasch ab, was den Italiener in mir erzürnte. Er hätte mich liebend gern in dieses Abenteuer purzeln lassen.

Seltsamerweise ging mir auch Valerie nicht aus dem Kopf. Sie blieb für mich ein Rätsel, ihre Anziehungskraft auch. In den ersten Tagen war sie von einer geradezu überschwänglichen Herzlichkeit, dann flaute es etwas ab mit »Henry hier« und »Henry da«. Wir hatten uns auf eine ironische Distanz eingependelt, das heißt, eigentlich hatte ich es getan, und ihr war nichts anderes übrig geblieben, als darauf einzugehen und mit mir zumindest in Leonies Gegenwart eher frotzelnd denn couragiert zu flirten. Eben so, dass man es nicht missverstehen konnte, doch die unterschwelligen Anziehungskräfte, die neuerdings zwischen uns zu bestehen schienen, waren genau zu spüren – wie eine Saite, die stets gespannt blieb. Welche Melodie wir darauf spielen wollten, war durchaus noch offen. Obwohl ich mir sicher war – oder es zu sein glaubte –, dass Valerie nicht im Ernst mit mir anzubandeln gedachte, schon gar nicht quasi unter Leonies Augen.

Vielleicht war ich – angespitzt durch die ständigen Einflüsterungen des Italieners in mir – auch einfach nur besonders sensibilisiert. Ich empfing jedes noch so zarte erotische Signal, reagierte auf das kleinste Zeichen, egal von welcher Frau. Bezog in einer unglaublichen Selbstüberschätzung alles auf mich. Und möglicherweise war das auch der Grund, weshalb mir eine klitzekleine Winzigkeit auffiel, auf jenem Abendspaziergang mit Leonie und Valerie durch den pittoresken Hafen von Marina di Languore.

An diesem Abend hatte die Hitze etwas nachgelassen, ein laues Lüftchen war aufgekommen und wurde schon als so kühl empfunden, dass die Damen sich in einer der rund um die Uhr geöffneten Boutiquen, an denen wir vorbeiflanierten, schöne, aber auch teure *Hermès*-Tücher kauften. Es fröstelte sie doch plötzlich zu arg, die mussten sie haben. Nicht dass man sich im Sommer an der Adria am Ende noch verkühlte ... Obwohl ich keine Miene verzog, verständnisvoll nickte und es mir, wie immer bei solchen Einkäufen, nicht im geringsten anmerken ließ, was ich davon hielt, fühlten sich die Frauen offenbar genötigt, ihre Kaufentscheidungen zu begründen. Es musste in den Genen liegen. Mir wäre es nie in den Sinn gekommen, mich für einen Kauf zu rechtfertigen, und wenn ich es bei Leonie erlebte, belustigte es mich eher. *Es ist etwas frisch geworden* – du meine Güte! Was sollten diese durchsichtigen Erklärungsversuche? Sie hätten sich jede ein Dutzend Tücher kaufen und sich eine Burka daraus nähen können, und ich hätte immer noch nichts dazu gesagt. Also ersparte ich mir eine Reaktion, widerstand der Versuchung, die Augenbrauen hochzuziehen, und pflichtete nur dem Italiener in mir bei, der knurrend kommentierte: »*Sie hätten wenigstens was von Dolce e Gabbana nehmen können.*«

Wir schlenderten weiter über den Corso Richtung Hafen, Leonie und Valerie gingen eingehakt voran, ich trottete ihnen in diskretem Abstand hinterher wie ein Cicisbeo, dessen Dienste im Augenblick nicht benötigt werden. Ab und zu drehten sie sich zu mir um, um sich zu vergewissern, dass ich ihnen nicht abhandenkam. Dann lüftete ich jedes Mal meinen Strohhut zum Gruß, deutete eine ironische Verbeugung an oder warf ihn übermütig in die Höhe und fing ihn wieder auf. Was mir nicht immer gelang. Manchmal segelte der Hut elegant, wie es seine Panama-Art ist, zu Boden. Einmal wäre er fast ins Hafenbecken gefallen.

Meine Begleiterinnen drehten sich wieder um und lachten. *Ach, Henry, immer zu einem Spaß aufgelegt!*

Drei Modeläden (zwischen zwei und zwanzig Minuten: Scannen, Checken, Sondieren, das eine Fetzchen vom Bügel nehmend, das andere sich hinhaltend ... nein, lieber doch nicht). Fünf (!) Schuhläden (zwischen drei und dreizehn Minuten, Schuhe hochhalten, Schuhe anprobieren, keine Schuhe kaufen). Zwei Juweliere (einer davon: Gefahr!!! Ich ging erst gar nicht mit hinein). Noch ein Eis vom *gelataio* (*»Ecco, Signore e Signori!«* von Luigi, Adonis' Erzeuger). Eine Bar, die auf dem Weg lag und aus der Rihanna sich die Seele aus dem Halse sang (ich wurde zur Aufnahme diverser Alkoholika gedrängt). Ein Schaufenster hier, eine Auslage dort.

Dann der Schaukasten irgendeines *agente immobiliare*, der nicht nur tolle Fotos seiner tollen Objekte ausgehängt hatte, mit Beschreibungen, die ich sogar mit meinem rudimentären Italienisch verstand (vor allem verstand ich die exorbitanten Kaufsummen der angebotenen Villen und Appartements), sondern sein Konterfei gleich dazu. Ich schnaubte verächtlich. Diese Italiener hingen doch überall ihre Fotos auf, in Immobilienschaukästen und sogar an Grabsteinen, wie ich auf dem venezianischen Friedhof San Michele festgestellt hatte. *Bella figura* – von der Wiege bis zur Bahre.

Leonie blieb interessiert stehen. Meine Frau kann an keinem dieser Schaukästen vorbeigehen, egal wo wir sind. In München sowieso nicht. Aber auch nicht in Venedig, nicht in Rom, nicht in Paris. Überall verwickelt sie mich in Gedankenspiele, ob es nicht eine glückliche Idee wäre, hier eine kleine Wohnung, ein Appartement zu mieten oder sogar zu kaufen, und malt sich in glühenden Farben aus, jedes Jahr ein paar Mal hierher zu fahren.

Der Immobilienschaukasten im Hafen von Marina di Languore bildete keine Ausnahme, und das wurde ihr zum Verhängnis. Oder besser gesagt, mir.

In geradezu vorauseilender Zuvorkommenheit war ich, als ich ihnen ausnahmsweise mal ein paar Schritte voraus war, auf den Schaukasten zugegangen, der an einem der Häuschen im Hafen hing. Er war geschickt ausgeleuchtet, alles war edel in Messing und Glas, die Präsentation so luxuriös wie die Offerten. »Schau mal!«, rief Leonie und zog ihre Freundin hinter sich her, die wie auch ich gegen den Immobilienvirus immun war und es mehr über sich ergehen ließ, als dass sie wirkliches Interesse zeigte. *Jeder hat so seine Ticks*, sagte mir der schiefe Blick, den sie mir zuwarf. Ich antwortete mit einem Schulterzucken und trat zur Seite. Und so bekam ich aus dem Augenwinkel mit, dass Leonies Blick nicht nur von den Angeboten, sondern auch – und vor allem – vom Foto des *agente immobiliare* gefesselt war.

Es war, wie gesagt, nur ein winziges, kaum wahrnehmbares Intermezzo. Verstohlen und länger als gewöhnlich las Leonie sich durch das Schaufenster, stieß

Valerie einmal in die Seite – ganz kurz nur, doch ich bekam es trotzdem mit. Eine Kopfbewegung, eine Millisekunde nur, dann ein Tuscheln. Dann zogen die beiden schon weiter.

Ich wusste nicht, wie mir geschah. *Was war das denn gewesen?* Ich runzelte die Stirn, schüttelte den Kopf. Dann hörte ich den Italiener in mir stöhnen: *»Amico, schau dir den Kerl an! Lies den Namen!«* Gehorsam las ich: *Alessandro Alverna.* Schaute mir auch noch einmal das Foto an. Hob amüsiert die Schultern. *Was soll's!* Einer dieser so verteufelt gut aussehenden Italiener, bei denen alle Frauen nördlich der Alpen schwach werden. Nicht mehr der Jüngste, wie ich erleichtert feststellte. Vielleicht in meinem Alter oder etwas jünger. Mit gegeltem, jedoch lässig zurückgekämmtem Haar, tiefschwarz, vermutlich gefärbt. Typ Martin Suter, nur dass er keine Kriminalromane schrieb.

Ich klickte auf meiner zerebralen Festplatte nur kurz auf Speichern. Ohne jeden Hintergedanken. Ich hatte etwas gesehen und doch nichts kapiert. Ich erlaubte mir ein kleines verkniffenes Grinsen, wie es nur Männer zustandebringen, die ihre Frauen bei einer ihrer kleinen, nur allzu bekannten Schwächen ertappen. *So, so,* dachte ich. *Meine Leonie. Einen Blick riskiert – und nichts passiert.*

»Du biste wirklich von einem anderen Stern«, seufzte der Italiener in mir.

🛵 19

Eine der Eigenschaften eines erholsamen Urlaubs ist die, dass das menschliche Interesse sich im Wesentlichen auf drei Dinge reduziert: Schlafen, Essen, Sex. In welcher Reihenfolge, kann durchaus unterschiedlich sein. Bei manchen kommt noch Sport dazu, Lesen oder Schwimmen im Meer, Tanzen oder irgendwas aus der Animationskiste überteuerter Resorts. Doch im Wesentlichen ist es das: Schlafen, Essen, Sex.

Wir beschränkten uns leider auf SE. Zum X war es in der ersten Ferienwoche lediglich eineinhalb Mal gekommen. Dann sank das Murmeltier, schon überdrüssig der Paarung, wieder in seinen Schlummer. Armselig, nicht wahr? Und doch sensationell, wenn man die sonst übliche Alltagsrate berücksichtigte. Die allgegenwärtige Hitze tat ihr Übriges, zumindest bei mir. Zum Schlafen und Essen reichte die Energie noch, Spaziergänge beschränkten sich bald auf die fünfhundert Meter zum Kiosk und die nur wenig davon entfernt liegende Bar *Tre Amici*.

Zwar war mein Radarsystem mit einem Mal äußerst empfänglich für jene gewissen Signale, die ich plötzlich von allüberall her auffing (wenn auch weniger von meiner Frau), doch führte es nicht dazu, dass sich das tagsüber aufgefüllte Triebreservoir abends im Bett bei der Angetrauten entlud. Wie ich befürchtet hatte, erschöpften sich Leonies Beziehungswünsche in ausgedehnten Vertraulichkeiten mit Valerie. Auch mit unseren Töchtern unternahm Leonie das eine oder andere. Nur mit mir allein unternahm sie nichts. Als Paar kamen wir nicht mehr vor. Außer am späten Abend und frühen Morgen bekam ich Leonie buchstäblich kaum noch allein zu fassen.

Der Italiener in mir war verstimmt. Zwar hätte er es liebend gern gesehen, wenn ich mich mit Giulia eingelassen hätte, doch er war irgendwie auch in Leonie vernarrt. Ich musste mir immer wieder neue Phrasen italienischer *ammirazione* anhören.

»Sie iste eine Klassefrau.«

»Una bionda famosa!«

»Oh, siehte sie süß aus heute, mamma mia. Sie hat ja praktisch nichts an.«

»Nimm sie dir, sie gehört dir!«

Er war ziemlich phantasievoll, wenn es darum ging, mir begreiflich zu machen, was mir entging. Und konnte nicht verstehen, dass es nicht »dazu kam«. Dabei war ich durchaus willig, um mal diesen passenden Ausdruck zu gebrauchen, zumindest theoretisch. Allerdings gab es dann doch immer wieder einen Vorwand – bei ihr oder bei mir –, dass es zu mehr als einem

Gute-Nacht-Küsschen nicht kam: Das Zimmer war zu sehr heruntergekühlt, die Sonne hatte mich müde gemacht, ich schwitzte schon, wenn ich nur eine Hand hob (geschweige denn anderes). Nichts davon wurde ausgesprochen, alles nonverbal oder in Andeutungen signalisiert. Irgendeiner hängte immer das Schild an die Tür: »Heute leider geschlossen.«

Darüber hinaus meinte ich zu spüren, dass Leonie in Gedanken ganz woanders war. Bei jemand anderem, um genau zu sein. Vielleicht bin ich ein besonders seltenes Exemplar meiner Spezies, aber ich zähle mich doch zu den Frauenverstehern, die feine Antennen haben, was die Schwingungen aus dem weiblichen Universum angeht. Ich bin darin geschult, auf Zwischentöne zu achten, die winzigsten nonverbalen Signale zu registrieren und zu interpretieren. Nach zwanzig Jahren kann ich mich einen Meister im »Leonie-Lesen« nennen. Mir entgeht da selten etwas. Schon gar nichts von Belang.

Die unbestreitbare Tatsache, dass Leonie ungeachtet meiner stark heruntergedimmten erotischen Bereitschaft nicht mehr so wie sonst auf mich bezogen war, konnte nicht auf Valeries Gegenwart allein zurückgeführt werden. Es gab nun einmal in ihrem Leben Dinge und Bedürfnisse, wozu sie einen Mann brauchte. Ihren Mann, um genau zu sein. Mich. Zum Beispiel für ihr ausgeprägtes Zärtlichkeits- und Berührungsbedürfnis. Mein über alles geliebtes Herzchen wurde sofort renitent, wenn es da über eine gewisse Zeit zu gewissen Nachlässigkeiten gekommen war. Und so war es ihr sicherlich sofort aufgefallen, dass ich keineswegs in erwünschter Animiertheit darauf reagierte, wenn sie mich küsste, bei der Hand oder in den Arm nahm oder sonst wie über meine Haut Kontakt zu mir suchte.

Es war zwei Tage später, als ich mit diesem meinem ständigen Begleiter einen meiner Solo-Spaziergänge durch die *città* unternahm. Später Vormittag, die Frauen hatten wie üblich angekündigt, den Tag am Strand zu verbringen, Laura war von den Gonçalves zu einem Ausflug nach Rimini eingeladen worden, und Julia gönnte sich eine Pause von all den Jungs und zog mit ihren französischen Freundinnen durch die Geschäfte von Marina di Languore. Auf meinem Gang durch die Straßen sah ich sie mehrmals, vor Schaufenstern stehend, aus Boutiquen herauskommend. Sie waren bester Laune ... Sofort regte sich mein väterlicher Argwohn: Was hatten sie vor? Führten sie etwas im Schilde?

Ich hatte meinen Besuch am Kiosk hinter mir und auch die Zeitungslektüre im *Tre Amici*, wo ich ein angeregtes Gespräch mit den Besitzern geführt hatte, und schlenderte – da ich noch nicht zum Hotel zurückwollte – unschlüssig durch die Straßen. Allmählich wurde es wieder lebhafter, der Friseur hatte die erste Kundschaft, die Läden waren geöffnet, die Bars füllten sich.

Wie üblich war es heiß. Nach wenigen Metern fühlte sich mein Mund schon wieder wie Schmirgelpapier an. Ich brauchte unbedingt noch einen Drink, und als ich an der Bar *Blu Cielo* vorbeikam, die abends vorwiegend jugendliches Publikum anzog, tagsüber jedoch von Menschen jedweden Alters bevölkert war, entschloss ich mich zu einem Zwischenstopp. Die Sonnenterrasse war schon ziemlich gefüllt, aber dorthin zog es mich ohnehin nicht. Im vermutlich wunderbar gekühlten Inneren war die wohl größte Bar von Marina di Languore noch völlig leer, nur ganz hinten, am Fenster, amüsierte sich ein Pärchen. Es würde mich nicht stören, wenn ich hier durch den aktuellen *SPIEGEL* blätterte.

Ich bestellte ein Mineralwasser, das mir von einer Kellnerin mit schwarzen Locken gebracht wurde, die mich auf Deutsch ansprach. Sah man mir den steifen Teutonen hier etwa schon einen Kilometer gegen den Wind an? Trotzdem war ich erfreut über diese kleine Aufmerksamkeit, und die schwarzhaarige Madonna entschwebte meinen Blicken.

Das Pärchen hingegen erwies sich als störender als erwartet. Weniger der Mann, der einen hellen Sommeranzug aus Baumwolle trug und ein dunkelblaues Hemd, das er wer weiß wie tief aufgeknöpft hatte. Genau konnte ich ihn nicht erkennen, er hatte gewelltes schwarzes Haar, die unvermeidliche Sonnenbrille hing aus seiner Brusttasche, er war völlig gelöst und fokussiert auf sein Gegenüber. Kunststück, dachte ich, wenn man eine so lustige Begleitung hat. Irgendwie kam mir der Mann bekannt vor, aber das war vermutlich nur eine Einbildung.

Die Frau saß mit dem Rücken zu mir, sie hatte ihr dunkelblondes Haar locker aufgesteckt und schien sich über jedes Wort ihres Begleiters köstlich zu amüsieren. Immer wieder lachte sie auf und legte ihre Hand auf seinen Arm und ich dachte, so ausgelassen haben wir, Leonie und ich, schon lange nicht mehr beieinandergesessen. Ich fühlte sogar etwas Neid in mir aufsteigen, ein Gefühl, das mir eigentlich ziemlich fremd ist. Ich gönne wirklich jedem Menschen sein Glück. Dann lachte die blonde Frau wieder und schüttelte prustend den Kopf, als könne sie sich nicht wieder beruhigen. Sie drehte sich etwas zur Seite und begann in ihrer Handtasche zu kramen, die über der Stuhllehne baumelte. Sie zog ein kleines Photoalbum aus dunkelrotem Leder hervor.

Trotz der Entfernung erkannte ich dieses Photoalbum.

Und ich erkannte auch meine Frau.

🛵 20

Jeder weiß, dass das Leben von Antagonismen, von starken Gegensätzen geprägt ist. Liebe und Hass, Gut und Böse, Schwarz und Weiß, Dick und Doof liegen in ewigem Kampf miteinander. Doch selten gibt es diese Gegensätze in Reinkultur, viel öfter in Mischformen. Zwischen Schwarz und Weiß liegt eine unendliche Palette von Grautönen, zwischen Liebe und Hass eine unendliche Palette von Gefühlen, die zumeist nicht sehr klar, sondern eher diffus sind. Nie zuvor habe ich den Gegensatz zwischen Flüchten und Standhalten jedoch stärker, ja, wie einen jähen Schmerz empfunden als in jener Sekunde des Erkennens in der Bar *Blu Cielo.* Da gab es keine Mischform, nur ein Entweder-oder. Nur mit Mühe konnte ich den Impuls, sofort aufzuspringen und das Weite zu suchen, unterdrücken. Es war der Italiener in mir, der mir zuzischte: »*Sitzen bleiben! Wenn du jetzte hastig aufspringst, siehte sie dich.*«

Also zwang ich mich zur Ruhe, winkte meiner Madonna, um die Rechnung zu bekommen. Ich zahlte, gab verwirrt ein völlig übertriebenes Trinkgeld, das die Madonna mit einem erfreuten Lächeln entgegennahm. Dann stand ich auf, überzeugte mich davon, dass das

Paar am Fenster nicht das Geringste von diesem bis in die Grundfesten erschütterten Gast mitbekommen hatte und schlenderte langsam und unauffällig zum Ausgang, über die Terrasse, auf die Straße. Dort setzte ich meinen Hut auf und atmete einmal tief durch.

Ich weiß nicht, wie lange ich auf dieser verwitterten Bank in einer Seitengasse gesessen hatte, die ich bislang noch nicht kannte. Fünf Minuten, eine Viertel- oder eine halbe Stunde. Wie betäubt saß ich da, und vor meinem inneren Auge lief unentwegt ein Film ab: der charmante Mann, die lachende Frau. Mir war längst klar, dass der gutaussehende Mann niemand anderes war als Alessandro Alverna, der *agente immobiliare* aus dem Schaukasten, und es beunruhigte mich, dass er *in natura* noch besser aussah und sein Lächeln viel entwaffnender war als auf seinem Konterfei mit dem festgefrorenen Grinsen. Aber noch mehr beunruhigte es mich, dass er Leonie zum Lachen bringen konnte. Wenn einem Mann das gelingt, hat er bei einer Frau schon gewonnen.

Dies war vermutlich alles andere als ein zufälliges Treffen, so argwöhnte ich, wahrscheinlich hatte Leonie es von langer Hand eingefädelt – womöglich schon, als sie die Ferien in Marina di Languore vorgeschlagen hatte. Warum sonst hätte sie hierher, an den Urlaubsort ihrer Jugend, zurückkommen wollen, wenn nicht wegen dieses Abenteuers, das Alessandro hieß, strahlend blaue Augen hatte und sie zum Lachen brachte?

Ich weiß nicht, wie es anderen Männern ergeht, wenn sie plötzlich damit konfrontiert werden, dass ihre Frau auch noch Augen für einen Mann hat, der sich bislang nicht auf dem Radar befand. Mit einem unhörbaren Knacks bricht ein Herz, und man stellt verwundert fest, dass es das eigene ist. Man erlebt eine Grunderschütterung, verliert seine Sicherheit, sein Urvertrauen, den Boden unter den Füßen. Und dies, obwohl noch gar nichts »passiert« sein muss. Die offensichtliche Empfänglichkeit für den Rivalen reicht, um den Blutdruck in ungeahnte Höhen, den Puls in einen permanenten Alarmzustand zu treiben.

Unversehens ist der innige, vertraute Kreis aufgebrochen, den man um sein Herz und das seiner Liebsten gezogen hat. Man stürzt ins Bodenlose, während man gleich schon alles verloren gibt. Meine mir eigene Antizipationsfähigkeit spielte mir denn auch alle Streiche, die ihr nur einfielen. Sie spiegelte mir sogleich diesen Alessandro mit meiner Leonie im Bett vor und mit der Lust am Untergang malte ich mir unbeschreibliche Szenen aus: ein entfesseltes Paar in leidenschaftlicher Umarmung, vollkommen enthemmt. Doch am schlimmsten, wirklich unerträglich war mir, dass Leonie so ausgelassen lachte. Dass sie in der Gegenwart eines anderen Mannes so gelöst war, wie ich sie selten erlebt hatte.

Und nun stellte ich all die Beobachtungen und Erfahrungen unserer irgendwie nachlassenden erotischen Bereitschaft in den richtigen Zusammenhang. Kein Wunder, dass wir aufeinander nicht mehr wie sonst reagierten, wo doch alle ihre Sinne auf jemanden ausgerichtet waren, der wohl etwas Prickelnderes versprach, als ich ihr geboten hatte und zu bieten vermochte. In meiner Panik verwechselte ich Ursache und Wirkung.

Es passte einfach alles zusammen. Das Puzzle aus unendlich vielen kleinen Erlebnissen der vergangenen Tage, die ich nicht deuten konnte, die mich aber auch nicht weiter beunruhigt hatten. Sie waren mir eben nur aufgefallen, doch jetzt konnte ich die Puzzlesteine zusammenfügen: das zunehmende Getuschel mit Valerie, die abrupt abgebrochenen Gespräche, wenn ich an den Tisch trat, die raschen, verstohlenen Blicke, die sie einander zuwarfen, die ironischen Kommentare, wenn wir einander berührten. Das alles schien mir zusammenzupassen. Es ergab ein Bild, das ich nun ständig vor Augen hatte. Plötzlich war ich ausgeschlossen. Ein für alle Mal. Ich war draußen und konnte zusehen, wie dieser Alessandro Alverna mit meiner Leonie verschmolz, verdammt. *Verdammt!*

Keine Frage, dass ich in diesen Tagen in Marina di Languore auch entdeckte, welch große Talente als Verschwörungstheoretiker in mir schlummerten. Der Italiener in mir war dabei eine große Hilfe. Allerdings nicht, indem er die absurdesten Verschwörungstheorien, die ich mir zusammenbastelte, noch befeuerte. Sondern indem er sie bekämpfte, relativierte und kritisch auseinandernahm. Der Italiener in mir war in den Tagen, die folgten und die ich außer mir vor Eifersucht verbringen sollte, erstaunlicherweise die Stimme der Vernunft.

Eifersucht – die ich bislang so gut wie gar nicht gekannt hatte. Auf eine vielleicht seltsame oder auch fragwürdige Art hatte ich mich bislang immer gefreut, wenn Leonie irgendwelchen Männern Blicke hinterherschickte und mich damit aus der Reserve zu locken versuchte. Ich wertete das kaum anders als die Schwärmerei, die meine Großmutter Cary Grant und meine Mutter Sean Connery entgegenbrachte und die fast jede Frau meines Alters für George Clooney oder Brad Pitt empfindet. Das waren Männer, die – weil unerreichbar – nicht die geringste Gefahr darstellten. Solche Schwärmereien waren leicht zu verzeihen.

Alessandro Alverna war trotz seiner unbestreitbaren äußerlichen Vorzüge von George Clooney oder Brad Pitt weit entfernt. Doch darauf kam es auch gar nicht an. Wenn er Leonie zum Lachen bringen konnte, dann musste er erhebliche Fähigkeiten als Unterhalter und Verführer haben. Es sei denn – eine noch schlimmere Vorstellung –, Leonie gerierte sich vor ihm aus purer Gefallsucht derart ausgelassen. Das wäre Verführung in Vollendung. Die große, blitzende, alles verzehrende Gefahr.

Der Italiener in mir entpuppte sich als Meister der Beschwichtigung. Je aufgeregter ich wurde, umso mehr setzte er auf Deeskalation. *»Alles halb so wild, amico. Es gibte keinen Grund, jetzte in Panik zu verfallen.«*

»Aber er ist Italiener!«, sagte ich kleinlaut.

Der Italiener in mir kicherte. *»Auch vor denen brauchste du nicht gleich ... wie sagt man bei euch? ... die Flinte ins Feld werfen.«*

»Ins Korn«, korrigierte ich.

»Wohin auch immer. Der schicke Alessandro iste überhaupt nicht das Problem.«

»Was soll das heißen? Wer ist denn dann das Problem?«

»Biste du.«

»Ach, wirklich?«

»Ja, wirklich«, insistierte der Italiener in mir. *»Du biste das Problem. Und du biste die Lösung.«*

Die nächsten beiden Tage verbrachte ich in panikartiger Starre. Natürlich versuchte ich mir nichts anmerken zu lassen, war so freundlich und zuvorkommend wie immer. Doch ich achtete nun auf das geringste Zeichen und hoffte, es würde eines geben, das mir das, was ich gesehen hatte, als einen bösen Traum erklärte.

Ich musste Leonie überwachen, keine Frage. Ich

musste mir Gewissheit verschaffen. Wie kommt man in Marina di Languore an einen Detektiv? Gab es hier überhaupt so einen? Wen sollte ich fragen? Andrea, den Barmann! Aber damit würde ich mich vollkommen lächerlich machen. Also ließ ich es sein.

Nein, ich war auf mich allein gestellt. Das heißt, nicht ganz. Der Italiener in mir war nach wie vor mein treuester Verbündeter.

Obwohl ich mir in lichten Momenten ziemlich blöd vorkam, ließ ich nichts unversucht, um meiner Frau auf die Spur zu kommen. In einem Optik-Geschäft kaufte ich mir ein Opernglas, das ich immer in meiner kleinen Umhängetasche mit mir führen konnte. Ich trieb mich nun wie ein Spanner im Strandcafé und bei den Liegestühlen herum, als suchte ich Anschluss. Wann immer ich Leonie unter ihrem Sonnenschirm liegen sah, drehte ich wieder ab. Dass Alessandro sich hier mit ihr am Strand traf, hielt ich für unwahrscheinlich.

Und da war auch noch Valerie. Sie war zumeist in Leonies Begleitung, also konnte ich gewiss sein: Traf ich sie allein an, würde auch Leonie solo unterwegs sein.

Auf die Gefahr hin, von den beiden als Klette angesehen zu werden, hängte ich mich jetzt so oft wie möglich an sie dran. Nicht einmal, als sie nach Ravenna zum Shoppen fuhren, blieben sie von mir verschont: Ich erklärte kurzerhand, dass ich aus kunst- und kulturhistorischen Gründen mitfahren wolle – die berühmten romanischen Mosaiken, Sie wissen schon. Hielt ich für die perfekte Tarnung. Sie schluckten beide den Köder, Leonie deutlich zögernd, aber sie parkte den Wagen am Rand der historischen Altstadt und zog mit Valerie los Richtung Geschäftsstraßen. Während ich mich Richtung San Vitale verabschiedete. Wir vereinbarten einen Treffpunkt in sechs Stunden. *Andiamo!*

Die Mosaiken von Ravenna würden warten müssen, auf mich jedenfalls. Für mich hieß es, der Spur meiner treulosen Frau zu folgen. Ich hatte genug Detektivromane gelesen und Spionagefilme gesehen, um mit den Grundtechniken des Anschleichens, des Beschattens und der Tarnung vertraut zu sein. Und als Autor von Kriminalromanen mit dem entsprechenden Hintergrundwissen glaubte ich mich bestens gerüstet. Also folgte ich den beiden Damen in gebührendem Abstand. Und wenn ich auch vermute, dass ich mich dabei doch etwas dilettantisch verhielt und allzu große Raffinesse in verdeckter Ermittlung vermissen ließ, so blieb ich ihnen doch kontinuierlich auf den Fersen. Ohne bemerkt zu werden, verlor ich sie keine Sekunde aus den Augen.

Die Boutiquen und Modeshops hielt ich für harmlos und ungefährlich – keine Frau würde sich dort mit einem Mann verabreden. Eigentlich musste ich nur darauf achten, ob die beiden sich irgendwann trennten. Sobald Leonie allein loszog, war Alarmstufe Rot. Ich war fest davon überzeugt, dass es dazu kommen würde.

Es war eine ermüdende Tour. Ravennas Pflaster glühte unter der Mittagshitze. Zur Siesta wurden die meisten Geschäfte geschlossen; Leonie und Valerie zogen von Bar zu Bar, ließen sich Erfrischungen und Eis servieren, während ich eine halbe, eine ganze Stunde irgendwo in der Nähe Schatten suchte. Die Coca-Cola, die ich mir eisgekühlt von einem Straßenkiosk gekauft hatte, passte sich den herrschenden Temperaturen an und wurde rasch zu einer lauwarmen Angelegenheit. Ich stierte vor mich hin, mich jede Minute vergewissernd, dass meine Zielpersonen noch da waren. Sie saßen unter Sonnenschirmen oder in Bars mit Klimaanlagen; es ging ihnen bestens, sie waren in schönster Sommerlaune und lachten. Ich hingegen wurde immer schlechterer Laune und blickte immer grimmiger drein.

Um halb drei Uhr trennten sie sich. Valerie ging nach links, auf die Kirche San Vitale zu. Was wollte sie dort? Mir bei den Mosaiken auflauern? Mich allein treffen? Leonie ging nach rechts, und ich entschied mich natürlich, ihr zu folgen und nicht ihrer Freundin. Sie schlenderte unbekümmert vor mir her, und ich nutzte jedes Tor, jede Einfahrt, jede Säule zur

Deckung. Was sollte das hier werden? Die Erwachsenenausgabe von *Emil und die Detektive*? Irgendwie fiel ich auf mit meinem Beschatterverhalten, die Leute schauten mich seltsam an. Ich bewegte mich wohl ganz untypisch durch Ravenna. Aber mir kam auch keine Idee, wie ich es unauffälliger anstellen konnte, Leonie im Blick zu behalten.

Sie verschwand in einem Hauseingang. Oha, nun wurde es doch noch spannend! Ich wartete eine halbe Minute, dann schlenderte ich betont gleichmütig zu dem Haus hinüber. Sollte sie just in dem Moment wieder auf die Straße treten, konnte ich Überraschung heucheln und Freude, sie unverhofft wiederzusehen.

Doch sie verließ das Haus nicht. Zwei Minuten vergingen, drei Minuten, fünf Minuten. Ich steuerte direkt auf den Eingang zu. Ein paar Schilder verkündeten, wer hier seinem Beruf nachging. Ein Zahnarzt: *uninteressant!* Ein Frauenarzt: *hm!* Im Parterre gab es einen Friseur und die Büroräume – eines Immobilienfuzzis!

So eine Chuzpe!

Das war nicht zu fassen! Sie traf sich mit Alessandro bei einem seiner Kollegen! Geschickt eingefädelt – doch nicht geschickt genug für Henry Wunderlich, den Meisterdetektiv. »*Na, wer ist jetzt bekloppt*«, sagte ich zum Italiener in mir. »*Da sagst du nichts mehr, was?*«

Der Italiener in mir schwieg.

Ich behielt das Haus im Auge. Geschlagene zwei Stunden lang! *Dio mio!*

Doch der Meisterdetektiv wartete vergeblich. Den Fehler, das Haus, womöglich Arm in Arm, gemeinsam zu verlassen, begingen die Ehebrecher nicht. Vermutlich hielt sie die nackte Angst, ich könnte ihnen zufällig irgendwo in den engen Gassen Ravennas begegnen, davon ab. Doch mich täuschte man nicht so leicht! Denn auch als Leonie das Haus schließlich verließ – sie war ganz offensichtlich beim Friseur gewesen –, räumte das den Verdacht keineswegs aus. Alessandro, diesem schmierigen Immobilienmakler, war es durchaus zuzutrauen, einen Frisiersalon (vielleicht war es der seiner Schwester?) als perfekte Tarnung für ein Zusammentreffen mit seiner Geliebten zu nutzen. *Nicht mit mir, mein Lieber! Nicht mit mir!*

Ihr Handy klingelte, sie ging dran. Sicherlich Valerie. Zielstrebig lenkte Leonie ihre Schritte Richtung Parkplatz. Es war viertel vor fünf, und um fünf Uhr wollten wir uns dort zur Rückfahrt nach Marina di Languore treffen. Wir waren alle pünktlich, trafen gleichzeitig aus drei verschiedenen Richtungen ein. Großes Hallo, großes Gelächter. *Nein, was für ein lustiger Zufall!*

Ich machte Leonie ein Kompliment zu ihrer Frisur, ein frischer Schnitt, hübsche Locken. Ich begutachtete sie von allen Seiten, wie ich es immer tat, wenn meine Frau vom Friseur kam und in den Himmel gelobt werden wollte. In Wahrheit aber suchte ich nach Knutschflecken und anderen verräterischen Spuren.

Es war brütend heiß im Wagen, als wir einstiegen. Niemand konnte mir ansehen, dass mein Schwitzen vielleicht einen anderen Grund hatte als diese mörderische Hitze. Die Klimaanlage arbeitete auf Hochtouren und sorgte nach ein paar Minuten für Kühlung. Mein Herz war jedoch schon kalt wie Eis.

Was, so grübelte ich während der ganzen Fahrt zurück, als ich einsilbig im Fond des Wagens saß und dem munteren Austausch meiner Begleiterinnen keine Beachtung mehr schenkte, was um Himmels willen hatte der kleine rote Fleck in Leonies Nacken zu bedeuten?

🛵 21

Jeder Leser von Kriminalromanen weiß, dass es spannend wird, wenn sich Indizien verdichten und sich die Schlinge um den Hals des Mörders langsam zuzieht. Es ist ein eiskalter Kitzel, der uns ergreift, wenn der Kommissar sich auf einen Verdächtigen kapriziert und ihn in die Enge zu treiben versucht.

Kommissar Wunderlich war dieses Glück leider

nicht beschieden. Er hatte zwar eine Verdächtige, und ihre Schuld stand für ihn außer Frage. Doch als er am Abend zur Spurensicherung antrat und das kleine rote Indiz genauer untersuchte – es gelang ihm, als er die Delinquentin in einer spontanen Aufwallung ehelicher Zärtlichkeit an sich zog und seinen Kopf in ihren Haaren vergrub –, entpuppte dieser sich als nicht eindeutig identifizierbar.

Ein Knutschfleck war es jedenfalls nicht. Er ließ sich nämlich mühelos verreiben.

Ich wusste nicht, ob ich erleichtert oder enttäuscht sein sollte. Womöglich war Leonie doch bloß nur beim Friseur gewesen und der Fleck ein Farbrückstand von wer weiß was. Ich jedenfalls kannte mich mit den Gepflogenheiten der Haarkünstler nicht aus, und mit denen italienischer schon gar nicht.

Trotzdem war das alles sehr mysteriös – oder etwa nicht?

Eifersucht ist lächerlich. Ja, wirklich. Man dokumentiert damit nur auf das Erbärmlichste, dass man seiner Sache nicht sicher ist. Aber was ist schon sicher auf dieser Welt? Und was ist eigentlich die »Sache«? War Leonie die Sache, um die es hier ging? Ich war mit ihr verheiratet, verflucht, wollte ich noch mehr Sicherheit haben? Wenn man sich schon seines Eheweibs nicht sicher sein konnte, was sollte es dann sonst sein?

Andererseits: Eifersucht ist auch Wertschätzung, auf eine zugegeben ziemlich verquere Art – es ist einem halt nicht egal, was der Mensch tut, an den man sein ganzes Herz, sein Leben und womöglich auch sein Geld gehängt hat. Das muss doch mehr sein als eine Risikoinvestition, als ein Aktienportfolio, das einem jederzeit um die Ohren fliegen kann.

Das Fatale war, dass Leonie mir in all den Jahren unserer Ehe niemals Veranlassung gegeben hatte, an ihr oder ihrer Treue zu zweifeln. Ich hatte sie bislang nicht für so durchtrieben gehalten, dass sie sich neben mir irgendwelche Verhältnisse, Liebschaften oder Amouren leistete, die sie sorgsam vor mir verborgen hielt. Andererseits glaubte ich mich gegen den Virus der Eifersucht immun. Ich erlaubte mir ein weises, vielleicht sogar überhebliches Lächeln, wenn Leonie sagte, diesen oder jenen Mann, dem sie im Vorübergehen einen langen Blick zuwarf, fände sie attraktiv. Das war harmlos, ich fand Angelina Jolie schließlich auch attraktiv. Da lässt es sich leicht generös und nachsichtig sein. Eifersucht – das war etwas, das in romantischen Hollywood-Komödien stattfand. Ein bisschen lachhaft. Das nahm ich einfach nicht ernst.

Nein, in dieser Hinsicht hatte Leonie bisher keinen Anlass zu Klagen oder Besorgnissen geboten. Ganz anders verhielt es sich mit diesem Immobilienhai in Marina di Languore. Der machte mich nervös. Und zwar schon deshalb, weil er meine Leonie zum Lachen brachte. Der musste als gefährlich eingestuft werden. Brandgefährlich.

Ich musste mir etwas einfallen lassen, um zu verhindern, dass dieser Brand auf Leonie übergriff. Und dass seine Flammen alles verzehrten, was bislang unser Glück gewesen war.

Not macht erfinderisch, sagt man. Mir jedoch fiel nichts ein, nicht in allergrößter Seelennot. Ich war hilflos wie ein Schüler, der seine erste Liebe erlebt und mit schreckgeweiteten Augen mit ansehen muss, dass sein bester Freund seine heimlich Angebetete anbaggert und sie ihm ausspannt. Und die Angebetete, die von seiner Liebe nicht die geringste Ahnung hat, lachend in die Arme dieses Freundes läuft. Der von nun an nicht mehr der beste Freund ist, obwohl er davon natürlich gar nichts mitbekommt. Sondern im Gegenteil mit seiner hemmungslosen Schwärmerei den Kumpel in den Wahnsinn treibt. Eine Tragödie, im antiken Sinn.

Waren mir nicht auch die Hände gebunden? Was hätte ich schon ausrichten können gegen den schönen Signor Alessandro. Der hatte ja schon auf dem Foto wie ein Herzensbrecher ausgesehen und verspeiste womöglich deutsche Touristinnen reihenweise zum Frühstück. Beziehungsweise davor.

Ich behielt Leonie im Auge. So gut es ging. Mehr konnte ich nicht tun. Ich beobachtete sie, natürlich mit der gebotenen Vorsicht, so dass sie keinen Verdacht schöpfte. Ich registrierte, wann sie wohin ging, während mir das in den ersten unschuldigen Tagen unserer Ferien ziemlich egal gewesen war. Lag sie mit Valerie am Strand, entspannte ich mich. Ein wenig nur, aber immerhin. Nach wie vor hielt ich es für ausgeschlossen, dass dieser Gigolo sich am hoteleigenen Strand herumtrieb. Das konnte ich mir einfach nicht vorstellen.

Schwieriger war die Observation, wenn Leonie mit ihrer Freundin ausging – der schweißtreibende Ausflug nach Ravenna steckte mir noch in den Knochen. Obwohl ich Valerie nicht über den Weg traute, glaubte ich, dass es bei diesen Gelegenheiten wohl nicht zu Begegnungen mit Romeo di Languore kam. Vorsichtshalber schloss ich mich ihnen jetzt an, was die Damen mit hochgezogenen Augenbrauen quittierten, hatte ich doch früher solche Einladungen, mit ihnen zu kommen und sie auf ihren verschlungenen Wegen durch die Stadt zu begleiten, stets mit ironischen Bemerkungen ausgeschlagen. Nun stand ich da, am Hoteleingang, mit dem Sonnenhut auf dem Kopf, und tat so, als gäbe es nichts Amüsanteres, als mit der eigenen Frau und ihrer besten Freundin durch die Läden zu ziehen.

Alarmiert jedoch war ich, wenn Leonie alleine wegging. Dann folgte ich ihr meistens in sicherem Abstand, so dass sie mich nicht bemerkte. Sie war vollkommen arglos, wie mir schien, drehte sich nie um, bummelte in ihrem typischen Schlenderschritt, den ich so gut kannte und auf den ich mich mühelos einstellte.

»Bleib ihr auf den Fersen«, raunte der Italiener in mir, der inzwischen auch etwas besorgter zu sein schien. *»Und trau ihr nicht über den Weg. Sie führte irgendwas im Schilde. Das spürste du doch genau.«*

Ja, natürlich spürte ich das. Mehr noch: Es war eine fast körperliche Reaktion auf unmittelbare Bedrohung, die mich hinter Leonie herschleichen ließ. Adrenalin schoss durch mein Blut und ich fühlte mich wie ein Schauspieler in irgendeinem drittklassigen Film, über dessen Unbeholfenheit ich im Kino sicherlich nur laut gelacht hätte. Doch diesmal war mir nicht zum Lachen zu Mute. Es war bitterer Ernst.

Und dann, ein paar Tage später, an einem sonnigen Vormittag, hatte ich Glück. Oder sagen wir besser so: Meine Beschattungen waren endlich erfolgreich.

»Ich geh dann mal los«, sagte Leonie nach dem Frühstück und war durch die Tür unseres Hotelzimmers verschwunden, noch bevor ich sie fragen konnte, wohin. Aber ich konnte auch so sehen, dass sie nicht vorhatte, an den Strand zu gehen. Statt Flip-Flops trug sie ihre zierlichen Riemchensandalen – ich war ja nicht blöd. Als sie im Aufzug verschwunden war, griff ich nach Hut und Sonnenbrille und hechtete die Treppen bis zur Empfangshalle herunter. Mit beschwingtem Schritt sah ich meine Frau am Empfang vorbeigehen. Sobald sie das Grand Hotel verlassen hatte, ging auch ich grüßend an der Rezeption vorbei.

»Ahhh, *buongiorno,* Signor Wunderlich!«, rief die temperamentvolle Signora Tornatore hinter dem Tresen an der Rezeption fröhlich. »Sie machen sicher einen kleinen Stadtbummel bei dem schönen Wetter?! Ihre Frau ist gerade raus, sie wartet sicher schon draußen auf Sie.«

Da war ich mir nicht so sicher. Ich presste mir ein schiefes Lächeln ab und nickte. Dann schob ich mir den Hut in die Stirn und nahm die Verfolgung auf.

Auch an diesem Vormittag traf Leonie sich mit ihrem Liebhaber. Mit raschen Schritten lief sie die Straße entlang und blieb endlich vor der Bar *Blu Cielo* stehen, wo ich sie auch das erste Mal überrascht hatte – oder sie mich. Ganz wie man will. Doch diesmal war ich wenigstens vorgewarnt und ließ äußerste Vorsicht walten. Das *Blu Cielo* lag in unmittelbarer Nähe zu dem Kiosk, wo ich jeden Morgen meine Zeitungen kaufte. Er bot mir die perfekte Tarnung – abgesehen davon, dass mich die Kioskbesitzerin irritiert musterte, weil ich in aller Seelenruhe alle möglichen Zeitungen – deutsche, aber auch italienische – durchblätterte, als könnte ich mich nicht zum Kauf entschließen.

Nur wenige Minuten, nachdem Leonie im Inneren der Bar verschwunden war und sich leichtsinniger- bzw. glücklicherweise an die große Panoramascheibe setzte, wo sie leicht zu überwachen war, schlenderte *Signor Ich-bohre-meine-strahlend-blauen-Augen-in-deinen-willigen-Leib* über den Corso und steuerte direkt auf den Ort der bösen Tat zu. Auch er schaute nicht nach rechts oder links, er ahnte nicht im Geringsten, dass er observiert wurde. Mit federnden Schritten lief er die Stufen hoch, überquerte die Terrasse und betrat die Bar. Ich sah, wie Leonie animiert aufsprang, Küsschen rechts und links auf die Wange, ein langer Blick. Wieder wurde *caffè* bestellt. Wieder gab es lustiges Geplänkel, von dem ich allerdings von meinem Posten aus kein Wort verstand. Sie schienen sich prächtig zu amüsieren, so viel war offensichtlich. Immerhin gab es diesmal kein Händchenfassen und -halten. Aber was hatte das schon zu bedeuten?

Sie lachten, sie flirteten. Ich merkte, wie mir schlecht wurde. Ich erlitt gerade einen meiner antizipatorischen Anfälle. Meine Leonie! Mit einem anderen! Sofort hatte ich wieder diese Schlafzimmervision, zwei sich in Lust windende, gebräunte schlanke Körper, ein zerwühltes Bett. Ich stöhnte leise auf und steckte den Kopf in ein italienisches Herrenmagazin, das nackte Frauen mit geöffneten rotgeschminkten Mündern zeigte. So waren sie, die Frauen, treulos und willig, sobald sich die Gelegenheit bot.

Dann sah ich aus dem Augenwinkel, wie Valerie in voller Kriegsbemalung den Corso hochkam. Ich starrte ihr gebannt entgegen. Auf hohen Sandalen und mit einem großen Sonnenhut, dessen blaue Bänder munter in der lauen Morgenluft flatterten, stöckelte sie die Straße entlang und schwenkte ihren wohlproportionierten Hintern, der sich über einem enganliegenden Kleid mit einem verwegenen Ausschnitt spannte – eine Zumutung für jeden gläubigen Katholiken! Ihre ganze Aufmachung schien zu schreien: *Nimm mich. Hier und jetzt.* Ein paar männliche Passanten drehten sich mit anerkennenden Blicken nach ihr um, ein jüngerer Typ mit Unterhemd und Goldkettchen stieß einen Pfiff aus. Valerie drehte sich geschmeichelt um und sah für einen Moment in meine Richtung.

Mit einem Sprung suchte ich hinter einem der Zeitungsständer Schutz. Allerdings war er randvoll mit zweifelhaften Postillen und DVDs, deren Cover den fröhlichen Austausch körperlicher Säfte verhießen, auch wenn ich die Titel nicht verstand.

Die Kioskfrau ließ sich mein neu erwachtes Interesse für moralisch fragwürdige Medien nicht anmerken, aber ich glaubte, ein amüsiertes Funkeln in ihren Augen zu bemerken, und wurde rot.

Auch Valerie betrat die Bar, und es war offensichtlich, dass dies kein Zufall war, sondern geplant. Formvollendet erhob sich Alessandro und tatschte und schmatzte nun auch Valerie ab, als sei sie eine alte Bekannte.

Die beste Freundin meiner Frau ist eine passionierte Haarschüttlerin. Wenn sie ihre blonde Pracht nach hinten wirft, findet sie sich einfach unwiderstehlich. Auch jetzt schüttelte Valerie mit einer aufsässigen Kopfbewegung ihr Haar für diesen Gigolo und zog anschließend noch eine blonde Strähne provozierend durch ihre angemalten Lippen. Es war einfach unglaublich, wie ungeniert Frauen sein konnten! Ich schüttelte grimmig den Kopf.

Allerdings war Valerie ja nun nicht mehr verheiratet, sondern solo und offenbar bereit für einen neuen Mann. Doch es schien mir unverkennbar zu sein, dass *Signor Ich-will-nur-deine-Frau-du-Idiot* ausschließlich Augen für Leonie hatte. Selbst aus der Entfernung glaubte ich zu bemerken, dass es leider nicht Valerie war, die seinem Beuteschema entsprach. Sondern meine Frau, um die er jetzt vertraulich seinen Arm gelegt hatte. Das Trio setzte sich und steckte die Köpfe zusammen. Wenig später wurden drei riesige Eisbecher mit lustigen Sonnenschirmchen serviert. Man scherzte und lachte. Ein Ende war nicht abzusehen. Ich überlegte ernsthaft, ob es eine Lösung sein konnte, dem Immobilienfritzen ganz italienisch ein Messer in die Brust zu rammen, damit er seine schmierigen Pfoten von meiner Frau ließ. Vielleicht war es noch nicht zu spät. Vielleicht war es ja noch nicht zum Äußersten gekommen. Vielleicht war ich der größte Idiot aller Zeiten. Ich lachte bitter auf.

»Kann ich Ihnen helfen?«, fragte die Kioskbesitzerin.

Ich starrte sie an wie eine Außerirdische. In meiner Verwirrung kaufte ich das, was ich gerade in der Hand hielt – die italienische Ausgabe des *Playboy*s. Dann verließ ich den Kiosk. Für heute hatte ich genug gesehen. Ich musste mir etwas einfallen lassen, und zwar rasch!

Ich ging eine paar Schritte, und als ich den *Playboy* in den nächsten Papierkorb stopfte, hörte ich wieder die altbekannte Stimme.

»Du musste jetzt ein bisschen aufpassen, amico, es siehte leider nicht so gut aus«, warnte nun auch der Italiener in mir.

»Ach was!«, entgegnete ich ungehalten.

22

Für meinen wie verzehrendes Feuer brennenden Wunsch, mir endlich Gewissheit zu verschaffen, fand ich am nächsten Tag den perfekten Ort. Einen Ort, der sozusagen mein ureigenstes Terrain war und in dem ich mich, ohne groß aufzufallen, so lange aufhalten konnte, wie ich wollte: die Buchhandlung. Ich war immer mal wieder hier vorbeigekommen, war durch die Gänge und Regale gestreift, hatte die italienische Kunst der Buchcover auf den Tischen bewundert und mir mithilfe eines Miniwörterbuches *Italienisch – Deutsch*, das ich ständig in der kleinen ledernen Umhängetasche mit mir führte, die mir Leonie einst in Rom gekauft hatte – ein Moment der Schwermut erfasste mich, als ich daran dachte! – Titel übersetzt, die mir irgendwie interessant erschienen. Ein vollkommen sinnfreier Zeitvertreib, denn die Bücher würde ich mir nicht kaufen. Es gab für die Touristen aus Deutschland auch ein kleines Regal mit deutschsprachiger Literatur. Ach, was sage ich, »Literatur« – es waren Bücher von Dora Heldt und Rita Falk und ... ähäm ... auch ein Krimi von Henry Wunderlich.

Doch über den erfreulichen Umstand hinaus, dass

ich hier bei *Feltrinelli* sozusagen eine Heimat fand, wo ich mich entsprechend wohl und sicher fühlte, und trotz Dora & Rita irgendwie unter »Gleichgesinnten« und Seelenfreunden, wartete die Buchhandlung mit einem unschlagbaren Vorteil auf, der mir erst jetzt bewusst wurde: Es war der mit Abstand am strategisch günstigsten gelegene Laden der Stadt. Strategisch günstig für mich, natürlich! Denn hier, mitten auf der Via Andrea Costa, an der Kreuzung zu der Straße, die zum Hafen führte, tobte nicht nur das Leben. Von hier hatte man auch einen phantastischen Überblick. Nichts konnte mir entgehen: Die Bar *Blu Cielo* lag ganz in der Nähe, die Shopping-Arkaden, die angesagtesten Clubs und Cafés. *Feltrinelli* wurde sozusagen zum Dreh- und Angelpunkt meiner Ermittlungen.

Von besonderem Vorteil war die pavillonartige Bauweise der Buchhandlung – eine gerundete Fassade mit Schaufenstern, unendlich viel Glas, durch das man das Treiben auf der Straße beobachten konnte. Und drinnen gab es Verstecke in Hülle und Fülle: Man konnte jederzeit hinter einem Drehständer, einem Display, einer Bestseller-Wand, einem Raumteiler verschwinden. Man war sozusagen unsichtbar.

Doch jede Buchhandlung hat eben auch ihre Schwächen. Sozusagen. *Feltrinellis* Stärke war das übergroße Angebot, seine damit einhergehende Schwäche eine gewisse Unübersichtlichkeit in der Präsentation.

Ich hatte gerade neben einem Regal mit Kinderbüchern und hervorragend geschütztem Blick durch das Schaufenster Posten bezogen und blätterte mich durch allerlei Herziges für kleine und große *bambini,* als ich für einen Moment das Geschehen vor dem Geschäft aus dem Auge ließ. Die detailverliebte Illustration einer Rittergeschichte nahm mich gefangen, und so bemerkte ich nicht, dass ein Paar vor dem Schaufenster stehen blieb und von draußen die Auslage musterte. Ein Paar, das mir wohlbekannt war.

Leonie hatte sich bei *Signor Ich-geh-mit-deiner-Frau-in-aller-Öffentlichkeit-spazieren* untergehakt und wies kichernd auf ein Buch im Schaufenster hin. Als ich aufschaute und sie vor mir sah, nur zwei Meter und eine Glasscheibe von ihr getrennt, fiel ich vor Überraschung buchstäblich um. Ich war so perplex, sie so nah zu sehen, dass ich erschrocken ein, zwei Schritte rückwärts stolperte und in der Hektik einen Drehständer umriss. In allerletzter Sekunde gelang es mir, ihn wieder in die Vertikale zu schieben und den Schaden herauspurzelnder Bilderbücher in Grenzen zu halten. Mit drei weiteren Schritten suchte ich in der Kunstabteilung weiter hinten Schutz und verbarg mich hinter einem riesigen Bildband über die Salonmalerei des neunzehnten Jahrhunderts. Den Umschlag zierte natürlich – wie konnte es anders sein – eine nackte Schönheit.

Ein paar Sekunden später wagte ich es, meinen Blick zu lösen, der für die unbekleideten Geschöpfe von Cabanel & Co. in diesem Moment sowieso nicht besonders empfänglich war, und lugte vorsichtig über den Rand des Buches, das ich wie einen Schild vor mich hinhielt. Und da sah ich, dass das inkriminierte Paar lachend Arm in Arm weiterzog Richtung Hafen. Puh, das war knapp gewesen, aber wie es aussah, hatten sie mich bei meinen akrobatischen Kapriolen nicht bemerkt!

Das Herz schlug mir noch immer bis zum Hals. Ich merkte, wie mir ein wenig schwindlig wurde, und so lehnte ich mich an ein Regal. Nur dass es kein Regal war, sondern der Drehständer von eben. Diesmal rollte er quer durch den ganzen Laden, während ich es war, der sich von der Vertikalen in die Horizontale begab und dabei die lächerlichste Figur meines Lebens abgab.

Ich muss nicht erwähnen, dass ich selbstverständlich Tribut entrichtete. Dem mich völlig entgeistert anstarrenden Buchhändler und seinen beiden nun in ein lautes, italienisches Lamento verfallenden Verkäuferinnen kaufte ich den Bildband über die Salonmalerei ab. Ich zückte mein Portemonnaie und legte stolze 98 Euro dafür auf den Tisch mit der altmodischen Kasse.

Feltrinelli ist eben eine Qualitätsbuchhandlung.

Der Schock, aus dem kühl herunterklimatisierten Geschäft wieder auf die unter Gluthitze daliegende Straße zu treten, war gewaltig. Ich schnappte nach Luft, bekam aber keine. Ich wedelte mir mit dem Strohhut Kühlung zu, und ein Schwall warmer Luft wehte mir ins Gesicht. Durch meine Transaktion bei *Feltrinelli* hatte ich Leonie und ihren Gigolo aus den Augen verloren. Doch ich konnte es nicht lassen und stellte mich vor das Schaufenster – genau an die Stelle, wo Leonie und *Signor Ich-reiß-dir-die-Kleider-vom-Leib-bellezza* die Auslage bestaunt hatten. Und mein Blick folgte Leonies imaginärem Zeigefinger auf das Buch, welches die beiden zum schamlosen Kichern gebracht hatte. Es war *Il Kamasutra per Innamorati*.

Das Kamasutra für Verliebte. Auf dem Umschlag das Bild eines Paares in einer geradezu halsbrecherischen sexuellen Position.

Noch Fragen?

Auch dieses Bild sollte ich nicht mehr aus dem Kopf bekommen. Wie Ohrwürmer gibt es wohl auch Augenwürmer, und zu meinem Lieblings-Albtraum-Augenwurm wurde dieses Bild, das sich in mein Gehirn eingebrannt hatte. Der Kamasutra-erprobte Maharadscha bekam flugs die Züge eines halbseidenen italienischen Immobilienmaklers, aus der Tempeltänzerin wurde eine höhere Hanseatentochter, die seit Dezennien mit einem Schriftsteller verheiratet war und eine Buchhandlung mit dem entzückenden Namen *Das Lesestübchen* ihr Eigen nannte. Doch was die beiden da miteinander taten, war indisches Kamasutra in Vollendung. Ihre Arme und Beine waren so kunstvoll ineinander verschlungen, dass ihre Körper von nichts anderem als einem nicht enden wollenden Orgasmus erschüttert sein konnten. Der Immobilien verkaufende Maharadscha ließ ein süffisantes Lächeln, die Bücher verkaufende Tempeltänzerin nichts als schmachtende Hingabe erkennen. Sie waren derart lusteuphorisch ineinander verknäult, dass nicht einmal eine Kettensäge sie voneinander hätte trennen können.

Wie betäubt hatte ich meine Observation abgebrochen und schlurfte nun mit meinem schweren Bildband unter dem Arm zurück zum Hotel, wo ich mich mit hochrotem Kopf in der Lobby in einen der himmelblauen Sessel fallen ließ und vollkommen dehydriert eine Literflasche Mineralwasser bestellte.

»*Frizzante?*«, fragte Andrea.

»*Molto frizzante, per favore*«, antwortete ich mit einem Blick, aus dem nichts als die Dräunis baldigen Verdurstens sprach.

Ich hätte wissen müssen, dass die Vorfälle dieses Schreckenstages nicht unkommentiert bleiben würden. Kaum hatte ich das erste Glas eiskalten San Pellegrinos heruntergestürzt und mich wenigstens ein bisschen abgekühlt, meldete sich der Italiener zu Wort. Zuverlässig sind sie ja, die Italiener in uns.

»Was ware das denn?«, fragte er frech heraus.

»Ja, ich weiß«, winkte ich ab. *»Kein Meisterstück von Sherlock Holmes.«*

»Nichte mal Dottore Watson, würde ich sagen.«

»Geschenkt.« Manchmal ging er mir mit seiner Rechthaberei wirklich auf die Nerven.

»Ecco, fassen wir zusammen. Deine schöne Frau iste auf Abwegen. Unde du?«

»Ich bin nicht auf Abwegen, wie man sieht«, gab ich unwirsch zurück.

»Warum?«, fragte er.

»Was jetzt? Willst du mich zu einer Revanche anstiften? Schon wieder?«

»Was iste mit die susse Giulia?!«

»Das kommt noch«, erklärte ich erschöpft.

»Wann kommt?«, bohrte er nach.

Meine Güte, wie ungeduldig der Italiener sein konnte.

»Bald«, sagte ich matt. *»Sobald ich mich regeneriert habe.«*

»Du musste das Feuer schmieden, solange es heiß ist.«

»An Hitze mangelt es hier wohl nicht.«

»Ich meine das Mädchen.«

»Hab schon verstanden, amico mio.«

🛵 23

Nach all den anstrengenden Tagen der Observation, nach all den Eifersuchtsattacken, die meinen Puls in die Höhe gejagt hatten, fühlte ich mich unglaublich erschöpft und ausgebrannt. So konnte es nicht mehr weitergehen. Ich wollte endlich Gewissheit. Und hoffte sie bei meiner Frau zu finden. Auf meine unnachahmlich diskrete, diplomatische Art, versteht sich. In gut getarnter Scheinheiligkeit fragte ich Leonie, als sie sich am Abend entkleidete, wie es denn heute am Strand gewesen sei.

»Schön ... wie immer«, antwortete die Schlange, als sie ihr Kleid – es war ein anderes als das blaue aus der Bar – nachlässig zu Boden fallen ließ.

»Seid ihr den ganzen Vormittag dort gewesen?«

»Ja. Abgesehen vom Strandcafé, natürlich. Valerie wird ja nervös, wenn sie nicht jede Stunde ihren *caffè* bekommt.« Das Bikini-Oberteil fiel.

»Und du? Hast du auch Kaffee getrunken?«

»Ja. Warum fragst du?«

»Nur so. Und wo? Auch im Strandcafé?«

»Ja, natürlich, wo sonst? Sag mal, was soll denn diese ganze Fragerei? Dich interessiert doch sonst nicht, wo wir sind und wo wir Kaffee trinken.« Nun fiel auch das Höschen.

Leonie stand da, wie Gott sie geschaffen hatte. Ich ging aufs Ganze und zog sie an mich. Augenblicklich versteifte sie sich, fast unmerklich, aber ich spürte es doch.

»Mich interessiert alles. *Du* interessierst mich. Ganz und gar.« Ich legte meine Hände auf ihre Schulter und machte massierende Bewegungen, die Leonie sonst immer entzückten und bei denen sie wohlig aufseufzte. Diesmal spannte sie die Schultern jedoch nur an, als müsse sie sich wappnen.

»Ach, Henry.« Ein verlegenes Lachen.

»Ja, mein Herzchen?«

Sie befreite sich mit einer sachten Bewegung aus meinem Griff. »Ich hatte heute schon eine Massage.«

»Ach, wirklich?«

»Ja, hier im Hotel. Ich war mit Valerie bei Signora Barbieri. Die ist phantastisch, weißt du?«

»Und jetzt darf ich deine Schulter nicht mehr berühren ... willst du mir das sagen?«

Leonie bemerkte meinen veränderten, nun ernster gewordenen Tonfall. Sie rückte ab, flatterte mit den Augenlidern und setzte dann einen nervösen Blick auf, als könnte sie mich, als könnte sie alles damit zum Schweigen bringen.

»Wie meinst du das?«, fragte sie mit nicht ganz fester Stimme.

Einen Augenblick war ich versucht, eine rasche Wendung ins Unverfängliche zu nehmen und uns das, was jetzt unweigerlich auf uns zukam, zu ersparen. Doch ich schluckte die witzige Bemerkung, die mir auf den Lippen lag, wieder herunter. Einen kleinen Umweg wollte ich noch nehmen.

»Ach, nichts. Ich hätte dich jetzt nur gern in diesem Bett, höchstens einen Millimeter von mir entfernt.«

Sie lachte erleichtert auf, kroch zu mir unter die Decke und schmiegte ihren Kopf in meine Armbeuge. Es war ein Zugeständnis, doch ich ließ mich nicht täuschen. Damit würde ich mich nicht zufriedengeben. Jetzt nicht mehr.

»Es ist schön hier in Marina di Languore, nicht wahr?«, fragte ich mit der samtweichsten Stimme, die mir zur Verfügung stand.

Sie seufzte. »Ja, sehr schön. Es hat sich fast nichts geändert seit damals. Ich find's toll.«

»Ich auch.«

»Wirklich?«

»Ja, klar. Ich könnte jedes Jahr hierher fahren. Wir könnten Stammgäste werden hier im Grand Hotel«, redete ich verträumt vor mich hin und wartete.

Und dann ging sie mir auf den Leim. »Oder wir könnten eine kleine Ferienwohnung kaufen, dort unten im Hafen«, sagte sie eifrig. »Oder ein kleines Häuschen, direkt am Meer. Dann würden wir jeden Tag so lie-

gen und aus dem Fenster aufs Meer schauen. Eng umschlungen ...«

»Ja, eng umschlungen. Und ich gehe sicher nicht
fehl in der Annahme, dass du auch hier schon alle *immobiliare*-Schaufenster abgeklappert und deine Träume auf Reisen geschickt hast.«

Leonie kicherte. »Ja, ein paar schon. Du kennst
mich ja ...«

Darauf sagte ich nichts. Sie merkte, versonnen in
meinem Arm liegend und auf den tintenblauen Himmel über dem Balkon schauend, es erst nach einer
halben Minute, dass von mir keinerlei Reaktion mehr
kam. Sie löste sich aus der Umarmung und setzte sich
auf.

»Henry, was ist los?«

»Nein, Leonie.« Ich schüttelte den Kopf.

»Was, nein?«

»Ich kenne dich nicht. Leider. Ich kenne die Frau
nicht, die nun schon an zwei Vormittagen in der Bar
Blu Cielo saß. Sie wird dort ja nicht schon den Kaufver-
trag für ihr kleines Ferienhaus direkt am Meer verhan-
delt haben.«

Sie wurde blass. Sie griff sich ins Haar. Sie wandte
sich ab.

🛵 24

»Er hat's rausgekriegt.«

Sie raunte es ihrer Freundin Valerie gleich am nächsten Morgen am Frühstücksbuffet zu, als ich beim Rühreier-Rechaud stand und sie sich sicher wähnte, aber ich hörte es doch. Wölfe haben ein extrem gutes Gehör, sagt man, und in diesem Fall hatte der böse Wolf seine Ohren besonders gespitzt, um nichts zu verpassen, was Rotkäppchen von sich gab.

»Scheiße noch mal«, entfuhr es Valerie.

Ja, scheiße noch mal, ich hatte es rausgekriegt. Nun ja – zumindest etwas hatte ich rausgekriegt. Viel mehr aber auch nicht. Wir hatten nicht mehr viel gesprochen, nach meiner Intervention am Abend zuvor.

Natürlich hatte Leonie alles heruntergespielt. Vorgegeben, Alessandro sei eine alte Ferienbekanntschaft, noch von früher, als sie mit ihren Eltern hier Ferien gemacht hatte. Das glaubte ich ihr aufs Wort. Doch keinen Glauben schenkte ich ihrer mit fester Stimme vorgebrachten Behauptung, sie habe ihn ganz zufällig getroffen und ihm einfach nur mal Hallo sagen wollen. Doch das »Hallo und nicht mehr« hatte, wie ich mit eigenen Augen gesehen hatte, die Gefilde der Schicklichkeit längst hinter sich gelassen. Meine Güte, ich klang schon wie ein viktorianischer Kriminalschriftsteller. Doch auch wenn man es anders hätte ausdrücken können, was hier geschah, so trugen Leonies Ausflüchte nicht gerade dazu bei, mein angeknackstes Vertrauen zu ihr wiederherzustellen. Dafür hatte ich einfach zuviel »ermittelt«. Was ich ihr aber nicht sagte. Noch nicht. Der Tag der Abrechnung würde schon noch kommen. Erst musste ich ein paar handfeste Beweise haben. Unwiderlegbare Beweise. Und ich gedachte sie mir zu verschaffen. Für den Moment spielte ich Leonie vor, alles sei nun wieder gut. *Eine kleine Urlaubsbekanntschaft von früher, so so. Na ja, ist ja eigentlich ganz rührend ...*

Das Ehepaar Wunderlich ging nach dem »Geständnis« in vollendeter Höflichkeit miteinander um. Man spielte freundlich eheliche Zuneigung, ließ sich nichts anmerken und ging ansonsten seiner Wege. Leonie hatte sich einen Schmöker vorgenommen und las ihn bevorzugt am Strand, unter dem Sonnenschirm. Während Valerie sich am Kiosk mit Modemagazinen eingedeckt hatte, die so dick wie Versandhauskataloge waren. *Vogue, Elle, Amica,* das ganze Programm. Die hatte sie alle zu ihrem Liegestuhl geschleppt und blätterte sie nun eine nach der anderen durch, mit der gelangweilten Routiniertheit einer Dame von Welt, die buchstäblich schon alles gesehen hat und die kein schriller Modetrend mehr aus der Ruhe zu bringen vermag. Und Julia ... ja, Julia schlief wie immer tagsüber aus – an diesem Tag ausnahmsweise im elterlichen Bett, da Laura das Zimmer nebenan für sich okkupiert hatte und Tiago aus ihren Büchern vorlas – es hörte sich an, als liefe dort eine Hörspielkassette. Gottlob waren es *Die Tribute von Panem* und nicht *Gefährliche Liebschaften*.

Ich hatte das MacBook mit in die Hotellobby genommen und versuchte zu arbeiten. Doch das Manuskript erwies sich als nicht so fesselnd wie die Erlebnisse der vergangenen Tage; der Kriminalfall, den ich entwickelt hatte, vermochte mit den Umtrieben der besten Ehefrau von allen nicht mitzuhalten. Seufzend klappte ich den Computer zu und dachte eine Weile darüber nach, welchen Weg es für mich aus der Misere geben könnte. *Ich* musste ihn finden. In diesem Punkt hatte der Italiener in mir – wie ich mir eingestehen musste – ja recht: Ich war nicht nur das Problem, ich war auch die Lösung.

Doch wie sollte diese Lösung aussehen? Sollte ich einfach über die ganze Sache hinwegsehen? Sollte ich Leonie stellen und ihr ein umfassendes Geständnis abpressen? Würde denn überhaupt etwas zu gestehen sein? Was passierte, wenn ich sie in flagranti mit diesem Immobilienfritzen erwischte? Sollte ich sie verstoßen? Ihr verzeihen? Sollte ich mich scheiden lassen? Bald geriet ich in einen Teufelskreis unheilvoller Gedanken. Beinahe war ich so weit, an Scheidung zu denken, die ich mir mal großmütig, mal erbittert vorstellte. »Na schön, wenn du es nicht mehr aushältst, mit einem Schriftsteller zusammenzuleben, der fortwährend ins Leere starrt oder bestenfalls durch dich hindurch, dann tu, was du nicht lassen kannst«, sagte ich in Gedanken zu Leonie und verwarf den Satz in der nächsten Minute.

Was sollte ich tun? Darüber hinwegsehen und zur Tagesordnung übergehen (doch welche wäre das gewesen)? Den Großherzigen spielen und mit generöser Geste alles verzeihen (doch was wäre zu verzeihen gewesen)? Den Italiener in mir herauslassen und den sich in rasender Eifersucht Verzehrenden geben (doch was – genau – wäre der Grund für Eifersucht)? Was auch immer ich mir in meiner entfesselten Vorstellungskraft vor Augen führte – es zerschellte an der Mauer meiner wenigstens noch halbwegs intakten Vernunft.

Meine Güte, dachte ich, *jetzt komm runter und entspann dich.* Doch wenig später setzte sich das Gedanken-Karussell wieder in Gang. Und das Ganze ging von vorn los. Es war berechenbar wie die Bahn eines Flugkörpers, der Kurs auf Zerstörung nahm.

An diesem Abend änderten die Delinquenten ihre Strategie. Da Leugnen zwecklos war, traten die Verruchten die Flucht nach vorn an und kämpften fortan mit offenem Visier. Zumindest sollte ich diesen Eindruck bekommen. Alles ganz easy, alles ganz harmlos – dieses Stück wurde mir nun vorgespielt. *Commedia dell'arte* war nichts dagegen.

Und die Inszenierung konnte sich sehen lassen, das musste ich zugeben. Da die Heimlichtuerei nun wegfiel, agierten Colombina und Brighella ungeniert auf offener Bühne. Wobei ich einräume, dass so heimlich gar nicht getan worden war. Ich war es gewesen, der in aller Heimlichkeit Nachforschungen angestellt hatte. Doch nun hatte man offenbar beschlossen, mich mit der neuen Offenheit zu verblüffen und damit die eigentliche Affäre zu vertuschen.

Wir hatten das Dinner mit dem üblichen Smalltalk absolviert, und die Erwachsenen schickten sich an, den Digestif wie gewohnt auf der Terrasse zu nehmen. Als ich aus dem Hotel nach draußen trat, sah ich ihn dort sitzen, vollkommen entspannt, in einem der Rattansessel. Er hatte sich eine Zigarre ins Gesicht gesteckt, einen Drink geordert und eine Fassade solch falscher Behaglichkeit aufgebaut, dass es mich schauderte. *Signor Ich-kriege-deine-Frau-egal-was-du-tust* saß mitten auf der Terrasse und setzte ein Grinsen auf, das er wohl für unwiderstehlich hielt.

Leonie war alles andere als erstaunt. Sie ging munter auf ihn zu, stellte mich vor und nötigte mich, seine Hand zu schütteln, als müsste ich mich nach einem

Kindergartenstreit wieder vertragen. Valerie wurde mit den üblichen Küsschen begrüßt, während der Immobilien-Maharadscha es bei der Tempeltänzerin Leonie diesmal mit einem Händedruck bewenden ließ. Alles Theater, natürlich! Dieser miese Schmierenkomödiant. Großspurig klatschte er in die Hände und fuchtelte mit den Armen, bis er die Aufmerksamkeit des *barista* erregt hatte und auch unsere Bestellung aufgeben konnte. Aus purem Widerwillen gegen die großspurige Einladung bestellte ich ein kleines Glas Mineralwasser. *So weit kommt es noch, dass ich mit dir anstoße!*

Andrea brachte die Getränke, nicht ohne mir mit einer eindeutigen Augenbewegung zu verstehen zu geben, ich sollte doch bei nächster Gelegenheit mal bei ihm in der Bar vorbeischauen. Inzwischen hatte der Immobilienhai damit begonnen, in gebrochenem, jedoch durchaus verständlichem Deutsch daherzubramabarsieren und mit nichts hinterm Berg zu halten, was er für erwähnenswert hielt. Ich gähnte mich innerlich zu Tode. Leonie und Valerie hingen an seinen Lippen. Ich nippte an meinem Mineralwasser, als wäre ich wie weiland Goethe in der Kur in Marienbad, saß so unbeteiligt da, ließ mit so gelangweilter Miene einen Arm über die Lehne baumeln und meinen Blick in diffuse Weite schweifen, als sei alles, selbst das banalste Geschehen auf der Piazza, spannender als das Gerede von *Signor Ich-krieg-deine-Frau-in-mein-Bett-und-wenn-du-noch-*

so-blasiert-schaust. Auf einen Außenstehenden musste ich so wirken, als gehörte ich gar nicht zu dieser Gruppe und säße nur rein zufällig mit am Tisch.

Ich hatte nicht wenig Lust, dem sich in den Mittelpunkt spielenden Typ seine selbstgefällige Zigarre in den Rachen zu stopfen, zog aber nur einen Zigarillo aus meinem Sillem-Döschen, den ich mir umständlich anzündete, als sei ich allein in das Wissen perfekter Rauchkultur eingeweiht. Der Immobilien-Maharadscha quatschte sich inzwischen die Lippen wund über die Immobilienszene in Marina di Languore und den umliegenden Ortschaften, überhaupt an der Adria. Dabei ließ er Allgemeinplätze vom Stapel, die er nur in einem Motivationsseminar für unteres Management aufgeschnappt haben konnte. Das alles allerdings mit einem zugegeben nicht unbeträchtlichen Charme, der seine Wirkung nur selten zu verfehlen schien.

Schließlich erzählte er, dass am kommenden Wochenende in Marina di Languore eine große Oldtimer-Rallye stattfinden würde und die dekorativ betagten Fahrzeuge alle auf der Piazza vor dem Grand Hotel auffahren würden.

»Oh, Henry«, sagte Leonie in dem verzweifelten Bemühen, mich in das Gespräch einzubeziehen, »das wird dich interessieren.« Sie wandte sich an Alessandro und Valerie, als habe sie eine Neuigkeit zu verkünden: »Henry ist ja sehr an alten Dingen interessiert.«

Es klang so, als sei ich selbst eine Antiquität, und ich sah mich zu einer kleinen Richtigstellung genötigt.

»Ja, ich liebe alte Weine, alte Autos, alte Bücher und Bilder. Und junge, bezaubernde Frauen«, sagte ich übertrieben galant und küsste meiner Frau auf die denkbar altmodischste und besitzergreifendste Art die Hand. Sie kicherte verlegen. »Aber nun muss ich euch leider für einen Augenblick verlassen. Ihr entschuldigt mich?« Ich erhob mich, nickte knapp in eine unbestimmte Richtung und stolzierte in die Hotelhalle.

Der »Augenblick« würde ewig dauern, das war klar. Ich hatte nicht vor, auf die Terrasse zurückzukehren und weiter diesem absurden Schauspiel *Wir-sitzen-hier-alle-so-nett-beisammen-und-haben-es-gemütlich* beizuwohnen.

Ich lenkte meine Schritte geradewegs zur Bar und setzte mich an den Tresen. Gespannt war ich schon zu erfahren, was das merkwürdige Signal, das Andrea mir beim Servieren hatte zukommen lassen, zu bedeuten hatte. Der *barista* nickte mir bedeutungsschwer zu, und es dauerte eine Weile, bis er sich mir zuwenden konnte; auf der inzwischen voll besetzten Terrasse war einiges los. Einstweilen schob er mir ein Schälchen mit Pistazien hin und hob erstaunt die Augenbrauen, weil mir ausnahmsweise der Sinn nach Hochprozentigem stand.

»Einen Cognac, bitte«, orderte ich. Ich mag keinen

Cognac. Vor allem keine hochprozentigen Sachen, doch von diesen am wenigsten Cognac. Egal. Heute Abend brauchte ich etwas, das mich wie einen Mann von Welt aussehen ließ.

»Oh, Signor Henry«, sagte Andrea schließlich, als er für einen Moment Pause hatte, und wedelte mit der Hand, als müsse er Rauch aus seinen Augen vertreiben. »Ich hatte keine Ahnung, dass Sie Signor Alverna kennen.«

»Kennen ist wohl zu viel gesagt.«

»Aber er sitzt dort draußen mit Ihnen und Ihren Mädchen auf der Terrasse.«

»Sagen wir«, rückte ich gerade, »er sitzt mit meiner Frau dort draußen. Mit Valerie und mir als Staffage.«

Andrea runzelte die Stirn. »Aber wissen Sie denn nicht, wer das ist?«

Ich schüttelte den Kopf. »Ich weiß nur, dass er ein Immobilienbüro hat. Und hinter meiner Frau her ist.«

»Das wundert mich nicht«, stellte Andrea fest und senkte verschwörerisch die Stimme. »Es ist nicht übertrieben zu sagen, dass Signor Alverna der mit Abstand gefürchtetste Schürzenjäger von Marina di Languore ist. Wenn er durch die Stadt geht, scheuchen die Männer ihre Frauen ins Haus und verriegeln Tür und Tor.«

Ich lachte. »Das ist ja putzig.«

»Lachen Sie nicht! Mich wundert überhaupt, dass er sich hier blicken lässt.«

»Wieso?«

»Er hat Hausverbot im Grand Hotel. Signor Tornatore hat ihm mit aller ihm zu Gebote stehenden Deutlichkeit zu verstehen gegeben, dass er hier eine *persona non grata* ist.«

»Ach, wirklich?« Ich richtete mich interessiert auf. Das versprach ja richtig aufschlussreich zu werden. Andrea stellte mir einen zweiten Cognac hin.

»Ja, wirklich. Es ist erst ein paar Jahre her, da hatte Signor Alverna es auf Signora Tornatore abgesehen. Jeden Tag kam er vorbei, flirtete heftig nicht nur mit unseren Rezeptionistinnen, sondern auch mit der Chefin, machte anzügliche Bemerkungen. Doch so sehr sie ihn abwehrte, er ließ nicht locker. Er schickte ihr Sträuße von roten Rosen. Und mit diesen Blumen ...« Andrea grinste. »Mit einem dieser Sträuße hat der Chef ihn dann verprügelt und höchstpersönlich vor die Tür gesetzt. Das war ein ... *spettacolo*!«

»Das hätte ich gern gesehen«, gestand ich lachend.

»Nehmen Sie sich in acht, Henry. Dieser Mann ist gefährlich. Der gibt nicht auf. Hat er ein Opfer im Visier, lässt er nicht locker, bis er es erlegt hat. In der Stadt kursieren Dutzende von solchen Geschichten. Doch ihre reizende Frau Gemahlin wird ihm sicherlich widerstehen ...«

Das hielt ich für reine freundschaftliche Beschwichtigung. Ich umklammerte meinen Cognacschwenker, als wollte ich ihn mit der bloßen Hand zerbrechen. *Signor Ich-brech'-die-Herzen-der-stolzesten-Frau'n* hatte keine Ahnung, mit wem er es zu tun hatte. In mir würde er seinen Meister finden.

Ich trank den Cognac aus, schüttelte mich und glitt vom Barhocker.

»Geht aufs Haus«, sagte Andrea. Er lächelte mir zu wie ein echter Freund.

Da ich noch keine Lust hatte, mich nach oben in die arktischen Gefilde unseres Zimmers zurückzuziehen, verließ ich das Hotel über die zweite Terrasse, ohne noch einmal einen Blick zurückzuwerfen. Diesmal ging ich in die andere Richtung, nicht zum Hafen, sondern durch ein Villenviertel, in dem es erheblich ruhiger zuging als links und rechts des Corso oder im stets turbulenten *porto.*

Die Bewegung tat mir gut. Die Unruhe des Tages fiel von mir ab und machte einer Gelassenheit Platz, die man fast schon italienisch hätte nennen können. Auch die Hitze hatte nachgelassen und die milde Abendluft war angenehm. So schritt ich einigermaßen aufgeräumten Sinnes dahin. Und der Italiener in mir an meiner Seite.

»*Nun weißte du Bescheid*«, sagte er.

Ich nickte dumpf. Ja, nun wusste ich Bescheid, war mir über Leonies Gefühle allerdings noch immer nicht im Klaren. Was wollte sie von diesem Romeo-Verschnitt? Was empfand sie für ihn? Was *machte* sie mit ihm? Und – nicht weniger ungeklärt – was wollte ich eigentlich von Giulia? Wollte ich etwas von ihr? Eine gewisse Anziehungskraft zwischen uns war jedenfalls nicht zu leugnen.

»*Ah ... nun kommen wir der Sache endlich näher*«, sagte der Italiener in mir kryptisch.

Ich stellte mich dumm. »*Welcher Sache?*«

»*Na, die susse kleine Kellnerin, natürlich. Giulia!*«

»*Was soll da schon laufen? Ich könnte ihr Vater sein!*«

»*Ja, und irgendwann ihr Großvater*«, entgegnete der Italiener in mir. »*Was spielte das schon für eine Rolle? Jetzte ist die Stunde. Jetzte kommt der Kairos geflogen. Carpe diem ... capisce?*«

»*Ich verstehe vollkommen. Aber wäre das nicht nur eine billige Retourkutsche, so nach dem Motto ›Legst du dich mit dem Kerl ins Bett, mach ich es mir mit Giulia nett‹?*«

»*Ah ... du denkste immer zu viel, Enrico. Iste immer dasselbe: Sinnierste du, grübelste du, haste du schlechte Laune. Das hat doch nix mit Leonie zu tun! Tu es einfach für dich. Es iste dein Leben, oder nichte?*«

»*Na, das ist ja eine tolle Erkenntnis. Mein Leben ... hahaha.*« Ich lachte höhnisch. »*Ich bin nun mal verheiratet. Da lebt man eben nur ein halbes Leben.*«

»*Biste wirklich ein harter Brocken, amico. Was soll dir Italien denn noch zu Füßen legen? Das schöne blaue Meer,*

die Sssonne. Unsere Frauen lächeln dich an. Du haste kei-
ne Augen, überhaupt keinen Sinn dafür! Und wenn eine
hübsche Signorina kommt, dann haste du nur immer Be-
denken.«

»Aber ich bin nun einmal ein Vierteljahrhundert älter
als die Signorina, das lässt sich doch nun nicht leugnen,
oder?«, warf ich ein.

»Ach ... was redest du? Sinde doch nur ein paar Jähr-
chen. Biste du Mann im besten Alter.« Er schnalzte mit
der Zunge.

»Aber ist der Altersunterschied zu Giulia denn nicht
geradezu grotesk?«

»Grotesk? Was soll das sein? Haste du den Verstand
verloren? Du biste wirklich ein Idiot, wenn du diese Ge-
legenheit nicht ergreifst. Biste jung! Biste kraftvoll! Wenn
du erst siebzig bist oder älter, kannste du immer noch ver-
zichten.«

»Bei dir klingt das immer so einfach.«

»Iste ja auch einfach. Das Glück iste immer einfach. Es
gibt kein kompliziertes Glück. Denk darüber nach!«

Und genau das tat ich. Auf dem Rückweg zum Hotel. Der Italiener in mir hatte recht – es musste etwas
passieren. So oder so. Je länger ich mich der Vorstellung hingab, Leonie könnte ungeniert mit Signor Alessandro herummachen, während ich ihr selbst in den
fremdesten Betten treu blieb, würde ich keinen Frieden

finden. Ihr Verhalten gab mir ja geradezu das Recht, mit anderen Frauen ins Bett zu gehen. Nicht, dass ich das gebraucht hätte als »Bestätigung«. Nein, nein, so einfach war ich nun nicht gestrickt. Oder etwa doch? Wie auch immer, jedenfalls musste ich nicht den Tugendhelden spielen und jedes Lächeln standhaft zurückweisen, wenn alle anderen beschlossen hatten, sich zu vergnügen.

🛵 25

Bei der Vorstellung, dass die bezaubernde Giulia möglicherweise nur auf ein Zeichen von mir wartete, fing mein Herz heftiger an zu klopfen.

Doch es mischte sich auch Besorgnis in meine Phantasien. Was war das für ein Trip, auf den ich mich begeben wollte, leichtsinnig, wie es schien? War es nicht nur eine Frage der Zeit, bis in diesem kleinen Nest, in dem man sich jeden Tag mehrmals über den Weg lief, aufflog, dass sich ein deutscher Tourist, der ganz offensichtlich die besten Jahre seines Lebens schon hinter sich hatte, an eine unschuldige kleine Italienerin ranmachte? Womöglich war das sogar strafbar in diesem katholischen Land.

Der Italiener in mir beschwichtigte mich sofort.

»*Keine Spur*«, versicherte er mir. »*Sso streng iste hier keiner, wie bei euch im hohen Norden. Iste nicht so hart und unfreundlich hier, auch nicht das Wetter. Hier scheinte immer die Sonne und gedeiht die* amore *besser als im kalten Deutschland*«, versicherte er mir selbstgefällig. »*Wir Italiener haben Ssinn für Poesie. Und darum gehörte zur Sunde immer die Vergebung. Die iste bei uns sozusagen eingebaut. Wir erwarten nichte immer das Schlimmste ... sondern das Schönste! Für uns es gibt immer Erlösung.*«

»*Beneidenswert*«, sagte ich.

Doch Sünde hin, Erlösung her, eines war klar wie Grappa: Noch mehr als die schiefen Blicke der Bevölkerung von Marina di Languore, die ich ernten würde, wenn ich nicht rechtzeitig die Reißleine zog, würden mir die ironisch hochgezogenen Augenbrauen von Leonie zu schaffen machen, die sicherlich neue Rekordhöhen erklimmen würden, sollte mein Techtelmechtel mit der schönen Kellnerin auffliegen. Und das würde es, über kurz oder lang, das war eigentlich gar keine Frage. Wo hätte diese junge, aufkeimende Liebe denn stattfinden sollen, nur mal so gefragt? Im Grand Hotel, unter den Augen aller? In der Bar *Blu Cielo*, dem Versteck aller Ehebrecher? In der Umkleidekabine einer Boutique? In der Buchhandlung *Feltrinelli*? In der Gelateria? Am Strand? Im Hafen? Marina di Languore schien schon architektonisch vorgebaut zu haben, dass sich in den

Mauern des Städtchens unordentliche, irgendwie anrüchige Beziehungen entfalteten, die niemand mehr unter Kontrolle bekam. Nein, ausgeschlossen. Vermutlich würde meine unschuldige Liebe zu der hübschen Giulia schlicht und einfach daran sterben, dass kein Kuss und kein Händchenhalten unbemerkt bleiben konnte. Und mir einfach eine Vespa zu schnappen und mit Giulia auf dem Rücksitz davonzubrausen wie einst Gregory Peck mit Audrey Hepburn, irgendwohin, wo uns niemand kannte, das kam natürlich nicht in Frage. Wie albern wäre das denn!

So wechselten Scham (wenn ich an das dachte, was ich mit Giulia am liebsten tun wollte) und Wut (wenn ich daran dachte, was der Aufreißer der Adria mit Leonie machte) einander ab in munterem Wechsel. Doch was, schalt ich mich schließlich, war ein Seitensprung in Gedanken gegen einen, der ganz offen vor aller Augen zelebriert und unverfroren als flüchtiger Urlaubsflirt kaschiert wurde? Wer hatte hier eigentlich das Recht zur Empörung? Das war doch wohl ich, oder?

Und so beschloss ich, Leonie und ihren Casanova mal hintanzustellen. Sollte ihre dumme kleine Liebesgeschichte doch ihren unappetitlichen Lauf nehmen. Den konnte ich eh nicht aufhalten. Alle meine Lieben nahmen sich ja hier wie selbstverständlich das Recht auf *amore all'italiana*, als sei dies ein fester Bestandteil der Ferien. Warum sollte das nicht auch für mich gelten? Es war wirklich an der Zeit, dass ich mich freischwamm von meinen Befürchtungen und Bedenken. Dass ich mich auf mich selbst besann. Und wenn das Glück angeblich so einfach war, dann wollte ich es auch: einfach glücklich sein.

🛵 26

Mit jedem weiteren Tag wurde die »Affäre Giulia« zu einer fixen Idee, die ich nicht mehr aufhalten konnte. Und irgendwann war es dann wirklich so weit, dass all den Blicken, Eiskugeln und Kirschen Taten folgen sollten. Endlich, möchte man sagen.

Am Vormittag hatte ich wieder einmal in der Hotelhalle gesessen und meine Mails gecheckt. Ich hatte mich in eine versteckte Ecke im hinteren Teil der Lobby gesetzt, nicht sichtbar vom Eingang und von der Rezeption aus. Hier saß ich oft, geschützt und ungestört vom unvermeidlichen Trubel, wie er sich alltäglich an der Rezeption abspielte.

Bei den Mails war nichts Aufregendes dabei, auch in Deutschland schien jedermann in der Sommerfrische zu sein, und in meinem Verlag gab es wohl nur noch eine Notbesetzung, die kein größeres Interesse daran hatte, mit mir zu kommunizieren. Dann nahm ich mein Notizbuch und versuchte ein bisschen zu arbeiten; ich skizzierte die nächsten Szenen und Dialoge für mein Manuskript, und es ging mir flott von der Hand. Die Einfälle sprudelten nur so; ich atmete auf und stellte mit einiger Erleichterung fest, dass meine Kreativität durch all die Vorfälle der vergangenen Tage keinen Schaden genommen hatte. Im Gegenteil – mein Leid schien geradezu für einen kreativen Schub gesorgt zu haben.

So kritzelte ich mit dem Bleistift in meinem Notizbuch herum und sah erst auf, als Giulia – wohl wieder in Vertretung von Andrea – mich auf Italienisch nach meinen Wünschen fragte. Zumindest nahm ich das an oder verstand es so. Und wieder lächelte sie so hinreißend, dass ich augenblicklich dahinschmolz. Ich strahlte sie an und bestellte einen *caffè* und das dazugehörige Wasser. Mein Herz pochte hart und schnell. Es war, als sei etwas zum Greifen nah, was ich immer ersehnt hatte.

Und so war es dann auch ... buchstäblich. Als Giulia das Gewünschte brachte und es vor mir auf das Tischchen stellte, beugte sie sich tiefer als nötig zu mir herunter und streifte wie absichtslos schließlich meinen Arm. Hatte ich das geträumt? War nur der Wunsch Vater des Gedankens? Oder passierte es wirklich?

»*Grazie ... oh ... grazie*«, stammelte ich verzückt.

Und versuchte es dann mit einem Satz auf Englisch, nicht wissend, ob sie mich verstand oder nicht. Aber ich musste einfach etwas sagen. Und so sagte ich: »Es ist ziemlich einsam, hier allein zu trinken. Vielleicht könnten wir beide ja mal einen Drink zusammen nehmen.« Nicht sehr originell, ich weiß, aber mir fiel in der Aufregung nichts Besseres ein.

Sie schien mich verstanden zu haben, denn sie nickte mit leicht schräg gestelltem Kopf, und ihr Lächeln schien noch eine Spur hinreißender zu werden, wenn das überhaupt möglich war. »Ja, vielleicht. Obwohl Signora Tornatore es nicht gern sieht, wenn wir während der Arbeitszeit« (*while our working*, sagte sie) »mit den Gästen trinken. Nein, das dürfen wir nicht. Aber gern, wenn keine Arbeit«, schloss sie in akzentreichem, nicht fehlerfreiem, aber durchaus verständlichem Englisch.

»Und wann ist keine Arbeit?« Ich ließ mich auf ihr reduziertes und doch so charmantes Englisch ein.

»Oh, sehr oft«, beeilte sie sich zu sagen. »Heute Nachmittag ich habe fertig. Und bin dann ganz allein.«

»Ich habe auch fertig. Dann sehen wir uns also?«

»Ja, sehr gern, Signor Wunderlich.«

»Henry, bitte.«

»Giulia, bitte.«

Ich nickte erfreut. »Und wann genau?«

»Um fünf wir treffen auf Terrasse, okay? Und dann gehen spazieren?«

Bis ans Ende der Welt, schöne Giulia. Bis ans Ende der Welt.

Ich nickte erfreut, zeichnete die Rechnung ab und versäumte es nicht, ihr beim Zurücklegen der Quittung auf ihr kleines Tablett die eine sachte, winzige Berührung mitzugeben, die meiner Sehnsucht entsprang. Ihre Haut war sehr weich. Und sehr kühl.

Der Italiener in mir schwieg. Wahrscheinlich mit angehaltenem Atem, jetzt, wo es endlich Ernst wurde. Dabei hätte ich ihm gern triumphierend Bericht erstattet. Eroberer brauchen eine Entourage, die ihnen applaudiert.

Nun waren Arbeit, Manuskript, Buch und Notizen natürlich vergessen. Die Maßnahmen, die zu treffen waren, ließen den kniffligen Fall, den ich in meinem nächsten Kriminalroman schilderte, in den Hintergrund treten. Zunächst der Check. Leonie und Valerie hatten sich nach dem Essen verabschiedet, um Rimini unsicher zu machen, und würden nicht vor dem Dinner zurück sein. Laura war mit Tiago am Strand und Julia mit den beiden Beautés losgezogen. »Ich muss dich sprechen, Papa«, hatte sie nach dem Essen gesagt und sehr geheimnisvoll getan. »Allein.«

»Wann immer du willst, Julchen«, hatte ich gesagt. Doch als Leonie in Hörweite trat, hatte Julia das Gespräch abgebrochen und nur noch »Später!« gemurmelt. Nun, sie würde schon auf mich zukommen. Allerdings fand ich es bemerkenswert, dass sie mit einer ja anscheinend nicht unwichtigen Sache zu mir kam und nicht zu ihrer Mutter. Ich fühlte mich zwar ein bisschen geschmeichelt, hatte es jedoch schon lange aufgegeben, mir über Julias Attitüden den Kopf zu zerbrechen.

Ich ging nach oben aufs Zimmer, legte frische Kleidung für später heraus, zog mich aus und duschte mich, obwohl ich bereits vor wenigen Stunden geduscht hatte. Ich legte mich hin und hielt ausgiebig Siesta, ausnahmsweise völlig ungestört, gab mich angenehmen, wenn auch etwas wirren Tagträumen hin. An Schlaf war nicht zu denken, obwohl die brütende Hitze in eine erträgliche Wärme übergegangen war, so dass ich die Balkontüren offenlassen konnte, durch die ein frischer Wind von der Adria hereinwehte und die Vorhänge bauschte.

Nach der so unverhofften Verabredung und Giulias *caffè* tanzte das Adrenalin in meinem Blut Tango. Ich stellte mich auf den Balkon, blieb da stehen im Wind, eine ganze Weile, atmete immer wieder stoßweise aus, was mir zeigte, wie angespannt ich Luft holte. Ja, es war alles gespannt in mir, buchstäblich alles. In der Ferne glitzerte das Meer in der Nachmittagssonne, ich sah die Wellen brechen, was an der Adria für gewöhnlich nicht sehr spektakulär ist, sondern mehr ein sanftes Plätschern. Doch der Wind sorgte auch für Unruhe auf dem Wasser, und irgendwie schien es meiner Stimmung zu entsprechen. Eine Stimmung wie im Film *Titanic*. Die große Liebe im Angesicht des weiten Ozeans, der keine Grenzen kennt. Und die große Gefahr, die dräut, obwohl niemand von ihr Kenntnis nimmt. Eine verführerische, aufwühlende, alles mitzureißen drohende Stimmung, die durch meinen Körper pulsierte und ihn mit einem Vibrieren erfüllte, als fühlte ich unter mir die Schiffsmotoren arbeiten.

Doch es waren noch über zwei Stunden bis zu der herzschlagtreibenden Verabredung, die mir bevorstand.

Irgendwann legte ich mich wieder aufs Bett, angezogen diesmal, und griff nach dem *Schatten des Windes* auf meinem Nachttisch. Auch dort war die Liebe groß und rein und tragisch. Ich tauchte in das Buch ein, als könnte ich dort meine Geschichte finden. Doch es war nur die von Julian Carax und Isabella, von Daniel Sempere und Bea. Dann, nach vielleicht einer Stunde Lektüre, driftete ich ab, konnte mich nicht mehr konzentrieren, legte das Buch beiseite und heftete den Blick an die Decke. Und dann schloss ich die Augen, während noch immer der Wind die Vorhänge bauschte und die unentwegten Geräusche des Beach-Volleyballes in mein Zimmer drangen.

Ich hatte tief geschlafen, heftig geträumt. Und schoss plötzlich hoch. Ein Blick auf den Reisewecker. Fünf Minuten nach fünf! *Oh, mein Gott ... Giulia!* Sie saß sicherlich schon unten auf der Terrasse. Ich stürzte zum Balkon und blickte hinab. Aber die gesamte hintere Terrasse lag nun verdeckt unter riesigen Sonnenschirmen, so dass sie sich fast wie ein Zelt über den Terrazzo wölbten. Auf der Terrasse, die seitlich am Gebäude entlangführte, war niemand zu sehen.

Ich sprühte mir Deo und *Eau de toilette* auf, *1881*, meine Lieblingsmarke. Dann griff ich nach Schlüsselkarte, Brieftasche und meinem Sonnenhut, hielt mich mit dem Aufzug, der immer eine Ewigkeit brauchte, nicht auf, sondern eilte, ja, sprang die Treppen hinunter. So dass ich einigermaßen atemlos vor der Rezeption zum Stehen kam. Der Portier winkte mich lächelnd heran.

»Ich soll Ihnen sagen ... Signorina Giulia erwartet sie. Auf der Terrasse. Dort hinten.« Eine vage Handbewegung, aber ich wusste natürlich sofort Bescheid. Ich nickte aufgekratzt, zwang mich zu einem freundlichen *Grazie* und vor allem zu einem gemessenen Schritt. Ich konnte ja nun wirklich nicht wie ein Teenager im ersten Liebesrausch über die Terrasse laufen. Kurz schoss mir der Gedanke durch den Kopf, dass es nicht gerade klug von Giulia gewesen war, den Portier ins Vertrauen zu ziehen.

Zu dieser Zeit war es draußen vor dem Hotel leer. Nicht ein Gast saß in den Korbstühlen. Die Sonne hatte sich verzogen. Für den Apéritif war es noch zu früh. Nur Idioten wie ich hielten sich zu dieser Stunde im Hotel auf. Der Hausdiener begann bereits mit dem Zuklappen und Verschnüren der Schirme, da die vordere Terrasse um diese Tageszeit im Schatten lag. Ich nickte ihm kurz zu, und er sah mich freundlich an. Hatte er mir gerade zugezwinkert?

Nach fünfzig Schritten hatte ich die hintere Terrasse erreicht.

Dort sah ich sie. In einem dunkelblauen, glitzernden Abendkleid. *Wow!* Was für ein Empfang! Völlig übertrieben natürlich, ging mir durch den Kopf, und doch war ich beeindruckt. Sie stand einige Meter von mir entfernt mit dem Rücken zu mir an der Balustrade und blickte hinunter. Mein Herz setzte einen Schlag aus und pochte dann bis zum Hals.

»Giulia!« rief ich leise. Dann noch einmal, etwas lauter: »Giulia!«

Sie drehte sich um.

»Papa! Da bist du ja!«

Es war Julia. Nicht Giulia.

27

Rascher hatte noch nie ein Gesicht seine Farbe gewechselt. Vom Laufen noch gerötet, wurde es innerhalb von Sekunden blass, dann wieder feuerrot. Nur gut, dass es unter den riesigen Sonnenschirmen etwas schattig war.

Ich hatte Julia für Giulia gehalten. An ihrer unterschiedlichen Haarfarbe hätte ich sie erkennen können. Doch die Sonne hatte mich für einen Moment geblendet. Und Julia hatte sich über die Balustrade gebeugt.

»Giulia ... äh, Julia ... was um Himmels willen machst du hier?«

»Ich warte auf dich, Papa. Ist alles okay?«, fragte sie angesichts meiner offensichtlichen Verwirrung. Ich nickte. »Ich hab vorhin bei dir geklopft, aber es war abgeschlossen und es hat sich nichts gerührt. Doch du bist ja nie weit weg vom Hotel, da hab ich mir gedacht ... da hab ich mir gedacht ...«

»Nun, was hast du gedacht?«, fragte ich etwas ungehalten. »Und was soll überhaupt dieser ganze Aufzug, dieses ... Abendkleid? Wo hast du das denn her?«

»Papa, ich ... ich muss dich was fragen«, druckste Julia herum.

»Ja, dann frag halt.«

»Sei doch nicht so ungehalten ...«

»Ich bin nicht ungehalten. Ich frage mich nur, was du von mir willst. Und vielleicht auch, warum du nicht deine Mutter fragst.«

»Mama ... ach, ich weiß nicht. Sie ist so abwesend seit ein paar Tagen, findest du nicht? Und abweisend. Nein, ich möchte das mit dir besprechen ... Dich fragen, ob du mir vielleicht erlaubst ...« Sie hielt inne und holte Luft.

»Julia, bitte, spann mich hier nicht auf die Folter! Was soll ich dir erlauben?«

Dann platzte sie damit heraus: »Dieses Kleid zur Hochzeit zu tragen.«

Wo war ich hier? In einer Boulevardkomödie? Mir blieb der Mund offen stehen. Sprachlosigkeit kommt bei einem Schriftsteller nicht oft vor, und wenn, dann bietet das einigen Anlass zur Besorgnis. Ich war hoch besorgt.

»*Du ... willst ... heiraten?*«, rief ich einigermaßen konsterniert. Man könnte auch sagen: dämlich.

Julia lachte nervös. »Ach, nein ... lieber, lieber Papa ...« Sie umarmte mich. »Ich doch nicht. Ich meine ... noch nicht.« Sie lachte, während ich sie immer noch perplex anstarrte. »Nein ... Ricciarda heiratet. Am Freitag. Ihren Paolo. Hier in diesem Hotel.«

»Wer um Himmels willen ist Ricciarda? Kenne ich die?«

»Nein, nein, kennst du nicht. Aber sie ist eine Cousine von Leonardo. Und mein Leonardo ...« (sie sagte tatsächlich *mein Leonardo*) »... hat mich gefragt, ob ich ihn nicht auf die große Hochzeitsfeier begleiten will. Wo wir doch jetzt zusammen sind ...«

»Wo ihr doch jetzt zusammen seid«, echote ich mit einem vollkommen unintelligenten Gesichtsausdruck.

»Ja. Sonst muss er allein dahin. Und das will er nicht. Er will, dass ich mit ihm gehe. Das Fest findet hier im Grand Hotel statt, nach der kirchlichen Trauung. Auf dieser Terrasse und in dem großen Saal dort vorn. Und ich möchte so gerne dieses Kleid anziehen. Ach, bitte, Papa, sag Ja!«

Ich fühlte mich überfordert und überrumpelt, fand aber auf die Schnelle kein Argument, das dagegen spräche. Also nickte ich nur und sagte: »Ja, ja. Natürlich. Mit Leonardo ... hm. Warum nicht.« Ich schmunzelte. »Dann haben wir dich wenigstens einen Abend im Auge.«

»Ja, genau ... Ihr könnt ja von der anderen Terrasse alles sehen«, sagte Julia begeistert und gab mir einen Kuss. »Ach, Papa ... danke. Und danke für das Kleid! Ich wusste, dass du es mir kaufen würdest, wenn du mich erst einmal darin siehst. Das habe ich der netten Signorina aus der Boutique auch gesagt. Ich hab ihr als Pfand meinen Perso dagelassen.«

»Was?«

»Meinen Personalausweis.«

»Wie viel?« fragte ich misstrauisch.

»Och, wenn man bedenkt, dass es alles reine Seide ist, dann ist es gar nicht so teuer, Papa«, versicherte mir meine Tochter. Dann nannte sie mir einen Preis, der mich fast ohnmächtig werden ließ.

»Mama hätte mir das nie gekauft«, sagte sie glücklich. »Du bist echt der Beste, Papa!«

»Schon gut, Julchen.« Ja, ich war der Beste. Ich seufzte und zog ein Bündel Geldscheine aus meiner Brieftasche. Meine letzte Barschaft. »Hier. Und jetzt zieh dieses blaue Ding wieder aus. Noch gehört es dir ja nicht.«

»Mach ich, Papa«, sagte sie, raffte ihr Kleid und tänzelte dann davon wie Audrey Hepburn in *My Fair Lady*. Von weitem winkte sie mir zu und rief noch einmal laut *»Mille grazie!«*

Und von weitem sah ich jetzt auch Giulia.

Sie hatte sich diskret in einen der Korbsessel gesetzt und die Familienszene aus sicherer Entfernung mit angeschaut. Als meine Tochter im Hotel verschwunden war, stand sie auf und ging ein paar Schritte auf mich zu.

Auch ich ging ein paar Schritte auf sie zu.

Sie hatte kein Abendkleid an. Wirkte aber trotzdem fremd, jetzt wo sie sich ihrer Kellnerinnenkleidung und ihres Schürzchens entledigt hatte. Sie sah aus wie ein ganz normales ... Mädchen. Ich schluckte.

Sie lächelte fein. Irgendwie zurückhaltend und irgendwie auch erwartungsvoll.

Ich berührte leicht ihren Unterarm. »Gehen wir?«, fragte ich schüchtern. *»Andiamo?«*

»Wir gehen fort«, sagte sie ernst.

🛵 28

Und so gingen wir fort, mit schlendernden Schritten. Wir hielten uns abseits der Hauptwege, gingen durch Straßen und Gassen, durch die ich auf meinen Spaziergängen noch nie gekommen war. Machten einander auf besonders schöne Häuser, besonders hübsche Vorgärten aufmerksam, die oft mit Marmor- und Kalksteinfiguren antiker Göttinnen oder kleinen Brunnen geschmückt waren. Dies war die unbekannte Seite von Marina di Languore, ein Viertel, in das die Touristen kaum je einen Fuß setzten. Es war still an diesem Spätnachmittag, das Gold der sinkenden Sonne nahm an Intensität zu und schien irgendwie zu unserer Stimmung zu passen.

In den ersten Minuten unseres Spaziergangs war Giulia noch befangen gewesen; verlegen schaute sie mich dann und wann von der Seite an, als müsse sie sich vergewissern, dass ich das, was ich da in simplem Englisch von mir gab, auch ernst meinte. Ich erzählte ihr in lockerem Ton ein bisschen aus meinem Leben, wo ich herkam, was ich machte, dass mir die Adria gefiel, so was in der Art. Smalltalk, nicht mehr. Sie erzählte von ihrer Arbeit im Hotel, von den Tornatores, ihren Kollegen, den Gästen, welche sie mochte und welche weniger. Mit ihrer drolligen Art zu sprechen brachte sie mich zum Schmunzeln. Auch wenn sie von *Mamma* und *Papà* sprach, von ihrem wenige Jahre jüngeren Bruder Francesco, von ihren Großeltern, die in Forli lebten, von der ganzen *famiglia*, auf die Italiener so viel Wert legen. Giulia schien noch ganz von ihrer vertrauten familiären Welt eingenommen. Ihr war noch kein Arg geschehen, das Leben hatte ihr noch nicht übel mitgespielt, die kleinen Enttäuschungen, die sie erlebt hatte, waren nicht der Rede wert.

Nach einer halben Stunde fiel mir auf, dass Giulia in einen munteren Plauderton, ich jedoch mehr oder weniger in Schweigen verfallen war. Ich hörte ihr gern zu, und es schien ihr wichtiger zu sein, von sich zu erzählen, als etwas von mir zu erfahren. Wann immer mein Blick auf sie fiel, war ich entzückt über ihre glatte, wie Bronze schimmernde Haut, die langen Wimpern, die schmalen, jedoch fein geschwungenen Lippen, das schwarze seidige Haar, die wie von Künstlerhand modellierten Rundungen ihres Körpers. Sie schritt auch energischer aus als ich in meinem eingeschliffenen bedächtigen Flaniertempo – immer wieder war sie mir einen Schritt voraus, und wenn sie es merkte, hielt sie an, blickte sich um, und die Schüchternheit, mit der sie mich ansah, versetzte mir einen Stich ins Herz.

Von Julia schien sie besonders begeistert zu sein.

»Deine Tochter ist schön«, sagte sie. »Sehr schön ... oder nicht wahr?«

»Sehr wahr«, bestätigte ich.

»Sie ist eine ... *biondina focosa* ... wie nennt man das?«

Focosa – was mochte das bedeuten? Kam es vielleicht von *fuoco*, Feuer? Eine rassige, eine feurige Blondine? Ich nickte. »*A flamy blonde?*«, schlug ich vor. »*Or fiery?*« »Feurig-scharf« hätte ich nicht so gerne gehört.

»*Flamy*«, bestätigte Giulia lachend. »Ich beneide sie.«

»Warum?«

»Italienische Jungs sind immer noch scharf auf Blondinen. Seltsam, nicht wahr? Wie lange sich solche Klischees halten? Wir Schwarzhaarigen haben oft keine Chance.«

»Das kann ich mir nicht vorstellen.«

»Doch, doch«, beharrte sie. »Die Skandinavierinnen, die Engländerinnen, die sind irgendwie ... cool. Und die Deutschen sowieso ... wir bewundern hier immer die Deutschen.«

»Das beruht wohl auf Gegenseitigkeit«, erwiderte ich. »Und wir sind ganz froh, dass Sophia Loren oder Elisabetta Canalis keine Blondinen sind. Allerdings ...« Ich lachte. »Michelle Hunziker ...«

»Die ist Schweizerin«, gab Giulia sich kundig. »In Lugano geboren.«

»Immerhin in der italienischsprachigen Schweiz. Sie war ja auch in eurem Fernsehen erfolgreich.«

»Sehr. Italienische Männer sind hin und weg von ihr. Immer noch«, sagte Giulia mit einem Anflug gespielter Bekümmertheit.

So ging das eine Weile hin und her. Irgendwie gelang es mir nicht, das Gespräch auf ein ... sagen wir ... substanzielleres, ernsthafteres oder auch romantischeres Niveau zu bringen. Giulia etwas zu entlocken, das mich wegbrachte von meiner närrischen Bewunderung ihres Aussehens und unbekümmerten Wesens. Ich erwähnte Filme, die wir vielleicht beide gesehen haben mochten, Bücher, Musik. Ich fragte sie, was sie gerne las, sah, hörte. Sie nannte Namen, die mir noch nie untergekommen waren, Titel, mit denen ich nichts anfangen konnte. Es war, als redete ich mit einem Engel von einem anderen Stern. Einem zugegeben ziemlich sexy Engel.

Marina di Languore zeichnet sich nicht gerade durch Weitläufigkeit aus. Nach einer Stunde waren wir, glaube ich, durch jede Straße einmal gegangen, wobei ich tourismusrelevante Regionen wie den Corso und den Hafen geflissentlich mied. Und so, wie wir mit unserem Spaziergang an ein unvermeidliches Ende gelangten, so schien es auch mit unserer Konversation zu sein. Ich fragte mich zunehmend irritiert, was Giulia an mir finden mochte, dass sie hier mit mir durch ihr Städtchen zog. Dass sie mir so ... zugetan war. Meine *Schönheit* konnte es ja wohl nicht sein!

Immer wieder lächelte sie mich an, doch ich wusste nicht, ob das nun ein Flirt war oder einfach nur ein Wesenszug von ihr. Ertappte mich dabei, dass alles, was ich sagte, ungefähr von der Qualität war, die auch das Gespräch mit meinen Töchtern normalerweise hatte. Und mit einem Mal, ich weiß nicht, wie und warum, fühlte ich mich ... alt. Nun, vielleicht nicht alt, aber doch irgendwie betagt. Ich spürte den Altersunterschied, wie er sich zwischen uns stellte wie eine unsichtbare Mauer, eine Grenze, an der ich schweres Gepäck zu verzollen hatte.

Ich versuchte das leicht zu nehmen, wollte wohl auch den Italiener in mir nicht enttäuschen. Hätte Giulia am liebsten gefragt, wo sie wohnte, um sie bis vor ihre Haustür zu begleiten, wäre dies nicht allzu missverständlich gewesen. Sie lief, sie hüpfte neben mir her, quecksilbrig, lebendig, aufgekratzt, unablässig plaudernd. Sie anzuschauen, tat mir mit einem Mal weh, offenbarte es doch die Kluft, die sich zwischen uns aufgetan hatte und die sie vielleicht nicht einmal bemerkte. Ich jedoch umso mehr. *Und wenn schon*, dachte ich trotzig. *Und wenn schon!*

»Soll ich ... soll ich dich nach Hause begleiten?«, fragte ich dann doch. »Oder wollen wir noch irgendwo was trinken? Schließlich haben wir uns dazu verabredet, oder nicht?«

Sie schüttelte den Kopf. Lachte mich dann an. »Nein, ich muss nach Hause. *Mamma* wartet mit dem Essen.«

»Und *Papà*?«, fragte ich idiotischerweise.

Sie kicherte. »Der nicht. Er hat alle Hände voll zu tun im Augenblick. Hängt ständig mit seinen Vereinskollegen herum, weißt du? Er ist Vorsitzender des Oldtimer-Clubs der Emilia Romagna. Der hat am Wochenende seinen großen Auftritt. Auf unserer Piazza. Vielleicht hast du die Plakate gesehen.«

Ich nickte konsterniert.

»Wir sagen uns hier *ciao*, ja? Ich wohne gleich dort drüben um die Ecke.« Sie streckte mir beide Hände entgegen. Und als ich sie ergriff, beugte sie sich vor, zog mich an sich und hauchte mir einen Kuss auf die Wange. Sie wandte sich zum Gehen, drehte sich aber noch einmal um und sagte: »*Tu mi piaci!*«

Das verstand sogar ich. Gerührt warf ich ihr einen Luftkuss zu.

»Bis nächstes Mal«, rief sie, schon im Weggehen.

Das spülte alle meine Bedenken fort. *Nächstes Mal!*

Es würde ein nächstes Mal geben! Überflutet von einem heißen Glücksgefühl stand ich da, wie ein verliebter Schulbub, und blickte ihr nach, bis sie hinter einer alten Villa abbog und verschwand. Ich ging zurück zum Hotel. Wie auf Wolken.

🛵 29

Sie blitzten in der Sonne, füllten den ganzen großen Platz vor dem Grand Hotel, das eine perfekte nostalgische Kulisse bot. Nacheinander waren sie vorgefahren, in langsamem Tempo, angekündigt von einem überdrehten Sprecher, der sie mit blechern im Lautsprecher knatternder Stimme wie Stars in einer Show ankündigte. Und so fuhren sie auf die Piazza, einer nach dem anderen, durch eine Art Triumphbogen hindurch, und nahmen Aufstellung wie bei einer Parade.

Es waren tatsächlich echte Oldtimer, die hier wenige Tage nach meinem Spaziergang mit Giulia ihre alljährliche Rallye abhielten. Heute gilt ja schon ein zwanzig Jahre altes Auto als Oldtimer – doch diese hier waren von wahrhaft historischer Bedeutung. Schnauferl nennt man sie wohl in Süddeutschland, eine irgendwie putzige, niedliche und doch den Kern der Sache treffende Bezeichnung.

Ich war mächtig beeindruckt.

»Großartig, nichte wahr?«, heischte der Italiener in mir Begeisterung, die ich ihm nur allzu gern zeigte. Obwohl ich nun wirklich nicht der Autotyp war und auf der Straße keinen BMW von einem Audi unterscheiden konnte – diese alten Wagen rührten mein Herz. Allein schon die Namen und Jahreszahlen, die auf Schildern hinter den Windschutzscheiben steckten, lasen sich wie ein *Who's Who* der Automobilgeschichte. Ein Colterau Populaire 1905. Ein De Dion Bouton 1911. Ein Renault 1923. Ein Rolls Royce Phantom 1926. Ein Bentley Le Mans 1935. Ein Jaguar Roadster 1936. Der älteste war ein Benz von 1898, ein anderer Mercedes von 1913, ein Buick von 1903.

Ich ging ein bisschen herum, schaute in den einen und den anderen Wagen, malte mir aus, wie es wohl damals gewesen sein musste, in diesen fahrbaren Untersätzen durch die Landschaft zu brausen.

Die Cabrios verströmten eine Aura von glanzvollen Zeiten. All die silbernen Kühlerfiguren, die glatten, straff gepolsterten Ledersitze in Grün, Dunkelrot, Cognacbraun, die simplen, auf Hochglanz geputzten Armaturen, das funkelnde Messing, die glattpolierten Holzfelgen. Am bequemsten schien mir ein Mercedes-Benz aus dem Jahr 1931 zu sein. Der wäre es wert, dass ich doch noch einen Führerschein machte.

Aber natürlich fehlten auch die legendären italienischen Automobilmarken nicht. Maserati, Lancia, Fiat, ein Bugatti von 1925, ein Alfa Romeo Gran Sport Spider von 1931.

»*Ah ... das Beste aus dem Mutterland des Autos*«, schwärmte der Italiener.

»*Nun ja*«, relativierte ich, »*das Auto wurde nicht gerade in Italien erfunden ...*«

»*Na, wenn schon. Italien iste das Mutterland aller sportlichen und faszinierenden Automobile*«, beharrte der Italiener. »*Hier haben sich schon früh Liebhaber getroffen und sich Rennen geliefert. Aus denen sind Klassiker wie die Mille Miglia und die Targa Florio hervorgegangen, ecco! Italien hat eine Sportwagengeschichte wie kein zweites Land, das kannste du nicht bestreiten. Die Leidenschaft zeigt sich schon in unserer Sprache: ›la macchina‹ – im Gegensatz zum Deutschen ist im Italienischen das Auto weiblich ...*«

»*Womit wir wieder beim Thema wären.*« Ich schmunzelte.

»*Come no. Was machte übrigens die kleine Giulia? Ich sehe keine Fortschritte. In den letzten Tagen haste du ihr schöne Augen gemacht, aber außer ein bisschen Nocciola-Eis ist zwischen euch nichts gewesen. Das ist nicht gerade* grande amore, *wenn du verstehste, was ich meine.*«

»*Ich verstehe durchaus. Wir haben uns verabredet, waren spazieren, wie du ja weißt.*«

»*Natürlich weiß ich das. Aber ihr habt nicht mal Händchen gehalten.*«

»*Was erwartest du? Dass ich nach fünf Minuten über sie herfalle und ihr die Kleider vom Leib reiße?*«

Der Italiener in mir kicherte. »*Nichte schlecht für den Anfang.*«

»*Du hast ein völlig antiquiertes Frauenbild, fürchte ich.*«

»*Ich spreche nur für die italienischen Männer.*«

»*Die kenne ich auch. Jeden Abend balzen sie auf der Piazza, aber besonders zielstrebig sind sie da nicht. Im Gegenteil. Sie machen* bella figura *und jede Menge Wirbel. Testosterongesteuerte Aufreißer mit Reißhemmung. Wenn du verstehst, was ich meine*«, griff ich seine bevorzugte Redewendung auf. »*Casanova hat hier keine Nachfolger gefunden … Aber lassen wir das*«, brach ich das Gespräch ab, weil etwas anderes meine Aufmerksamkeit fesselte.

Auf der anderen Seite der Piazza war eine Bar aufgebaut, um die sich Dutzende von Männern und Frauen in historischen Kleidern scharten. Es sah aus wie am Set eines Kostümfilms, wenn sich die Schauspieler von den Strapazen der Dreharbeiten erholten. Die Gäste, die hier Asti Spumante und Aperol Sprizz konsumierten, schienen direkt *Portrait of a Lady* entsprungen zu sein. Oder einem anderen Henry-James-Roman. Dann wurde mir klar, dass dies alles die Besitzer der Nobelkarossen waren – sie hatten sich im Stil des Baujahrs ihres

Wagens gewandet. Eine Mischung aus *carnevale* und *cinecittà*. Sie kannten sich alle, entsprechend hoch war der Geräuschpegel. Da fiel mir ein, dass Giulias Vater ja der Präsident des Oldtimer-Clubs war. Sicherlich war er auch da. Ich forschte in den Gesichtern der Männer nach einer Ähnlichkeit mit Giulia und war so von meiner Detektivarbeit in Anspruch genommen, dass ich sie erst gar nicht erkannte, als sie plötzlich vor mir stand, wie aus dem Boden gewachsen. Denn auch Giulia trug ein Belle-Époque-Kostüm. In ihrem schlichten cremeweißen Kleid sah sie aus wie Claudia Cardinale im Visconti-Film *Il Gattopardo*. Unwillkürlich deutete ich eine galante Verbeugung an.

»Henry ... wie schön, dich hier zu sehen!«, rief sie aus.

»Bist du auch stolze Besitzerin eines der *charming cars*?«

»Oh, nein«, lachte sie. »Ich begleite nur *Papà*. Früher hat *Mamma* immer diesen *abito da sera* getragen, aber sie hat nun keine Lust mehr auf den ganzen Rummel. Da bin ich eingesprungen.«

»Es steht dir phantastisch ... das Kleid.«

Sie schien sich aufrichtig über das Kompliment zu freuen, drehte sich kokett einmal um die eigene Achse. »Ja, nicht wahr?«

»Wollen wir ein paar Schritte gehen?«

»Warum nicht?« Sie sagte es etwas lustlos, so dass

ich erstaunt die Augenbrauen hob. Sie merkte es gleich und beschwichtigte meine Enttäuschung. »Allzu weit können wir leider nicht gehen ... du weißt, in diesem Outfit würde ich doch ziemlich auffallen. Und auffallen ... das willst du vielleicht gar nicht, oder?«

Ich schüttelte entgeistert den Kopf. Auffallen? Nein, auf gar keinen Fall.

»Aber ein paar Schritte können wir gehen. Ich sage nur eben *Papà* Bescheid, damit er mich nicht sucht.«

Sie lief auf einen der Herren zu, der in seinem soignierten Anzug eine verteufelte Ähnlichkeit mit Daniel Day-Lewis aus *Zeit der Unschuld* hatte. Selbst aus der Ferne bekam ich mit, dass er mich mit einem erstaunten Blick bedachte, dann aber nickte und sein Töchterchen entließ. Weiß der Himmel, was es ihm gesagt hatte. Ganz sicherlich nicht: »Da drüben steht mein Geliebter. Ich gehe nun zu ihm, damit er mir endlich ein Kind macht.«

Wir gingen nur um zwei Ecken, gerade so weit, dass Giulia noch irgendwie mit der *auto-d'epoca*-Parade in Verbindung gebracht und nicht für ein aus der Zeit gefallenes Geschöpf gehalten werden konnte. Eine kleine Gelateria mit dem bezeichnenden Namen *Amorosa* und drei Tischchen vor der Tür war das einzige Refugium, das sich uns anbot.

»Nocciola?«, fragte Giulia schelmisch.

»Niemals«, entgegnete ich in gespielter Entrüstung.

»Nocciola esse ich nur, wenn du es mir servierst. Mit einer Kirsche!«

Also suchten wir uns aus den ungefähr hundertachtundzwanzig Eissorten, welche die *Gelateria Amorosa* im Angebot hatte, jeweils drei Sorten für ein *cornetto* aus. Irgendwie fühlte ich mich verpflichtet, mit Giulia Eis zu konsumieren, obwohl ich mir nicht viel daraus machte. Aber nach San Pellegrino stand mir auch nicht der Sinn, das wäre trotz *frizzante* doch wohl zu wenig prickelnd für diesen Anlass gewesen.

Und während ich das Eis aus meinem *cornetto* keusch mit einem winzigen Plastiklöffelchen in mich hineinschaufelte, gab Giulia mir einen sinnlichen Beweis ihrer Zungenfertigkeit. Sie war eine begnadete Schleckerin. Ich konnte kaum hinsehen, ohne dass mein Puls zu jagen begann. Und während ihre süße Katzenzunge immer wieder das Eis umspielte, erfuhr ich so ziemlich alles, was es über die *auto d'epoca* zu sagen und zu wissen gab.

Doch es war nun Zeit für einen Quantensprung im Flirten, fand ich. Also fragte ich mit deutlich lüsternem Blick, ob ich vielleicht von ihrem Eis probieren dürfte. Ich hatte keine Ahnung, wie erotisch es sein könnte, wenn sich die heißen Zungen zweier Menschen am selben Eis abkühlten. Doch gemeinsam von einem Eis zu essen, bewegte sich noch irgendwie im Rahmen der ungeschriebenen Gesetze eines Flirts, wo kleine Testberührungen durchaus erlaubt waren. Die Fußspitzen treffen sich sanft, die Hände, die nach der heruntergefallenen Eiskarte greifen. Mehr nicht. Alles verharrt in der Schwebe. Man lächelt sich an, kein Pathos, kein Drama. Die Sache ist federleicht. Sperrangelweit offen die Türe, aber man geht nicht hinein.

Alles ganz harmlos, oder? Schließlich endet der Flirt nicht mit der Verführung, sondern mit deren Verhinderung. Die Nichterfüllung darf nichts Frustrierendes, sie muss etwas Stimulierendes haben. Der Flirt ist eine frivole Sublimation. Und so würde ich trotz ihrer etwas erhitzten Blicke Giulia gegenüber immer die kleine, notwendige Distanz lassen, die es verhindert, von Liebe sprechen zu müssen. *Falling in love*, das wurde mir in diesen Minuten klar, vermochte ich mir beim besten Willen denn doch nicht vorzustellen. Irgendwann – wenn die Eltern aus dem Haus waren – in ihrem Mädchenzimmer, unter ihrer geblümten, süß duftenden Bettdecke und womöglich einem Poster von dem gefährlich-verführerisch dreinschauenden Robert Pattinson, Liebe machen? Nein, so weit ging meine Phantasie nicht.

Nachdem ich mir derart meine tolle Strategie zurechtgelegt hatte, wollte Giulia auch von meinem Eis probieren. Das ich ihr generös überließ, damit sie die vom Plastiklöffelchen zerhackten Eiskugeln mit ihrem Zünglein wieder in eine wunderbar runde Form bringen konnte. Was ihr auch vortrefflich gelang.

Mehr jedoch passierte nicht. Ein Bühnendramaturg hätte es sich nicht besser einfallen lassen können: Signor Bontempelli, Giulias Vater, näherte sich auf der Suche nach seiner Tochter von links. Leonie mit der unvermeidlichen Valerie im Schlepptau von rechts. Sie alle waren noch weit genug von der Gelateria entfernt. Giulia schaute mich gehetzt an, ich schaute sie panisch an. Wir sprangen auf, stoben auseinander, als hätten wir das Schicksal herausgefordert, anstatt nur harmlos Eis miteinander zu essen.

»*A più tardi!*«, rief sie mir noch im Weggehen zu, als sie auf ihren *Papà* zulief.

»Ja, bis später«, erwiderte ich leise, doch das hörte sie schon nicht mehr.

Ob es dieses Später wirklich geben würde?

🛵 30

Die Sphinx saß mir gegenüber. Sie hatte ihre Augen verschattet, und nichts an ihrem Blick ließ erkennen, ob oder in welchem Maße ich in Ungnade gefallen war. Man könnte auch sagen: Sie ließ mich zappeln. Dabei war ich mir keinerlei Schuld bewusst. Die Schuldige war doch *sie*. *Ich* hatte nur in einer Gelateria Eis gegessen.

Und selbst wenn sie Giulia überhaupt bemerkt oder gesehen hatte, es wäre mir ein Leichtes gewesen, mein flottes Alibi mit einem patzigen Spruch loszuwerden: »Mach dir keine Gedanken, ich flirte nur ein bisschen mit ihr«, würde der wahrhaft gerissene Ehemann der argwöhnischen Nörgelfrau sagen.

Doch Leonie ließ mit keiner Miene und keinem Wort erkennen, was sie mitbekommen hatte, was sie dachte, was sie ahnte. Und Valerie, das eitle Wesen, hatte wahrscheinlich ohne ihre hyperblauen Kontaktlinsen gar nichts erkennen können. Was machte ich mir also für Gedanken?

Das überstürzte Ende unseres kleinen Rendezvous und die unmittelbare Bedrohung durch die uns zugeteilten Aufsichtspersonen machten Giulia und mich jedoch extrem vorsichtig. Im Speisesaal wagte sie mich kaum mehr anzuschauen, und auch ihre Nocciola-Eiskugel war nicht mehr so perfekt geformt wie vorher. Eine Kirsche bekam ich schon gar nicht mehr, nur ein scheues Lächeln, als hätte ich sie bei unangemessenen Gedanken oder Tagträumereien ertappt. Verflucht! Musste es so zu Ende gehen, bevor es überhaupt richtig angefangen hatte? Ein unschuldiger Spaziergang, ein Eis mit drei Sorten – und das war's schon? Was würde der Italiener in mir dazu sagen? Der aber schwieg beharrlich, und ich rechnete ihm hoch an, dass er mich nicht weiter mit peinlichen Nachfragen traktierte.

Auch Leonie schwieg. Beredt.

Ach was, ich nahm das alles viel zu ernst. Die Sonne ging unter, die Luft war lau, an diesem Abend auf der Terrasse, als die Oldtimer in der heraufziehenden Dämmerung in einen fernen Traum zurückgesunken schienen, während im Hotel ein Bankett für die Nostalgiker in ihren historischen Kostümen gegeben wurde. Dass womöglich gar nichts bemerkt worden war von meiner frevelhaften Tat, ließ Valeries unbekümmerte Miene erkennen – *ihr* hätte ich es mit Sicherheit angesehen, wenn sie Henry Wunderlich auf Abwegen gewähnt hätte. Sie hätte mir einen ironischen Blick zugeworfen und ein wissendes Lächeln nicht unterdrücken können.

In den folgenden Tagen war es mir nur einmal vergönnt, die Beschattung meiner Ehefrau fortzusetzen. Und selbst da erwischte ich sie nicht mit ihrem *amatore* allein, sondern in Valeries Gesellschaft. Zu dritt saßen sie draußen vor einem Café im Hafen, unweit von der Behausung des Immobilienhändlers, und schwatzten wer weiß worüber. Ich stand in sicherer Entfernung und kam mir inzwischen ziemlich dämlich vor, meiner läufigen Gemahlin hinterherzulaufen. Also brach ich die Observation entnervt ab, bevor das Trio noch auf mich aufmerksam wurde und mich mit Spott überhäufte ob meiner dilettantischen Überwachungsversuche.

Giulia ging mir nicht aus dem Kopf, obwohl mir mit jeder Stunde klarer wurde, dass dies nicht mehr die Affäre meines Lebens werden würde. Wie ich es auch drehte und wendete, ich brachte es einfach nicht über mich, ihr gegenüber den Casanova zu spielen. Das Gefühl, mich damit lächerlich zu machen, wuchs mit jeder Stunde. Nur noch einmal, als sie das Hotel nach ihrem Dienst verließ und mich auf der Terrasse antraf, in der mir nun schon vertrauten Lauerposition, wechselten wir ein paar Worte.

»Oh, Henry, wartest du auf mich?«, fragte sie in ihrer koketten Art.

»Schön wär's, *carissima*. Aber ich fürchte, dies ist weder der richtige Zeitpunkt noch der geeignete Ort für unser *A più tardi*.« Mein Lächeln geriet etwas zerknirscht.

Sie trat verlegen von einem Bein aufs andere. War sich unschlüssig, ob sie sich einfach zu mir setzen sollte, ohne etwas darauf zu geben, ob uns hier jemand zusammen sah oder nicht. Entschied sich dann aber dagegen und wandte sich zum Gehen.

»*Grazie!*«, sagte sie noch leise.

»Wofür?«, fragte ich.

Ihre Antwort machte mich so verlegen, dass ich nur hilflos ihre Hand nehmen und ihr zunicken konnte.

»Dass du es versucht hast.«

Doch dass der Nachmittag des nächsten Tages keineswegs in der üblichen gepflegten Langeweile verlief, die mich allein ließ mit meinen trüben Gedanken über das wohl nun endgültig verhinderte Liebespaar, war einem Unglück zu verdanken. Einem Unglück mit überraschendem Ende.

🛵 31

Es sah gefährlich aus. Richtig mies.

Das Augenlid war geschwollen. Unter ihm quoll Sand hervor, jede Menge Sand.

Tiago schluchzte und weinte, aber all seine Tränen konnten den Sand nicht aus seinem Auge schwemmen.

Sie waren laut schreiend vom Strand zurück zum Hotel gelaufen. Mariana Gonçalves, die in der Nähe der spielenden Kinder auf ihrer Liege unter dem Sonnensegel gelegen hatte, lief hinter ihnen. Ich hörte das Geschrei auf der Terrasse, sprang auf und sah Laura und Tiago mit seiner Mutter im Laufschritt auf das Hotel zukommen.

Alle redeten durcheinander, Tiago und Mariana auf Portugiesisch, Laura auf Deutsch. Ich verstand überhaupt nichts, sah nur, dass Tiago dringend zum Arzt musste.

Nach und nach erfuhr ich das ganze Drama: Die Kinder hatten ausgelassen am Strand gespielt, sich dann idiotischerweise mit nassem Sand beworfen, »wie in einer Schneeballschlacht«, erklärte Laura. »Und ich ... und ich ... und ich ...«, heulte sie dann, »hab dem Tiago eine Ladung ins Gesicht geschleudert. Und es ist ihm ins Auge geflogen. Fast alles. Oh, Papa, was hab ich getan? Tiago wird sein Augenlicht verlieren.« Sie war außer sich vor Verzweiflung.

»So schlimm muss es nicht kommen«, beruhigte ich sie, und auch Mariana strich beruhigend über ihren Kopf. »Wir müssen aber sofort zum Arzt, so viel steht fest.«

Ich muss sagen, Tiago hielt sich tapfer. Sehr tapfer. Er drückte sich ein Taschentuch auf das »schlimme Auge« und tippelte hinter uns her, die wir raschen Schrittes nach dem Arzt suchten. Laura war immer an seiner Seite. Unablässig redete sie auf ihn ein, dass es ihr wahnsinnig leid tue, und er möge ihr verzeihen und so weiter. Dabei hatte Tiago im Augenblick sicherlich Schmerzen, auf jeden Fall aber andere Sorgen, als seiner kleinen Freundin zu vergeben. Er versuchte sie zu beruhigen, sagte immer wieder, es sei ein Unfall und sie habe es ja nicht mit Absicht getan, nur aus Übermut. So ging es im Laufschritt durch die Stadt, an der Spitze die hektisch jede Hausnummer und jedes Schild studierende Mariana Gonçalves sowie meine Wenigkeit, der ich ruhig zu bleiben versuchte. Was mir nur bedingt gelang.

Die von Elena Tornatore, der Hoteldirektorin, genannte Adresse war nämlich nicht auf Anhieb zu finden. »Der Dottore ist ganz in der Nähe, zwei Straßen von hier, Sie müssen nur über die Via Andrea Costa, dann noch einmal links, dann rechts, dann sehen Sie es schon. Sie können es gar nicht verfehlen«, hatte sie uns instruiert.

Doch wir verfehlten es. Wir rannten durch die Straßen, die heulenden Kinder hinter uns, gingen den Corso einmal hoch, auf der anderen Seite wieder herunter. Dann wurde ich zum Helden des Tages, als ich den Dottore endlich doch fand: Kurz entschlossen und ohne zu überlegen, bog ich nämlich in die Seitenstraße ein, in der die Apotheke lag, die von weitem an ihrem charakteristischen Schild zu erkennen war. *Meistens sind die Ärzte nicht weit entfernt von der Apotheke*, dachte ich, *oder umgekehrt.* So war es auch hier. Elena Tornatore hatte uns den Weg schon richtig beschrieben, jedoch vergessen zu erwähnen, die Via Andrea Costa ein kurzes Stück weg vom Hotel zu gehen, bevor ihre ansonsten zutreffende Beschreibung die Richtungen vorgab.

Wenige Häuser von der Apotheke entfernt lasen wir das Praxisschild von Dottore Giancarlo Farnese. Ein berühmter Name, hätte man eher in Rom vermutet als in Marina di Languore. Doch ich hatte keine Zeit, mir darüber Gedanken zu machen, stürzte in den ersten Stock hoch, die anderen trappelten hinter mir her. Tiago wimmerte jetzt nur noch, es musste höllisch weh tun. Ich klingelte, eine Sekunde später ertönte der Summer. Die Praxis war leer, nur eine ältere, in strenges Grau gekleidete Sprechstundenhilfe saß hinter einem düsteren Schreibtisch, auf dem sich Rezeptblöcke, Arzneischachteln, Patientenakten stapelten. Ein Computer war nirgends zu sehen, vermutlich wurde in dieser Praxis noch wie in der guten alten Zeit ordiniert. Aber alles war blitzsauber und aufgeräumt – bis eben auf den Schreibtisch, hinter dem die Arzthelferin thronte. Sie trug eine randlose Brille, die ihr auf die Nasenspitze gerutscht war und über die hinweg sie uns missbilligend ansah. Sie wollte wohl schon zu einer wortreichen Erklärung ansetzen, dass jetzt keine Sprechstunde mehr sei, da fiel ihr der kleine Patient auf. Sofort wurden ihre Züge weicher.

»Ah, ja ... Elena hat mich schon angerufen. Der Kleine mit dem Sand im Auge, nicht wahr. Der *dottore* erwartet Sie schon ...«

Sie führte uns in ein Sprechzimmer, das winzigste, das ich je gesehen habe. Es bestand im Wesentlichen nur aus einem kleinen Schreibtisch mit einem altmodischen Drehstuhl dahinter, von dem Doktor Farnese aufsprang, zwei Stühlen davor, einem Metalltischchen und einem Miniaturschrank, dessen Türen weit offenstanden. Wir quetschten uns in das Zimmerchen, doch der Doktor hob abwehrend die Hände. »Nein, nein ... zu voll, zu viele ...«, bedeutete er. Wir passten nicht alle hinein. Laura war um nichts zu bewegen, von Tiagos Seite zu weichen (»Bitte, Papa, lass mich bei ihm bleiben!«), also war ich es, der kurzerhand ins nebenan gelegene, ebenfalls nicht gerade geräumige Wartezimmer ging. Und so von der ganzen »Operation« nichts mitbekam.

In meiner Naivität hatte ich gedacht, der Doktor spült das Auge aus und fertig ist's. Doch weit gefehlt, die Behandlung zog sich hin, die tickende Standuhr in der Ecke gab ein enervierendes Geräusch von sich, das jeden Wartenden in den Wahnsinn treiben musste. Schließlich hatte ich nicht nur die Tapete in ihrer Ganzheit und den leicht fehlerhaften Stuck unter der Decke in all seinen Einzelteilen gemustert, sondern auch sämtliche auf einem wackligen Tischchen ausliegenden älteren, abgegriffenen Ausgaben irgendwelcher Klatschblätter.

Immer wieder stand ich auf, um an der Tür zum Sprechzimmer zu lauschen. Die jedoch gepolstert war, schallgesichert wie der *War Room* im Weißen Haus oder der Verhörraum der *Securitate* in Bukarest. Ich bekam nichts mit, nicht das Geringste. Und so vergingen die Minuten und die Viertelstunden, und ich wurde allmählich unruhig und fragte mich, ob Tiago am Ende vielleicht doch sein Augenlicht verlieren würde, wie mein Tochter es so theatralisch formuliert hatte. Immerhin war das Auge unter dem ganzen Sand gar nicht mehr zu sehen gewesen, als ich Tiagos Lid eben im Hotel beherzt nach oben gezogen hatte. Mit einem flauen Gefühl im Magen dachte ich daran, dass sein sandgestrahltes Auge mich an die leeren Augen römischer Statuen erinnerte.

Nach einer guten Dreiviertelstunde, die mir wie eine Ewigkeit vorkam, öffnete sich endlich die Tür und die kleine Notfalltruppe verabschiedete sich wortreich vom *dottore*, der zufrieden im Türrahmen stand, ganz offensichtlich stolz auf seine medizinischen Künste. Vermutlich behandelte er hier täglich mehrere »Sandopfer«. Allerdings war er auf ausländische Patienten wohl überhaupt nicht eingerichtet; er sprach nur Italienisch, wie mir Mariana später erzählte. Dies aber ununterbrochen, während der gesamten Behandlung habe er vor sich hin gebrabbelt. Ohne dass seine Patienten auch nur ein Wort davon verstanden hätten.

Allerdings war die Anamnese in diesem speziellen Fall auch kein Problem und die Diagnose leicht zu stellen: ungefähr ein Pfund Sand im Auge, das in mehreren Etappen herausgespült worden war.

Tiago, der nun eine dicke Augenbinde trug und auf seine schüchtern-ernste Art zu lächeln versuchte, sagte, er habe nun keine Schmerzen mehr, nur ein leichtes Brennen, ein bisschen Augensalbe, dann sei's überstanden. Laura berichtete, der Doktor habe nur den Kopf geschüttelt über die Unmengen Sand, die er aus dem Auge geholt habe. Unglaublich, das Fassungsvermögen eines Auges! Mariana wirkte unendlich erleichtert, umarmte mich und dankte für meine Hilfe, was ich bescheiden abwehrte.

»Doch, doch«, beharrte sie. »Ohne dich hätten wir den Doktor nie gefunden. Ich war restlos aufgelöst und in Panik, Tiago konnte nicht sehen, und diese kleine Krankenschwester hier«, sie drückte Laura an sich und erntete dafür einen dankbaren Blick, »war vor Liebe blind.«

»Was man von mir nicht behaupten kann«, sagte ich keck.

Ein leises Lächeln spielte um Marianas Mundwinkel, als sie sich jetzt zu mir beugte. »Vielleicht«, flüsterte sie mir leise zu, ohne dass die Kinder es hören konnten, »ist die Liebe einfach nicht groß genug.«

Was sollte das denn heißen? Irritiert blickte ich sie an.

»Wie meinst du das?«, flüsterte ich ebenfalls, und mir fiel auf, wie wunderbar ihr Haar roch. Doch mich traf nur ein Blick, unergründlich. Und eine Spur zu wohlwollend.

🛵 32

In jedem Schlechten steckt irgendetwas Gutes, in jeder Krise liegt eine Chance, sagt man. Normalerweise bin ich kein Anhänger solcher Sprüche, doch wie auch immer man dazu stehen mag – in diesem Fall führte der dramatische Zwischenfall jedenfalls dazu, dass Mariana und ich uns näherkamen. Nein, nicht so, dass der Italiener in mir gejubelt hätte. Doch am Abend der »Katastrophe«, als ich allein auf der Terrasse saß und meinen Digestif nahm, während Leonie und Valerie noch auf einem Tagesausflug waren, setzte sich Mariana zu mir.

An diesem Abend war etwas passiert, das bisher wirklich noch nicht vorgekommen war. Ich saß beim Dinner ganz allein an unserem großen runden Tisch im Speisesaal. Leonie und Valerie waren nicht rechtzeitig zurückgekommen von ihrer Tour, Julia war im Eiscafé, wo Leonardo Abendschicht hatte (und stand ihm dort wohl im Weg), Laura war nun noch weniger von Tiago, dem verwundeten Helden der Sandstrandschlacht, zu trennen und saß neben ihm am Tisch. Allerdings war auch João Gonçalves nicht da – Mariana erzählte, er sei für drei Tage zu einem Freund nach Florenz gefahren –, so dass sie mich kurzerhand an ihren Tisch einlud. »Komm doch bitte zu uns, du einsamer Freund der Familie«, hatte sie gesagt. Erst zögerte ich, doch als ich Lauras bittenden Blick sah, gab ich gern nach.

Auch Giulia ließ sich an diesem Freitagabend nicht im Speisesaal blicken; sie hatte an diesem Wochenende frei und war zum siebzigsten Geburtstag ihrer Großmutter nach Forlì gefahren.

Während des Essens drehte sich die Unterhaltung fast ausschließlich um das »große Unglück« am Strand. Und die wunderbare Rettung. Wieder und wieder wurde die Geschichte erzählt, wurde ausgeschmückt und gewann mit jedem Mal an Farbe und Dramatik. Anders als sonst am Tisch folgte ich der Unterhaltung und trug sogar einiges dazu bei, ja, bisweilen waren wir alle so vertraut miteinander, dass nicht nur ein Außenstehender uns für eine ganz normale Familie hätte halten können. Sogar ich selbst hätte es tun können. Lächelnd schüttelte ich den Kopf.

Mariana musterte mich erstaunt. »Was belustigt dich denn so, Henry?«

Mein Lächeln wurde noch etwas breiter, mein Kopfschütteln noch etwas heftiger. »Nein ... nichts ... ich meine, kann ich dir nicht sagen ... hier vor den Kindern«, erwiderte ich leise. Doch Laura und Tiago waren flüsternd mit sich selbst beschäftigt.

Mariana zog die Augenbrauen hoch und schürzte spöttisch die Lippen, ließ es dann aber auf sich beruhen. Als wir nun beide auf der Terrasse vor unseren Drinks saßen, kam sie jedoch darauf zurück und wiederholte ihre Frage. »Jetzt, wo die Kinder nicht bei uns sind«, fügte sie hinzu. Laura und Tiago waren zu den Zauberkünstlern und Gauklern gegangen, die an diesem Abend im kleinen Hafen von Marina di Languore ihre Kunststücke aufführten.

»Mir ging durch den Kopf, dass wir da am Tisch wie eine richtige Familie saßen«, sagte ich. »Du und ich ... mit unseren beiden Kindern. Allerdings mit dem kleinen Unterschied, dass sich die Geschwister ausnahmsweise mal nicht streiten, sondern ein Herz und eine Seele sind.«

»Und mit dem großen Unterschied, dass wir beide ja nicht verheiratet sind«, ergänzte Mariana ernst.

»Ja.« Ich nickte. Und sagte dann ein Wort, das ganz spontan über meine Lippen kam, vollkommen unüberlegt und deshalb umso überraschender: »Leider.«

Marianas Gesichtszüge wurden weich, und nachdem sie mich flüchtig angeblickt hatte, wie um sich zu überzeugen, dass sie sich nicht verhört und ich keinen Spaß gemacht hatte, senkte sie die Augen, als müsse sie sich für etwas schämen.

Ich jedoch hielt den Blick auf sie gerichtet, erschrocken über das, was ich da gesagt hatte. Was war nur in mich gefahren? Ich kannte Mariana kaum, wir hatten nur wenig mehr als ein paar Sätze gewechselt, wie man das so tut, wenn man sich im Hotel mehrmals am Tag über den Weg läuft und meistens ein paar Worte über die Kinder oder das Wetter verliert. Ein paar Mal allerdings hatte ich sie verstohlen beobachtet; ich mochte ihr feines Lächeln, die etwas umschatteten Augen, ihre fließenden Bewegungen, die niedliche Geste, mit der sie sich in ihr Haar griff und immer wieder eine Strähne hinter ihrem Ohr feststeckte. Das alles war mir aufgefallen, und doch hatte ich mir nicht erlaubt, ihr über ein schickliches Maß hinaus Aufmerksamkeit zu schenken. *Ein schickliches Maß* – meine Güte, ich muss mir wirklich diese Sprache viktorianischer Gentlemen abgewöhnen.

»Wie meinst du das?«, sagte sie schließlich kaum hörbar.

In diesem Augenblick gingen die Laternen auf der Piazza an, eine nach der anderen flammten sie auf, und es dauerte eine kleine Weile, bis sie zu ihrer vollen Leuchtkraft gefunden hatten.

»Ich ... ich weiß auch nicht«, wich ich feige aus. Und wusste tatsächlich nicht, was ich ihr erklären sollte. »Ich meine nur ...«

»Ja?«

»Dass wir ... wir beide, denke ich ... ein gutes Paar abgeben würden. Theoretisch ...«

»Theoretisch?«

»Das falsche Wort, ich weiß. Vielleicht auch praktisch ... vorausgesetzt natürlich, wir wären uns irgendwann und irgendwo über den Weg gelaufen. Hätten Gefallen aneinander gefunden ... irgendwie ... uns möglicherweise ineinander verliebt ...«

»Und geheiratet?«

»Ja, auch das. Wir hätten zwei Kinder haben können, du und ich, so nette, schöne wie Laura und Tiago ... Das ist alles kompletter Unsinn, ich weiß ... Phantasie mit Schneegestöber ... Ich bin gut in Phantasie mit Schneegestöber, musst du wissen.«

»Ich auch, Henry«, sagte sie und versuchte ein kleines Lächeln, dessen Entzücken mir einen Kloß in den Hals trieb. »Ich gehöre schließlich zu den Geschichtenerzählern, wie du ...«

»Ich weiß, Mariana. Wir verfügen vielleicht beide über zu viel Phantasie.«

Sie zuckte die Schultern, als käme es ihr darauf nicht an. »Ich glaube nicht an zu viel Phantasie«, sagte sie dann nach einem kurzen Schweigen, während dessen wir unsere Blicke über die nun in Laternenlicht getauchte Piazza schweifen ließen. »Ich glaube daran, dass Phantasien Wirklichkeit werden. Und dass sie die Kraft haben, es zu können.«

»Diesmal nicht.« Ich fragte es nicht, sondern stellte es fest. Vorsichtig, leise.

Sie blickte mich wehmütig an. Dann wandte sie den Blick wieder ab und schaute auf das Meer hinaus, und ich konnte ihr Gesicht nurmehr im Halbprofil sehen. Noch in dieser Abwendung war es wunderschön.

»Mariana ... ich wollte dich nicht verletzen«, setzte ich an.

»Nein, Henry. Vor allem wolltest du dich selbst nicht verletzen. Du hast recht ... Männer ohne zu viel Phantasie haben immer recht. Zu viel Phantasie ist *mein* Handicap, nicht deines. Du bist verheiratet, hast zwei bildhübsche Töchter, eine wunderbare Frau. Du hast alles, kannst dich aber nicht glücklich schätzen. So ist es doch, nicht wahr?«

Ich schwieg betroffen. Was hätte ich darauf sagen sollen? Verlegen holte ich mir einen Zigarillo aus meiner Silberdose und zündete ihn an.

»Darf ich auch?«, fragte Mariana.

Ich nickte und hielt ihr das Döschen hin, aus dem sie einen Zigarillo nahm. Dann das brennende Streichholz. Sie zog am Zigarillo und stieß den Rauch aus. Es sah trotzig aus, verwegen. Erregend, wenn ich ehrlich sein soll.

»Ich hab dich noch nie rauchen gesehen«, sagte ich, einigermaßen überrascht.

Sie warf mir einen spöttischen Blick zu. »Du hast vieles von mir noch nicht gesehen. Eigentlich, wenn ich es mir recht überlege, noch gar nichts ...«

»Wie auch?«, sagte ich leichthin, als sei dies ja nur eine Frage der Zeit. Doch mein Lächeln erlosch augenblicklich, und so klang es bitterer, als es gemeint war. »Nicht nur *ich* bin ja verheiratet ... João ...«

»Lass João aus dem Spiel. Er hat damit gar nichts zu tun.«

»Nun ja, er ist immerhin dein Mann.«

»Ist er nicht«, sagte sie knapp.

»Es spielt keine Rolle, ob man verheiratet ist ...«

Mariana gebot mir mit einer Handbewegung Einhalt, nahm einen tiefen Zug von ihrem Zigarillo und stieß den Rauch fast empört aus.

»João ist nicht mein Mann ...«

»Nicht ... dein ... Mann?«, stammelte ich wie ein Idiot.

Sie schüttelte den Kopf. »Ja, ich weiß, wir wirken wie eine ganz normale Familie ... Papa, Mama, Söhnchen in der Sommerfrische ... Doch so ist es nicht.«

»Wie ist es dann?«

»João ist mein Bruder. Ich lebe mit ihm zusammen, seit ... schon immer eigentlich. So lange ich denken kann. Er kann nur existieren, nur leben ... nur malen, wenn ich bei ihm bin.«

»Und Tiagos Vater?«

»Ist tot«, erklärte sie knapp und presste die Lippen aufeinander. »Seit zwölf Jahren schon. Tiago hat ihn nie kennengelernt.«

»Das tut mir leid.« Ich rettete mich in diese Floskel, weil ich keine Ahnung hatte, wie ich auf diese Offenbarung reagieren sollte.

»Das muss es nicht«, befand Mariana streng. »Es ist schon so lange her ... Eine alte, abgelegte Geschichte. Ziemlich kompliziert, vielleicht erzähle ich sie dir eines Tages. Eines fernen Tages, sollten wir uns mal wieder über den Weg laufen ... auf dieser Terrasse, auf irgendeiner Piazza, in irgendeiner kleinen Gasse in diesem Universum. Unverhofft, ganz plötzlich stehen wir dann voreinander und schauen uns an und suchen in unseren Gesichtern die traurigen Geschichten der Vergeblichkeit, vielleicht ein leises Bedauern über vertane Gelegenheiten und verpasste Chancen. Wir grüßen uns und erlauben uns ein verlegenes Lächeln, wechseln vielleicht ein paar Worte. Setzen uns sogar in ein Café, und dann erzähle ich dir diese Geschichte, weil sie perfekt zum Abschiednehmen ist. Aber heute ... und jetzt ... sitze ich hier mit dir auf diesem Rattansofa, schaue in den dunkelblauen Himmel, weil ich nicht in deine Augen blicken kann, ohne allen Halt zu verlieren. Rauche einen Zigarillo von dir und frage mich, warum mir die Tränen kommen ... warum ich immer weinen muss, wenn mir der Rauch in die Augen steigt. Warum ich ihn nicht einfach wegblinzeln kann, warum ich meine ganze verdammte Traurigkeit nicht einfach wegschieben kann. Warum ich jetzt nicht deine Hand nehme, als gehörte sie mir. Als gehörte mir irgendetwas von dem Glück auf diesem Planeten ... Aber irgendetwas davon muss doch auch mir gehören. Meinst du nicht?«

Sie hatte die Hand neben meine gelegt. Ganz nah, unsere kleinen Finger berührten sich. Ihre leidenschaftliche Rede hatte mich eingeschüchtert.

»Du kennst mich doch gar nicht«, sagte ich und ärgerte mich im gleichen Moment darüber, wie ausweichend und unangemessen sich das anhörte.

Mariana schnaubte und drehte den Kopf weg. Dann wandte sie sich wieder mir zu, blickte mir in die Augen, unruhig, als suche sie dort die Antwort auf eine Frage, die doch ganz offensichtlich war.

»Ach, Henry, wir könnten ein Vierteljahrhundert verheiratet sein und würden uns doch nie besser kennen als hier und heute Abend unter diesem Sternenhimmel.«

Ich schluckte. Und schwieg. Aber ich legte meine Hand über die ihre und drückte sie kurz. Sie ergriff sie wie eine Verzweifelte, verschränkte ihre Finger mit den meinen und hielt sie so fest, als müsste auf alle Ewigkeit ausgeschlossen sein, dass sie sich je wieder lösten. Erstaunt, erschrocken blickte ich Mariana an. Ich war fasziniert, entzückt, wie hypnotisiert. Ich war wie versteinert vor Angst. Eine wahre Melange von Gefühlen. *Wie soll das gehen? Das ist doch alles der pure Wahnsinn.*

»Wie lange bleibst du noch?«, flüsterte ich schließlich.

»Nicht mehr lange«, flüsterte sie. Aber so, wie sie
es sagte, wusste ich, dass sie – wie ich auch – nicht
diesen Abend meinte, sondern die Zeit in Marina di
Languore, in dieser Stadt, deren Name Programm zu
sein schien. *Sehnsucht.*

🛵 33

Mariana hatte vorgeschlagen, zum Hafen zu gehen, um
Laura und Tiago zu suchen. Ich hatte befangen zuge-
stimmt. Ein paar Schritte würden uns sicherlich gut
tun. Wir nahmen uns nicht bei der Hand, gingen aber
eng nebeneinander, damit uns die flanierende Menge
auf dem Corso nicht immer wieder trennte. So schritten wir dahin, wie ein Paar, obwohl ich mich nicht als
Teil eines solchen fühlte. Mit ihren letzten Sätzen hatte
Mariana mich kalt erwischt.

Nun bewegten wir uns in unserer Unterhaltung auf
sicherem Terrain.

Mariana erzählte von ihrem Leben mit Tiago, ihrem »kostbarsten Schatz«, wie sie ihn nannte. Von ihrem kapriziösen Bruder João, der die heitersten Bilder
malte und von Schwermut umschattet war. Jahrelange

Depressionen hatte ihn an seine Schwester gekettet, die ihm den wohl einzigen Halt seines Lebens bot. »Er ist ... er war mir nahe wie kaum ein anderer Mann. Nicht so, wie Frauen gewöhnlich mit Männern zusammen sind, das nicht. Aber er braucht mich, viel mehr, als ihm und mir guttut – er verhindert, dass ich mich nach einem Mann auch nur umdrehe. Und wenn es einmal geschieht, dann habe ich sofort ein Schuldgefühl.«

»Du glaubst, du bist ihm dann untreu? Ist es das?« fragte ich, erstaunt, dass solche Gefühle zwischen Geschwistern überhaupt möglich waren.

»Vielleicht«, sagte Mariana. »Ach, ich weiß es nicht. Es ist alles so ... kompliziert. Irgendwie nicht ... wie es sein sollte. Tiago gegenüber benimmt er sich wie der beste Vater, den ein Sohn nur haben kann. Sie verstehen sich prächtig. Manchmal glaube ich, Tiago im Traum empfangen zu haben und nicht von dem Mann, den ich einmal liebte. João ... er war erleichtert, als diese Liebe zerbrach. Und er war glücklich, dass Tiago in seinem Leben blieb. Und ich auch.«

Marianas Schilderung ging mir nahe. Eine Weile schritten wir wortlos nebeneinander her, jeder seinen Gedanken nachhängend. Wie um sie und mich davon abzulenken, fragte ich: »Worüber schreibst du deine Bücher? Ich meine, was sind deine Themen?«

Sie schenkte mir ein vages Lächeln. »Ich erzähle das Leben, das ich sehe.«

»Das Leben, das du siehst? Du meinst, es ist alles autobiographisch in deinen Romanen?«

»Oh nein, direkt autobiographisch ist nichts. Aber ich beobachte viel, ich schaue meinen Mitmenschen beim Leben zu, wenn ich das so sagen darf. Und ich erzähle ihre Geschichten ... allerdings mit einer Intensität, als hätte ich sie selbst erlebt.«

»Du bist eine literarische Berühmtheit in Portugal«, stellte ich fest.

Sie lachte. »Ja, sehr berühmt.«

»Nein, wirklich. Ich habe das recherchiert. In einem Artikel stand, du seist die portugiesische Anna Gavalda.«

Sie lachte noch mehr. »Nicht sehr schmeichelhaft, oder?«

»Wie man's nimmt.«

»Und was oder worüber schreibst du?«

»Ach, nur Krimis. Nicht ganz so erfolgreich wie meine Kollegin Donna Leon.«

»Werden deine Krimis auch ins Portugiesische übersetzt?«

»Einige ja, glaube ich. Warum, soll ich dir welche schicken?«

Sie nickte. »Und dein Leben ... wie ist dein Leben?«

Ich holte tief Luft. Ich sprach nicht gern über mich, aber Marianas Blick war so offen, so ohne Arg und voller Warmherzigkeit, dass ich bald alle Zurückhaltung vergaß.

Ich erzählte ihr von meiner Arbeit an den Kriminalromanen und von meinen Phantasien, doch einmal, irgendwann, ein literarisches Werk zu schaffen, etwas, das Bestand und Bedeutung haben würde. Von den Romanprojekten, die in meiner Schublade lagen und mich vorwurfsvoll anzublicken schienen, wann immer ich sie öffnete. Von der Liebe zu Leonie, die so fragil geworden war. Von ihrem kleinen Buchladen, dem *Lesestübchen*, das auf achtzig Quadratmetern ein Land der Phantasie mitten in der Großstadt war und um das ich Leonie heftig beneidete, weil sie so enthusiastisch in ihrer Arbeit aufging. Von Julia, der Prinzessin, die ihre schwierigen Jahre jetzt hinter sich hatte, in denen ich mich als völlig unzulänglichen Vater empfand, der ihr überhaupt nicht mehr helfen konnte. Von Laura, meinem Augenstern, und von meiner Angst, sie zu verlieren, in wenigen Jahren schon. Von meinem kleinen Kosmos, in dem ich mich so vertraut bewegte, meinem Glück, das ich so selbstverständlich hingenommen hatte und das nun so zerbrechlich geworden war.

Mariana ging neben mir her und schmiegte sich dann und wann an mich. Sie hörte aufmerksam zu, und ich war mir nur allzu bewusst, dass all diese Geschichten und Gedanken nicht das waren, was sie hören wollte. Ich konnte sie ihr trotzdem nicht ersparen, weil es eben meine Welt war. Meine Welt bis jetzt, um genau zu sein. Sie hatte gefragt, und ich hatte geantwortet.

»Du sprichst so liebevoll von deiner Familie. Und von deiner Frau. Das gefällt mir.«

»Wirklich?«, fragte ich.

»Aber ja. Glaubst du, ich wüsste das nicht zu schätzen an einem Mann? Wenn ich auch spüre, dass alles, was du mir erzählst, mich wegtreibt von dir. Immer weiter weg. Das ist traurig. Warum ist das Schöne nur oft so traurig, kannst du mir das verraten?«

»Ist das nicht eine sehr portugiesische Sicht der Dinge?«

Sie seufzte. »Ja, wahrscheinlich. Wir Portugiesen haben ein Talent zur Melancholie. Wir betrachten das Schöne mit melancholischen Augen. Und entdecken in ihm immer auch Traurigkeit, eine Angst vor Verlust, die wir nicht besiegen können.«

Mir fiel auf, dass auch Marianas Schönheit ein Hauch von Tragik umwehte.

»Es tut mir leid, Henry. Wirklich«, sagte sie schließlich.

»Was denn?«

»Es tut mir leid, dass ich mich in dich verliebt habe. Es ist so ... vergeblich.«

Ich schwieg betroffen.

»Mach dir keine Gedanken. Es hat keine Bedeutung«, relativierte sie gleich, wie um mir die Sache leicht zu machen, und schaute starr vor sich hin, während wir im Gleichschritt gingen.

»Ja, aber ...« Ich suchte nach Worten. »Das muss dir doch nicht leidtun ... wirklich nicht. Das ist doch ... schön.«

»Ja, schön. Schön und traurig. Es hätte mir nicht passieren dürfen, meine Güte, verliebt ... und noch dazu so offensichtlich. Ich ... ich ... schäme mich so.« Sie wies auf eine leere Bank, die geradezu auf uns zu warten schien. »Können wir uns einen Augenblick setzen?«

Wir ließen uns auf der Bank nieder. Nahe beieinander, doch ohne uns zu berühren. Sie blickte mir ins Gesicht, versuchte ein kleines, schiefes, tapferes Lächeln, das ihr nicht ganz gelang. Dann schaute sie vor sich hin, ins Leere.

Wir sprachen nicht mehr. Immer enger schloss sich das Schweigen um uns und drohte undurchdringlich zu werden. Warum, so fragte ich mich, tun wir uns das an? Wir wissen doch beide, dass das keine Zukunft hat, nicht den Hauch einer Chance.

»Mariana ...«, begann ich, nur um etwas zu sagen. Doch ich wusste nicht, was. Ihren Namen zu sagen, war eine Anfangshürde, die ich überspringen wollte, denn irgendetwas Substanzielles würde ich schon sagen müssen auf dieses unglaubliche Geständnis hin.

»Ist schon gut, Henry«, unterbrach sie mich und tätschelte mir den Unterarm. »Ich werde keine Probleme machen. Von mir wird keiner ein Sterbenswörtchen erfahren. Ich verschließe das in meinem Herzen, und dort wird es sicher aufgehoben sein.«

»Mariana«, wiederholte ich hilflos. »Ich bin völlig durcheinander. Überrascht. Ich weiß gar nicht, was ich sagen soll. Es kommt so ... plötzlich. Ich hatte ja keine Ahnung ...«

»Die hatte ich auch nicht. Nicht wirklich, jedenfalls. Bis heute Nachmittag. Als wir mit den Kindern durch die Stadt eilten auf der Suche nach dem Arzt. Da schnitt es mir durchs Herz ... die Erkenntnis, dass ich schon ewig auf der Suche nach einem Mann bin, der mich aus dem Feuer holt. Ich hätte mich dir am liebsten an den Hals geworfen, auf offener Straße. Es ist so ... demütigend, dir das jetzt zu gestehen.«

»Nein ... nein ...«

Sie stand auf, zog mich hoch. Wie nahe wir voreinander standen, wurde mir erst bewusst, als ich ihren frischen Atem wahrnehmen konnte, ihr leicht nach Vanille duftendes Haar, und ihre großen, dunklen, schimmernden Augen.

»Nur einmal«, sagte sie. Ihre Stimme zitterte.

Sie umarmte mich nicht und sie ergriff auch nicht meine Hände. Wir blieben voreinander stehen, ohne uns anzufassen. Sie küsste mich, mit warmen, sich langsam öffnenden Lippen. Es war, als nehme sie einen tiefen Schluck.

Dann trat sie zurück und sah mich an.

»Das war unser erster Kuss, Henry«, sagte sie. »Und unser letzter.«

Und noch bevor ich ein Wort sagen konnte, wandte sie sich um und ging langsam den Weg hinunter zum Hafen. Sie achtete nicht darauf, ob ich ihr folgte. Und sie blickte sich nicht um, nicht ein einziges Mal.

🛵 34

»Du ahnst nicht, wen wir getroffen haben!«

Leonie pflanzte sich vor mir auf und schaute mich so begeistert an, dass ich gar nicht anders konnte, als ihr die Pointe zu verderben.

»Alessandro Alverna«, sagte ich.

Sie zog einen Flunsch. »Ach, du bist unmöglich. Wirklich! Das wird ja mittlerweile zu einer fixen Idee bei dir. Nein, wir haben Melanie und ihre Eltern getroffen, in Forli, auf der Piazza.«

»Aha«, sagte ich.

»Das ist doch ein unglaublicher Zufall, findest du nicht?«

»Ja, schon.«

Leonie ließ sich in den Sessel neben mir fallen und streckte die Füße von sich. Valerie war ins Hotel entfleucht, um sich »frisch zu machen«, wie sie sagte. Und Mariana? Mariana war allein zum Hafen gegangen, um Tiago und seine kleine Freundin auf den Heimweg zu lotsen. Nach ihren vollkommen unerwarteten Geständnissen war ich mit ziemlich wirren Gedanken und Gefühlen zum Hotel zurückgegangen. So vieles schoss mir durch den Kopf, dass ich mir in der Bar mehrere Cognac bestellte. Wenn ich nicht aufpasste, wurde ich hier noch zum Alkoholiker.

Gegen halb zehn waren Leonie und Valerie von ihrem Ausflug zurückgekehrt. Mit einigen Tragetaschen und Papiertüten, die edles Design erkennen ließen und vermutlich sündteure Inhalte transportierten. Sogar eine *Intimissimi*-Tasche war dabei – und ich fragte mich, wer in den Genuss der neu erworbenen Dessous kommen sollte – *Signor Ich-reiß-dir-dein-Spitzenhöschenherunter* oder vielleicht – kaum zu hoffen oder zu erwarten – doch ich.

Ich war in Gedanken noch bei Mariana und hörte nur mit halbem Ohr zu, wie Leonie mich lang und breit über die unverhoffte Begegnung mit den Röschs in Forlì unterrichtete. Ich war froh, nicht dabei gewesen zu sein – wer begegnet im Urlaub schon gern seinem Zahnarzt? Man war wohl zusammen noch in ein Eiscafé gegangen. Dann hatte man sich verplaudert, und es wurde alles später als geplant, und wie das so ist, dann gab es noch einen Stau, und ... ja, nun habe man es schließlich doch noch geschafft, nur leider nicht mehr zum Abendessen. Ich nickte ergeben. Konnte mich aber nicht enthalten, mit leicht beleidigtem Unterton darauf hinzuweisen, dass ich allein am Tisch gesessen hatte.

»Ach, du Armer«, sagte Leonie und wuschelte mir mal wieder ungebeten durchs Haar. »Hast du uns vermisst?«

»Nicht alle von euch«, antwortete ich kryptisch.

»Aber Laura war doch da, oder? Wo war denn Laura?«

»Ja, sie war da. Am Tisch der Gonçalves, wo sie ihren verletzten Freund tröstete.«

Und dann hatte meine kleine Geschichte ihren Auftritt. Der immer fassungsloser dreinschauenden Leonie erzählte ich von dem Unglück am Strand und all den folgenden Turbulenzen, aber ich fasste mich kurz und überließ es Laura, das ganze Unheil später noch einmal in sämtlichen Details zu schildern. Von Mariana und mir erzählte ich natürlich nichts. Immer noch war ich ganz merkwürdig berührt von dieser Sache.

»Aber das ist ja ... das ist ja ... entsetzlich!«

»Das kannst du laut sagen. Inzwischen ist aber alles wieder gut.«

»Warum hast du mich denn nicht angerufen?«

»Warum hätte ich das tun sollen?«, fragte ich gedankenloser, als ich beabsichtigte. Es rutschte mir einfach so heraus. »Damit du eine Ferndiagnose stellen kannst?«

Leonie sprang auf und schoss mir einen empörten Blick zu.

»Manchmal bist du wirklich unmöglich, Henry. Herzlos!«, zischte sie.

Sie lief mit ihren federnden, jetzt jedoch auch energischen Schritten ins Hotel. Und ich überlegte fieberhaft, mit welcher Entschuldigung ich sie wohl wieder besänftigen konnte.

Herzlos?! Im Moment hatte ich das Gefühl, dass ich nur aus Herz bestand!

🛵 35

Der Tag darauf war der düsterste dieses Urlaubs. Kein schwarzer Freitag, wohl aber ein schwarzer Mittwoch. Und das bei strahlendem Sonnenschein.

Seit dem Mittagessen, bei dem sie ziemlich in sich gekehrt war und sich kaum an der Unterhaltung beteiligt hatte, war Leonie verschwunden. Sie hatte lustlos in ihrem Salat gestochert, aufs Dessert gänzlich verzichtet und war, Kopfschmerzen beklagend, mittendrin vom Tisch aufgestanden und Richtung Aufzug gegangen. Dann wurde sie von niemandem mehr gesehen.

Zunächst machte ich mir keine Sorgen. Ich setzte mich noch auf die Terrasse, doch es war zu heiß, so dass auch ich ins gekühlte Kämmerlein ging. Ich würde mein Schätzchen trösten, mich nach seinem Befinden erkundigen und mich dann selbst zur Siesta hinlegen. Doch das Bett war leer, von Leonie keine Spur. Ich zuckte die Schultern, dachte mir noch nichts dabei. Ich schlief ein und wachte erst nach einer Stunde wieder auf, weil Laura hereinkam und nach irgendetwas fragte, das sie verloren oder verlegt hatte, jedenfalls nicht wiederfinden konnte. Kinder verlieren ständig etwas, und ich sagte nur meine Standardantwort auf: »Keine Ahnung. Musst eben besser auf deine Sachen aufpassen.« Laura schnaubte entrüstet, rauschte wieder ab und schloss geräuschvoll die Tür.

Inzwischen hatte mich ein ungutes Gefühl beschlichen. Leonie würde doch nicht in der größten Mittagshitze mit *Signor Ich-möchte-dir-am-liebsten-die-Schweißperlen-von-der-Haut-lecken* irgendetwas unternehmen? Und die Kopfschmerzen nur vorgetäuscht haben? Sich mit dem Möchtegern-Romeo treffen und im zerwühlten Bett seines kühlen Schlafzimmers ... Dinge tun? Was für Dinge? Na, Dinge eben. Muss ich deutlicher werden?

Ich cremte mich mit der Lotion mit dem formidablen *Sun Protection Factor 50+* ein, setzte meinen Panamahut auf und begab mich auf die Suche. Hotel, Strandcafé, Strand – keine Leonie. Nur Valerie, die einsam auf ihrer Liege lag und sich die Sonne auf die Haut brennen ließ, als gebe es kein Morgen. Meine Güte, wie ich diese Sonneneuphorie hasste! Ich stupste sie an, sie schob die Sonnenbrille hoch.

»Hast du Leonie irgendwo gesehen?«

Sie schüttelte den Kopf. »Nein. Ich dachte, sie sei auf ihr Zimmer gegangen.«

»Dachte ich auch. Aber dort ist sie nicht.« Ich drehte ab und stapfte durch den weichen, nachgiebigen Sand zurück und ärgerte mich über jedes Sandkörnchen, das sich vorwitzig in meine Schuhe verirrte. Ich war übrigens der einzige Mensch am Strand, dessen Füße beschuht waren. Die mitleidigen Blicke der Sonnenanbeter spürte ich in meinem Rücken.

Das Auto!, schoss es mir durch den Kopf.

Doch unser Wagen stand friedlich auf dem Parkplatz, im Schatten, um den ich ihn heftig beneidete.

Noch einmal eine Tour durch das Hotel. Die Lobby. Die Bar. Dann Tennisplatz und Swimmingpool. Keine Leonie.

Allmählich stieg Grimm in mir hoch. Wie eine heiße Hand umschloss er mein Herz und presste es zusammen.

Leonie blieb unauffindbar.

Wie ein Irrsinniger stürmte ich in der Nachmittagshitze durch die Stadt. Ich schaute in jeden Laden, in jede

Bar. Ging bis zum Hafen, bis zum Haus des *agente immobiliare*, den ich auf dem Weg dahin mit rüdesten Beschimpfungen verfluchte, und überlegte. Ich sollte endlich Manns genug sein, ihn zu stellen. Dann würde dieser Tanz sein Ende haben. *Ciao, bello.*

Ich blieb vor dem Schaukasten stehen, schaute mir sein grinsendes Bild an, und während mir die Zornesröte ins Gesicht stieg, überlegte ich, wohin ich meinen Schlag platzieren sollte. Kinn? Solarplexus? Oder gleich ein Tritt in die Weichteile? Warum nicht einfach klingeln, die Treppe dieses lächerlichen Häuschens hochstürmen, die Tür zum Schlafzimmer aufreißen und die nackte oder halbnackte Leonie an den Haaren zurück zum Hotel zerren?

Also klingelte ich. Niemand öffnete. Natürlich nicht. Ich schlug auf die Tür ein, so heftig, dass einige Passanten stehen blieben und einander mit Kichern und Kopfschütteln auf den Berserker aufmerksam machten, der in enthemmter Wut ans Holz hämmerte, als sei dies ein Einsatz der *carabinieri*.

»Aprire!«, rief ich (das Wort hatte ich in meinem kleinen Wörterbuch nachgeschlagen). »Aufmachen!«

Doch es machte keiner auf. Die hielten da oben wohl erschrocken inne und warteten, dass sich das Gewitter verzog. Ich versuchte es wie schon mehrere Male zuvor auf Leonies Handy. Das Handy war ausgestellt.

Ich trat ein paar Schritte vom Haus weg und postierte mich unter einem Baum. Nahm die Fenster ins Visier, achtete auf die geringste Bewegung hinter den Scheiben. Doch die waren schlau, die beiden. Sie hatten sich in ihr kleines Liebesnest verkrochen, wähnten sich in völliger Sicherheit. Womöglich waren sie so beschäftigt in ihrem frevelhaften Tun, dass sie im Rausch der Sinne von meinem Auftritt gar nichts mitbekamen?

Mein Herz klopfte bis zum Hals. Ich konnte mich nicht mehr beruhigen. Inzwischen war ich überzeugt, dass im Süden die meisten Verbrechen wohl aus Leidenschaft begangen wurden. Ich rauchte hastig einen Zigarillo nach dem anderen, achtete nicht auf den Husten, der mich befiel. Hatte den Hut in den Nacken geschoben und stand unter diesem Baum wie die Karikatur eines Privatdetektivs auf der Lauer.

Nach einer Stunde gab ich entnervt auf. Ging langsam zurück zum Hotel, wieder einige Bars und Geschäfte abklappernd. Am Hotel angekommen drehte ich noch einmal die Runde – Strand, Strandcafé, Terrasse, Bar, Lobby. Ich entblödete mich nicht, jeden, den ich kannte, nach meiner Frau zu fragen. Andrea, Mariana Gonçalves, den Portier, Signora Tornatore, sogar Monsieur Aubry, den Vater der Beautés.

Vergeblich.

Leonie blieb wie vom Erdboden verschluckt.

Verdrossen setzte ich mich auf die Terrasse, den Hoteleingang fest im Blick, und ließ die Stunden verstreichen. Es war die deprimierendste Zeit, die ich je erlebt hatte. Ich rauchte, ich trank, zuerst *spremuta*, dann Hochprozentiges, Cocktails, die Andrea mir mixte. Mit jedem Drink, den er mir servierte, wurde auch seine Miene besorgter.

»Noch immer nichts?«, fragte er jedes Mal.

Und jedes Mal schüttelte ich den Kopf.

Der Alkohol tat seine Wirkung, verrichtete sein düsteres Werk der Verneblung aller meiner Sinne. Ich konnte nicht mehr klar denken, wie Fetzen flogen Bilder an meinem inneren Auge vorbei, eines schamloser als das andere. Ich verlor mich in den wildesten Szenarien. Leonie im Bett mit Alessandro. Leonie von der Mafia gekidnappt. Leonie im Meer ertrunken. Leonie geschändet im Straßengraben liegend. Ich überlegte, die Polizei einzuschalten, aber die würde bestimmt nur abwinken. Ich wäre nicht der erste Tourist, den seine entlaufene Frau in den Wahnsinn getrieben hätte. Vermutlich kam das hier jeden Tag vor, und die *carabinieri* würden sich von meiner Vermisstenmeldung nicht beeindrucken lassen. Nicht im Geringsten.

Am späten Nachmittag kam Valerie vom Strand zurück. Inzwischen nahm ich es ihr nicht mehr ab, dass sie keine Ahnung hatte, wo Leonie steckte. Das gibt es gar nicht, dass beste Freundinnen sich darüber im Unklaren lassen. Nicht Leonie und Valerie.

Doch die beste Freundin meiner Frau hielt dicht. Sie spielte es ganz überzeugend. Schien auch nicht sonderlich besorgt zu sein. Selbst wenn sie es nicht genau wusste, so würde sie sicherlich davon ausgehen, dass Leonie mit *Signor Ich-bin-mit-deiner-Frau-auf-und-davon* zusammen war. Wo auch immer.

Doch irgendwie schien meine Besorgnis sie zu rühren. Sie hockte sich neben mich, legte einen Arm um meine Schulter, zog mich ein wenig zu sich und sagte aufmunternd: »Komm, wir gehen ein bisschen rum. Wir beide. Das wird dich ablenken.«

Ich gab nur ein paar knurrende Laute von mir.

»Wir verziehen uns jetzt beide kurz auf unsere Zimmer, machen uns frisch und treffen uns in einer Viertelstunde in der Halle. Ja?«, insistierte sie.

Ich seufzte. »Meinetwegen.«

»Und mach dir keine Sorgen. Das wird sich ganz einfach aufklären, glaub mir.«

Davon war ich überzeugt.

🛵 36

Sie saß ganz entspannt und mit ausdruckslosem Gesicht in einem der Sessel, als sich die Aufzugtüren hinter mir schlossen und ich wieder die Hotelhalle betrat.

»Da bist du ja endlich«, sagte sie, zog ihre Lippen in tiefstem Kirschrot nach und richtete ihre Frisur. Was immer es da zu richten gab.

»Nanu«, staunte ich. »Hast du dich für mich so schick gemacht?«

»Ich bin immer schick. Das solltest du wissen«, sagte Valerie und öffnete einen weiteren Knopf ihrer ebenfalls kirschroten, perfekt zu ihren Lippen passenden Bluse, unter der nun die Spitzen eines cremefarbenen Büstenhalters zum Vorschein kamen. »Komm, wir gehen ins Städtchen, ich muss noch was besorgen.« Sie warf mir einen aufmunternden Blick zu und hängte sich dann bei mir ein.

»Was denn?«

»Ein paar Zeitschriften und Magazine. Brauche Nachschub.«

»Klatschmagazine? Knallpresse?«

Sie zuckte die Schultern. »Nenn es, wie du willst. Das lesen auch Männer.«

»Ich nicht«, protestierte ich. »Mich interessiert es nämlich nicht die Bohne, wenn Paris Hilton ihren Hund beißt und dabei kein Höschen trägt.«

»Mich schon. Das Höschen, nicht der Hund.« Sie grinste. »Auch wenn ich nicht so oberflächlich bin, wie du offensichtlich annimmst.«

»Weiß ich doch«, lenkte ich ein. Plötzlich verspürte ich sogar etwas Lust auf einen kleinen Spaziergang mit Valerie durch die Stadt. Mal was anderes ... Außerdem könnte ich sie aushorchen, ein bisschen über Leonie herauszukriegen versuchen, so was in der Art. Irgendwann fängt jede Frau zu tratschen an ... Nein, das war jetzt nicht fein. Ich nehm's zurück.

Und so traten wir hinaus auf den Corso, der um diese Tageszeit, wenn die größte Nachmittagshitze vorbei war, schon recht belebt war. Alle Geschäfte waren geöffnet, und aus fast allen drang eine enervierende Musik, die wohl zeigen sollte, dass in diesem Laden der Bär steppte. Mir ging diese Dauerbeschallung fruchtbar auf die Nerven, aber ich befand mich mit dieser Phobie wohl in einer bedauernswerten Minderheit. Valerie fand jedenfalls nichts dabei, zu stampfenden Rhythmen und wummernden Klängen endlose Kleiderstangen voller Strandkleider und Bikinis zu inspizieren. Und wie viele Frauen hatte auch sie die Angewohnheit, dann und wann eines der Kleidungsstücke herausziehen, sich vor den Oberkörper zu halten und »Wie findest du das?« oder »Wie steht mir das?« zu fragen.

»Valerie ... bitte ... ich bin da nicht wirklich kompetent, fürchte ich.«

»Ach, nun sei nicht so ein Spießer. Und stell dein Licht nicht unter den Scheffel. Leonie sagt immer, du wärst ein Dessous-Aficionado.« Sie kicherte, ein bisschen unverschämt, wie ich fand. »Du bist doch nicht wie Rüdiger, der konnte sich nie zu Geschmacksfragen äußern, ohne sich restlos zu blamieren.«

Obwohl mir das mir zugetraute Modebewusstsein schmeichelte, verspürte ich doch wenig Bereitschaft, für Valerie den Berater zu spielen. Vor allem, wo sie inzwischen tatsächlich bei den Dessous angekommen war und in gewagten Strapsen und Kreationen von spitzenbesetztem Nichts herumwühlte.

»Keine Angst«, sagte sie nach einem Seitenblick auf mich, »ich frag dich nicht, was du davon hältst. Wär doch zu peinlich«, setzte sie hinzu, obwohl ihr belustigter Blick genau das Gegenteil verriet. »Rüdiger jedenfalls machte sich überhaupt nichts aus Unterwäsche. Seinetwegen hätte ich Tag und Nacht in weißer Baumwolle herumlaufen können. Er bemerkte es nicht einmal, ob ich einen BH trug oder nicht.« Sie seufzte. »Wir waren einfach zu verschieden.«

»Du wirst Rüdiger doch nicht verlassen haben, weil er nie wusste, welche Farbe dein Höschen hatte.«

»Doch«, behauptete sie. »Irgendwie schon. Ihm liegt nichts an Dessous; ich liebe sie. Aber das ist natürlich nicht der einzige Unterschied zwischen uns. Er will immer bei einem kleinen Licht schlafen, weil er unter Albträumen leidet; ich brauche absolute Dunkelheit. Er will ausgeschaltete Heizkörper und ein dänisches Federbett, weil ihm sonst die Kehle austrocknet; ich glühende Heizkörper und nur eine leichte Decke, weil das Gewicht der Federdecken bei mir Beklemmungen auslöst. Er kann wegen seines empfindlichen Rückens nicht auf Holzlatten unter der Matratze verzichten; ich bin nur glücklich, wenn ich im Weichen versinke. Er ist morgens wortkarg und abends redselig; ich bin morgens redselig und abends wortkarg. Das war nicht zum Aushalten. Also: getrennte Schlafzimmer. Der Anfang allen Übels.«

Das sagte Leonie auch immer. Als ich so etwas wie zeitweise voneinander getrenntes Schlafen nur mal andeutete, weil mein angebliches Schnarchen die Dezibelstärke von Kettensägen erreicht hatte, wurde sie fuchsteufelswild: »Das kommt *überhaupt* nicht in Frage!« Ich nickte nur, um Valerie zu bedeuten, dass mir das vertraut sei.

»Ich ließ mich darauf ein. Ein fataler Fehler, glaub mir. Es war der Anfang vom Ende. Obwohl ich es zunächst genossen habe, mich in mein Zimmer zurückzuziehen, um ohne schlechtes Gewissen unter meiner

Schlaflosigkeit leiden zu können oder die Katze aufs Bett springen zu lassen, die er nie ertrug. Doch der Sex wurde nun noch seltener, als er es zuvor schon war. Wann warst *du* eigentlich zuletzt mit Leonie zusammen?«

»Ich wüsste nicht, was dich das angeht.«

Valerie zuckte die Schultern. »Na schön, ich weiß es sowieso.«

Nun war es an mir zusammenzuzucken. Meine Güte, redeten Frauen etwa auch darüber? Konnte es wirklich sein, dass sie einander ihr Sexleben in allen intimen Details offenbarten und sich womöglich die Kalender zeigten, wie oft und wann und mit wem? Ich konnte, ich mochte es mir nicht vorstellen.

»Valerie ... bitte ... nicht so laut!« Ich schaute mich irritiert um, doch niemand in dieser Boutique schien wohl Deutsch zu verstehen, sonst hätte ich nicht in so unbeteiligte Gesichter geblickt.

»Schon gut. Ich will ja nicht indiskret sein. Bei uns war es aber letzten Endes so, dass er die entzückenden kleinen Loks seiner Modelleisenbahn durch sein Schlafzimmer fahren ließ. Spätestens da war mir klar, dass wir in seinem Bett nie wieder Sex haben würden, aus purer Angst, die Züge könnten entgleisen. Dafür entgleiste dann unsere Ehe, und zwar komplett.« Sie seufzte. »Ihr schlaft wenigstens noch in einem Bett. Was ist deine Modelleisenbahn, an die du denkst, wenn Leonie sich an dich kuschelt?«

»Valerie ... also wirklich ...«

»Was denn? Alle Männer tun das doch, oder? Sie lassen sich zur fröhlichen Monatsvögelei herab – einmal im Monat ist ja schon gut – und mit ihren Gedanken sind sie dann bei wer weiß was. Während wir dummen Hühner immer noch in Spitzenunterwäsche investieren, in extravagante Schuhe mit schwindelerregend hohen Absätzen, teure Lippenstifte und makelloses Haar, und wenn es die Hälfte unseres Monatseinkommens kostet. Wir verzichten auf Strumpfhosen, nur weil *er* irgendwann ganz zu Anfang in der Phase höchster Verliebtheit und mit der Anfangsenergie niemals versiegender erotischer Bereitschaft einmal gesagt hat, es bereite ihm solch ein Vergnügen, eine Hand unter den Rock zu schieben, das Ende des Strumpfes und dann die warme Haut des Beines zu spüren.«

Valerie seufzte in schmerzlicher Erinnerung. »Wir glauben, dass solche Ansagen für immer gelten. Für Männer sind sie aber nur Mittel zum Zweck, um uns ins Bett zu bekommen. Und wenn wir uns Jahre später, lüstern, wie wir immer noch sind, in Strapsen präsentieren, werden sie misstrauisch und unsicher und fragen: Liebling, bist du nicht auch müde? Wir müssen morgen ja beide früh raus ...«

»Du übertreibst«, stellte ich fest.

»Ach, wirklich? Wir unbelehrbaren Frauen glauben doch tatsächlich und noch nach Jahren, mit dem

Strumpfband, dem transparenten Nachthemd, der abgedeckten Lampe oder dem Kerzenlicht würde jeder Abend zum erotischen Fest. Ich weiß jedenfalls nur eines: Den Männern darf man keine Feuerpause geben, denn wenn sie einmal aufhören, fangen sie nicht wieder an.« Sie lachte. »Vorbei die Zeit, in der es Spaß machte, zusammen in der Badewanne zu plantschen oder in der Dusche irgendwie zu einer koitusfähigen Körperhaltung zu finden. Vorbei die Zeit der Anstrengungen, dem anderen zu gefallen, Anstrengungen, die mit Glück belohnt werden, mit Wonne, Ekstase und Liebesseufzern. Zum Schluss ist es ein unbefriedigendes Leben, mit dem falschen Partner, und du wirst es leid, um Bewunderung und Begehren, um Sex zu betteln, auf welch subtile Weise auch immer. Denn alles, was man noch zusammen erlebt – wirklich zusammen, meine ich, und das ist wenig genug –, wiegt nicht auf, was man verloren hat.«

»Das ist eben der Lauf der Dinge, was willst du machen?«, wandte ich ein und spürte, wie mir die Kehle eng wurde. *Meine Güte*, dachte ich, *ob Leonie wohl genauso denkt?* Nein, das konnte nicht sein. Valerie war einfach sexfixiert, sie war in diesem Punkt sicherlich sehr ... extrem. Vielleicht sogar sexsüchtig! Eine Nymphomanin! Doch irgendwann, *carissima*, ist Liebe eben etwas anderes als Spaß im Bett und lustvolle Blicke, sobald man des anderen nur ansichtig wird.

»Oh, nein, da täuschst du dich. Es ist euer Lauf, nicht unserer. Ich weiß, es gibt auch Frauen, die irgendwann die Lust verlieren und ihre Männer am ausgestreckten Arm verdursten lassen. Doch meistens ist es umgekehrt. Ach, ich finde hier einfach nichts«, sagte sie übergangslos und zog mich am Arm aus dem Laden. »Lass uns da drüben schauen, die haben Patrizia Pepe und Desigual.«

»*Dio mio!*«, sagte der Italiener, als ich mit Valerie die Straße überquerte und ein weiteres Modegeschäft betrat, in das sich meine Begleiterin voller Lust hineinstürzte. »*Deren Ansichten sind ja gemeingefährlich.*«

»*Das kannst du laut sagen*«, pflichtete ich ihm leise bei, Valerie kramte derweil in einem Haufen bunter Kleider, die herabgesetzt waren Doch ich wurde rasch wieder von ihr in Anspruch genommen, so dass ich nicht dazu kam, den Dialog mit meinem Freund fortzusetzen.

»*Aber sexy iste sie, das muss man ihr lassen*«, sagte er noch.

Und wie!, dachte ich, behielt es aber für mich. *Leider.*

🛵 37

»Ach, Henry, ich will dich gar nicht mit meinen alten Geschichten langweilen«, sagte Valerie, während sie mit leuchtenden Augen die farbenprächtigen Muster von Desigual begutachtete. »Aber manchmal geht es einfach mit mir durch und ich muss mein Herz erleichtern. Du bist ein so guter Zuhörer, Henry. Es ist eine Wohltat, mal keinen Egomanen an der Seite zu haben, der sich für den *Master of the Universe* hält und pausenlos nur von sich quatscht und einen mit seinen Heldentaten langweilt.«

»Das hat man mir schon oft gesagt ... dass ich gut zuhören kann, meine ich.«

»Du bist wirklich ein Netter«, sagte sie. »Leonie hat echt Glück mit dir gehabt. Da kann man richtig neidisch werden.« Valerie tätschelte meinen Arm.

Dieser Satz war meine Chance, das Gespräch in eine Richtung zu lenken, die mich im Augenblick mehr interessierte als alles andere.

»Ein Glück, das sie aufs Spiel setzt. Kann man das begreifen?«

Valerie hängte das tomatenrote Kleid mit dem raffinierten Ausschnitt, das sie sich einen Moment probehalber angehalten hatte, wieder zurück an die Kleiderstange. Sie warf mir einen irritierten Blick zu.

»Wieso sollte Leonie ihr Glück aufs Spiel setzen wollen?« Eine ausweichende Frage, eine Gegenfrage, wie sie von Frauen so geliebt wird.

»Na ja ... Vielleicht *will* sie es nicht, aber sie tut es. Das ist doch ganz offensichtlich. Schließlich bin ich kein Idiot.« Ich holte tief Luft. »Ich rede von Alessandro Alverna.«

»Ach das ...« Sie schien völlig unbeeindruckt und holte sich ein bunt gemustertes Täschchen vom Ständer. »Du solltest Leonie nichts Böses unterstellen. Und Alessandro auch nicht. Das ist alles ganz harmlos. Er ist einfach ein toller Typ, der gern ein bisschen rumschäkert. Und Leonie kennt ihn schließlich noch von früher. Nun mach kein Eifersuchtsdrama daraus, Henry, das passt nicht zu dir.«

»Keine Angst, ich werd' schon nicht zum Othello«, erklärte ich, obwohl ich das längst war. Ich war nur eine Handbreit von Othellos Raserei entfernt. Allerdings würde Leonie nicht dasselbe Schicksal ereilen wie die unglückliche Desdemona. Die Zeiten waren doch zivilisierter als zur Ära Shakespeares. »Ich stelle nur etwas fest, was offensichtlich ist. Und ich suche nach einer Erklärung. Vielleicht kannst du mir die ja geben.«

»Ich?«, fragte Valerie gedehnt und wandte sich dem nächsten Kleiderständer zu. Es war ihr offensichtlich peinlich, welche Wendung unser nettes kleines Gespräch genommen hatte. Ich spürte geradezu ihr Bestreben, nur nichts Falsches zu sagen und vor allen Dingen Leonie nicht zu kompromittieren. »Aber ich weiß doch gar nichts. Und selbst wenn. Eine gute Freundin sollte immer diskret sein.«

Mehr würde ich aus Valerie nicht mehr herausbekommen. Seufzend brach ich das Gespräch ab.

»Wolltest du nicht noch deine Klatschblätter kaufen?«

»Ja, ja, die nehm ich gleich von dem Kiosk da drüben mit. Komm, lass uns zurückgehen.«

Valerie hakte sich bei mir unter, schmiegte sich vertrauensvoll an mich, lächelte mich mit ihrem großen, roten Mund an. Sie warf mir einen provozierenden Blick zu. Vielleicht aber deutete ich das auch falsch, grundfalsch.

Beim Dinner saß ich verloren im Speisesaal. Ich fühlte mich einsam, obwohl natürlich Laura, Julia und Valerie am Tisch saßen und mir Gesellschaft leisteten. Doch die einzige Gesellschaft, über die ich mich gefreut hätte, wäre Leonie gewesen. Doch meine Frau ließ sich nach wie vor nicht blicken. *Unglaublich!*

Sie blieb auch den ganzen Abend weg. Bis Mitternacht blieb ich auf, lungerte herum, starrte stundenlang vom Balkon, erst in die aufziehende Dämmerung, dann in Dunkelheit. Bedrohlich schien mir das Meer, das in der Ferne wie ein stiller, tiefblauer Streifen dalag. Die Lampen auf der Piazza gingen an, das abendliche Treiben nahm seinen gewohnten Lauf, die Vespas knatterten, die Autoradios schallten. Irgendwann wurde es wieder ruhiger und ich ging ich zu Bett.

Der Schatten des Windes vermochte mich nicht abzulenken und spendete auch keinen Trost. Hellwach lag ich im dunklen Zimmer auf dem Bett und starrte an die Decke. Ich war vollkommen übermüdet und konnte trotzdem kein Auge zutun. Ich verfluchte Leonie, dann sehnte ich sie wieder herbei, ich schrie sie an, ich verzieh ihr, ich machte ihr Vorwürfe, ich nahm sie wieder zurück. Hart schlug mein Herz gegen die Rippen und ich konnte keine Ruhe finden.

Irgendwann schlief ich dann doch ein.

Und wachte beim ersten Sonnenstrahl wieder auf.

Das Bett neben mir war leer geblieben.

🛵 38

Es gibt Tage, da hilft das schönste Wetter nichts. Man wacht mit trüben Gedanken auf, blinzelt in die Sonne, vermag sich aber nicht an ihr zu erfreuen. Ja, man hat das Gefühl, sie würde einen verhöhnen, würde alle

Menschen erfreuen, nur einen selber nicht. Das nimmt man ihr dann übel. Man nimmt sich selbst alles übel. Ja, der ganzen Welt.

Um Viertel vor neun kehrte sie zurück. Ich saß schon unten in der Hotelhalle, wartete auf meine Mädchen, damit wir gemeinsam zum Frühstück gehen konnten, da sah ich sie hereinkommen. Sie hatte noch immer das dünne Leinenkleid an, das sie auch am Tag zuvor getragen hatte, und soweit ich feststellen konnte, war es nicht zerknitterter als sonst. Das *Hermès*-Tuch hielt sie in der Hand. Sie lächelte mir zu, ein bisschen verhalten, wie ich fand, jedoch keineswegs reumütig oder verlegen.

»Na, gut geschlafen?«, fragte sie lapidar.

Das war mir nun doch etwas zu viel Nonchalance. Schließlich war es das erste Mal überhaupt in unserer Ehe, dass einer von uns die ganze Nacht weggeblieben war, ohne dass der andere wusste, wo oder bei wem er übernachtet hatte.

»Nein, wohl kaum«, stieß ich gepresst hervor. »Wie auch? Ich bin vor Sorge fast verrückt geworden.« Dass es nicht nur Sorge gewesen war, sondern auch Wut und Ärger, verschwieg ich.

»Oh«, sagte sie, als sei dies eine völlig unerwartete Reaktion. »Das tut mir leid.«

»Das tut dir leid?«, fragte ich mit erhobener Stimme. Nur mühsam unterdrückte ich meinen Zorn. Die Ho-

telhalle war nicht gerade der geeignete Ort, um einen Krach auszutragen, auf den ich eine nahezu übermächtige Lust verspürte.

»Ja. Ich wollte nicht, dass du dir Sorgen machst.«

»Ja, was meinst du denn, wie ich mich fühle, wenn du die ganze Nacht wegbleibst? Ohne ein Sterbenswörtchen darüber zu verlieren, wo du bist. Das ist doch die Höhe!«

»Ich war ... unterwegs. Bin rumgegangen. Ich musste meine Gedanken ordnen. Ordnung in meine Gefühle bringen.«

Das war ja nun die lausigste Ausrede, die ich jemals gehört hatte. Doch bevor ich darauf auch nur ein weiteres Wort sagen konnte, kam Laura die Treppe heruntergehüpft und krähte: »Julia kommt auch gleich. Die muss sich erst wieder in Form bringen. Sie ist heute Nacht erst um vier zurückgekommen.« Die kleine Denunziantin hatte sichtlich Freude an ihrem Report. »Ich bin nämlich wachgeworden, als sie sich aufs Bett fallen ließ. Sie ist so eine ... Schlampe.«

»Laura!« protestierte ich.

»Ist doch wahr. Morgen, Mama. Bist du wieder okay?«

»Ja, mein Liebling. Alles ist gut. Kommt, wir suchen uns einen Tisch auf der Terrasse. Ich brauche jetzt einen Kaffee.«

»Ich auch«, rief Laura und tänzelte uns voran.

Ich blickte Leonie an, die sich anschickte, ihr zu folgen.

»Später«, sagte sie nur.

Alles ist gut. Der Witz des Tages.

Gar nichts war gut. Und es hatte auch kein »später« gegeben. Der Donnerstag verging in angespannter ehelicher Atmosphäre. Wir wahrten die Form, und ich verzichtete darauf, eine Szene hinzulegen, von der das Hotel noch Generationen später erzählen sollte. Mehrmals hatte ich angesetzt, Leonie ihr kleines schmutziges Geheimnis zu entlocken. Doch jedes Mal wich sie mir aus. Schließlich gab ich es auf.

Ich vergrub mich in mein Manuskript. Arbeit hilft mir immer, wenn mein Gefühlshaushalt durcheinandergerät. Es war die perfekte Ablenkung. Giulia servierte mir ein paar Getränke, lächelte mir scheu zu, und ich lächelte zurück. Doch der alte Zauber war verflogen und mein Herz war schwer.

Am Donnerstagmorgen traf ich Mariana am Kiosk. Sie besorgte sich portugiesische oder spanische Zeitungen, ich mir deutsche. Ich lud sie auf einen Kaffee in die Bar *Tre Amici* ein, und sie willigte ein. Doch es war ein seltsam verquältes Gespräch. Wir brachten beide nicht den Mut auf, über den denkwürdigen Abend zu sprechen, und redeten über Belanglosigkeiten, als hinge unser Wohl und Wehe davon ab. Ich spürte ihre abgrundtiefe Niedergeschlagenheit, und nur wenn die Rede auf Tiago kam, hellte sich ihr Gesicht auf. Für einen Moment hob sich dann der Vorhang der Melancholie, dann war sie schöner denn je, was wiederum mich in Melancholie stürzte.

Ich glaubte, ihr wenigstens noch eine Erklärung schuldig zu sein. »Mariana ...«, begann ich.

Mein veränderter Tonfall ließ den Vorhang sofort wieder fallen.

»Ich weiß, Henry ... ich weiß.«

»Was weißt du?«

»Was du sagen willst. Dass es einfach nicht passt. Dass dies nicht der richtige Zeitpunkt ist. Dass du Leonie noch immer liebst. Dass du mich nicht verletzen wolltest. Dass wir keine Chance haben und wohl auch nie haben werden. Dass du mich trotzdem magst. So was in der Art.«

Ich staunte über ihr Einfühlungsvermögen. Das alles hatte ich tatsächlich sagen wollen. Nicht einmal das, was Leonie mir angetan hatte, ließ mich Mariana gegenüber offenherziger werden. Es wäre ein Leichtes gewesen, sie jetzt zu umarmen, sie zu küssen, sie einfach auf meine Seite, an mich zu ziehen. Aber der Preis erschien mir einfach zu hoch.

»Ach, Mariana ... Du bist so klug«, sagte ich. »Ja, genau so ist es. Ich kann nicht verhehlen, dass deine Zuneigung mir das Herz zerreißt ... Und auch ich ...

Ich meine, unter anderen Umständen ... wenn ich allein wäre, ganz gewiss ... würde ich mein Glück mit dir versuchen. Und du könntest deines mit mir versuchen. Vielleicht könnte sogar eine ganz große Liebe daraus werden. Aber ich komme einfach nicht über all diese Konjunktive hinaus, verstehst du? Ja, meine Ehe ist angeschlagen, und ich weiß nicht, ob sie noch reparabel ist. Es ist so vieles im Fluss, so vieles ungeklärt ...«

»Ich verstehe«, sagte Mariana leise. »Ich verstehe dich doch so gut.« Sie streichelte mir mit ihrer kühlen Hand über die Wange, was mich feuerrot werden ließ. »Wir sehen uns wieder, davon bin ich überzeugt. Irgendwann, irgendwo. Vielleicht in einem anderen Leben. Vielleicht laufen wir uns dann entgegen, mit weit geöffneten Armen.« Sie stand auf. »Ich muss jetzt gehen. Danke für die Einladung. Danke überhaupt für alles. Du bist ein wunderbarer Mann, Henry. Doch, doch ... du brauchst nicht bescheiden den Kopf zu schütteln ... *Passe bem.* Leb wohl.«

Sie ging zur Tür, doch bevor sie auf die Straße hinaustrat, drehte sie sich noch einmal um. »Wir sehen uns!«

🛵 39

Ich blieb noch eine Weile in der Bar sitzen. Was sollte ich im Hotel? Hier konnte ich meinen Gedanken nachhängen. Und es gab so einiges, über das ich nachdenken musste. Über Leonie und mich. Über unsere Liebe, die kurz davor war zu zerbrechen. Über unsere Ehe, die in die Jahre gekommen war, und die ich doch stets für unzerstörbar gehalten hatte.

Wir gingen, ich kann es nicht anders sagen, im Allgemeinen ziemlich liebevoll miteinander um. Wir stritten selten, ja, waren meistens einer Meinung. Da war eine Art Grundströmung, die man durchaus als Einklang bezeichnen konnte. Es gab keine Konflikte, keine Probleme, keine größeren jedenfalls. Es war dieses zusammen wohnen, zusammen denken, zusammen alles, das eine harmonische Ehe ausmacht. Jeden Tag. Doch so sehr ich Leonie auch liebte, ab und zu fragte ich mich fast ein wenig beschämt ob meiner Undankbarkeit: War das schon alles?

Nachdenklich ließ ich den Zucker in meine *spremuta* rieseln.

Es gab Tage, da liebte ich meine Frau inniglich, mit so zärtlicher Leidenschaft, dass es mir in der Seele brannte. Sie waren gar nicht so selten, diese Tage, aber mit der Zeit weniger geworden, wie ich mir eingestehen musste. Zurück blieb eine sanfte Glut, die eine verlässliche Wärme erzeugte, die so selbstverständlich war wie die Sonne, die im Osten aufging und im Westen unter. Die Liebe war eben ganz Alltag geworden, sie hatte sich in der Routine des Zusammenlebens abgeschliffen. Wir hatten unseren Rhythmus gefunden, diesen verräterischen Rhythmus des fraglosen Einverständnisses. Man hätte es tiefes Vertrauen nennen können, ein Sich-Verlassen auf den anderen, das fast schon beängstigend war. So ausgesetzt war man dem anderen, so nah, so fern. Die Amplituden des Herzens schlugen verlässlich, die Ehe hatte ihre DNA gefunden, ihre unverwechselbare Form, sie hatte alles umfangen mit ihrem stillen, unaufdringlichen Zauber. Nur Überraschungen ... nein, Überraschungen gab es keine mehr. Irgendwann hatte Leonie die kleine, verschlossene Kammer meines Herzens entdeckt. Sie hatte sich einen Nachschlüssel machen lassen und sich dort versteckt. Eigentlich war dies das höchste Glück, etwas, wonach jeder strebte. Und doch. Unter der Haut, dort, wo sie ganz empfindlich war, pochte eine kleine Wunde und erinnerte mich daran, dass irgendetwas nicht heilen wollte, was dringend der Heilung bedurfte. Wo waren eigentlich diese beiden Menschen, die, verrückt vor Glück, sich das Ja-Wort gegeben hatten?

Aus dem atemlosen, beseelten Walzer, der niemals enden sollte, war ein gemütliches Nest geworden, das man sich emsig einrichtet hatte. Auf der Habenseite wuchsen Geld und Komfort und eine angenehm verlässliche Routine, auf der Sollseite Aufmerksamkeit, Sex und Sinnlichkeit, überhaupt Berührung. Es wurde auch, ganz anders als am Anfang, immer weniger geküsst. Und irgendwann stellte man fest, dass man seine Katze häufiger streichelte als seine Frau.

Früher war doch alles so unverzichtbar gewesen, so über alle Maßen aufregend und entzückend. Heute war es anstrengend geworden und man war fast ein wenig erleichtert, wenn auch der andere abends vor dem Schlafengehen zu einem Buch griff, um zu lesen.

Keine Angst, es passiert schon noch. Dann und wann. Und wenn es passiert, ist es auch immer schön und man fragt sich, warum es eigentlich nicht öfter machen. Aber der Himmel, dieser unwahrscheinlich blaue Himmel ... der öffnet sich nicht mehr.

🛵 40

Und dann kam er, der Tag der Wahrheit. Eingeleitet wurde er durch eine Hochzeit, ein Traum in Weiß in unserem alten Grand Hotel.

Schon Stunden vorher, genauer: seit dem Morgengrauen, herrschte im gesamten Hotel umtriebige Geschäftigkeit. Dass sich große Dinge anbahnten, die große Erwartungen erfüllen sollten, war überall zu spüren: an dem Geschrei in der Küche, an dem geschäftigen Herumlaufen des Servicepersonals, am Brummen der Staubsauger, mit denen hektisch die Flure gesaugt wurden. Die Fenster wurden geputzt, obwohl sie glasklar waren, Tische nach draußen auf die Terrasse getragen und mit weißen Tüchern gedeckt, die unvermeidlichen weißen Sonnenschirme aufgespannt, so dass die ganze Terrasse schließlich sonnengeschützt dalag wie ein Schiff mit weißen Segeln, das gleich in See stechen würde.

Auch der große Festsaal wurde hergerichtet – er lag direkt hinter den beiden Speisesälen, in einem durch eine hohe Flügeltür abgetrennten Raum –, so dass man schon während des Frühstücks den Festvorbereitungen beiwohnen konnte. Staunenden Auges verfolgten wir das Hin und Her der Kellnerinnen und Kellner, die wie eine eingespielte Balletttruppe unter der Regie des *Signor Taktak* leichtfüßig über das Parkett flogen, dass es eine wahre Freude war.

Auch auf der seitlichen Terrasse, wo wie jeden Morgen auch an diesem azurblauen Freitag das Frühstück stattfand, herrschte emsige Betriebsamkeit.

An unserem Tisch, wo trotz des aufgespannten

Schirms alle Nachtschwärmer und Müden ihre Sonnenbrillen aufgesetzt hatten, so als hielten hier die *Freunde der italienischen Oper* ihr alljährliches Mafiatreffen ab, erging man sich in Spekulationen über das Was und Wie und Wer mit Wem der am späten Nachmittag beginnen sollenden Hochzeitsfeier. Natürlich stand Julia als Botschafterin der Deutschen im Allgemeinen und unserer Familie im Besonderen und als wahrscheinlich einziger ausländischer Hochzeitsgast im Mittelpunkt. Ihr nachtblaues Abendkleid war gesetzt (und bezahlt!), doch die Fragen der Kosmetik, der Accessoires, des Schmucks und der Frisur führten zu unendlichen Diskussionen, auf die sich die vier Damen an unserem Tisch mit einer Hingabe einließen, als gelte es ein kompliziertes Regelwerk der Europäischen Union aufzustellen. Und es mussten noch Schuhe gekauft werden, das war keine Frage, denn keines der von Julia mitgeführten fünfzehn Paar Schuhe kam auch nur annähernd für ein solches Fest in Frage.

»Aber das Kleid ist doch lang«, wagte ich einzuwerfen. »Da sieht man die Schuhe doch sowieso nicht«, warf ich ein. Es war mein einziger Diskussionsbeitrag.

Ignorant!, sagten alle Blicke, die mir zugeworfen wurden. Man machte sich nicht einmal die Mühe, genervt mit den Augen zu rollen oder mich einer Antwort zu würdigen. Genau genommen hatte ich ja auch keine Frage gestellt. Das war nur die unmaßgebliche Meinung eines Außenstehenden und komplett Ahnungslosen, die konnte man getrost übergehen. Nur Leonie stieß einen Seufzer aus, als sei dies wieder einmal nur »Typisch Henry« gewesen.

Schließlich zogen sich die Damen in ihre Gemächer zurück, um sämtliche mitgeführten Juwelen und Geschmeide einer gründlichen Prüfung zu unterziehen, welcher blaue Stein zum blauen Kleid der Ballbesucherin wohl am besten passen würde. Da war ich nicht länger gefragt, und so ging ich meiner Wege. Erst zum Kiosk wegen der Zeitungen, dann zur Bar *Tre Amici* wegen der Ungestörtheit.

Die Ferien gingen unwiderruflich auf ihr Ende zu. Noch war nicht ausgemacht, was das für ein Ende sein würde. Heute war Freitag, das Wetter schön, bei angenehmen fünfundzwanzig Grad, also nicht zu heiß, die Luft war von einer Samtheit, die der Haut schmeichelte. Am Sonntag würde die Familie Wunderlich die Rückreise antreten, bereits in aller Frühe. Noch achtundvierzig Stunden.

Ich spazierte die Straße entlang und ließ die vergangenen Wochen Revue passieren. Meine Frau hatte eine Affäre mit einem Gigolo, meine älteste Tochter war ernsthaft in den hinreißend aussehenden Sohn eines Gelataio verliebt (welchem Beruf er nachging oder künftig nachzugehen gedachte, hatte ich bislang nicht zu fragen gewagt), meine jüngste Tochter war von einem kleinen melancholischen portugiesischen Prinzen verzaubert worden. Keine schlechte Bilanz, dachte ich selbstironisch.

Und ich selbst? Hatte ich noch etwas anderes als Niederlagen zu vermelden? Etwas wehmütig wanderten meine Gedanken zu Mariana, der Frau mit den seelenvollsten Augen, in die ich jemals geblickt hatte. Mit diesen unglaublichen Wimpern, die ihre melancholische Schönheit untermalten – eine Schönheit, der ich mich nicht gewachsen sah. Vielleicht war das der eigentliche Grund, warum ich mich so verschlossen gegeben hatte – ich hatte schlicht Angst gehabt, zu ertrinken, von dieser Nymphe ins Bodenlose gezogen zu werden, ins tiefe Wasser, aus denen ich nie und nimmer wieder zurück ans Tageslicht gefunden hätte.

Dann streiften meine Gedanken die entzückende Giulia, die so leicht und zart wie ein Frühlingstag über mich hereingebrochen war. Zu welch sentimentalen Überlegungen ich mich hinreißen ließ, kann und will ich nicht näher schildern. Die allzu kurze kleine Geschichte mit Giulia war verjüngend gewesen wie ein kleiner Rausch – aber im Nachhinein auch unwürdig und quälend. Ein glückliches Ende stand nicht im Drehbuch, auch wenn der Italiener in mir verächtlich schnaubte und bis zuletzt nicht begreifen wollte, warum dieser steife Teutone eine willige *bellezza* nicht ins Bett bekommen hatte.

Nein, meine erotische Bilanz war nicht gerade vorzeigbar, vielleicht war sie sogar beschämend. Ich hätte sie alle haben können, ich hätte um Leonie kämpfen können. Das wäre wahrlich mannhaft gewesen. Ich hätte sogar – mit nur einem Augenzwinkern – Valerie in eine dunkle Ecke ziehen und es mit ihr treiben können, sie war nicht gerade wählerisch und hätte mich gewiss nicht weggestoßen. Es wäre ein harter Ritt durchs Gelände geworden, und danach hätten wir uns schief angegrinst und für immer geschwiegen.

Doch statt mich dem *dolce vita* hinzugeben wie alle anderen auch, war ich standhaft geblieben wie ein kleiner Zinnsoldat. Und dies nicht einmal aus irgendwelchen moralischen Erwägungen, die mir wenigstens das Gefühl gegeben hätten, ein irgendwie besserer Mensch, ein Ritter ohne Fehl und Tadel zu sein. Sondern schlicht und einfach aus schlichter Bedenkenträgerei und erotischer Feigheit. Und so hatte ich zuletzt auch Leonie verloren.

Ich fühlte mich seltsam wund. Als wäre mir etwas unwiederbringlich verloren gegangen, was einst zu meinen kostbarsten Schätzen gehört hatte.

Am schlimmsten schmerzte der Gedanke an Leonie. Ihr leichtfertiges Spiel. Ihre Bedenkenlosigkeit. Ihr Verrat. Wie hatte sie das mir, uns antun können? Wie sollte es jetzt weitergehen, wenn wir wieder zu Hause wären? Und wenn es überhaupt kein Zuhause mehr gab? Diesen Gedanken wollte ich mir nicht ausmalen. Er war absolut unerträglich.

Ein Einfaches wäre es für mich gewesen, mir einzureden, mein schlussendlicher Verzicht auf alle nur möglichen erotischen Abenteuer sei ausschließlich aus purer Liebe zu Leonie motiviert. Doch so verlogen war ich nicht. Ich hielt mir zwar zugute, nicht agiert, sondern nur reagiert zu haben, und schließlich war es der triumphierende Signor Alverna gewesen, der Leonie das Herz aus der Brust gerissen hatte, um es genüsslich zu verspeisen. Doch hätte ich auch nur ein bisschen auf den Italiener in mir gehört, wäre ich nicht so ein Weichei gewesen, könnte ich jetzt stolz in den Spiegel blicken und mich mit männlichem Trotz zum Kampf und auch zum Krach entschließen. Statt dessen herrschte der Konjunktiv in meinem Leben. Wäre, hätte, könnte, müsste, sollte, würde ... und nicht ein einziges *Yes, I can.*

Bevor Julia nach unten ging, um mit Leonardo zur Trauung in die Kirche zu fahren, gab es eine kleine Privatvorführung. Sie öffnete die Tür zu unserem Zimmer, sagte »Trara!« und wirbelte ein-, zweimal um die eigene Achse. Das schwere Kleid bauschte sich, der glänzende, makellose Stoff rutschte einen Augenblick lang aus der eleganten Drapierung und enthüllte kurz eine schlanke Fessel auf einer hohen Sandalette. Als die Pirouette vollendet war und wir begeistert klatschten, raffte Julia den Saum nach oben und rauschte ins Badezimmer. »Du siehst toll aus«, riefen Leonie und Laura wie aus einem Mund.

»Wirklich wunderschön«, sagte auch ich und suchte Leonies Blick, diesen heimlichen, einvernehmlichen Blick, den wir uns manchmal zuwarfen, wenn wir stolz auf unsere Kinder waren. Doch meine Frau hatte diesmal keine Augen für mich.

Ich ging nach unten. Wieder einmal. Ließ mich an der Bar auf einen Hocker plumpsen. Andrea schenkte mir sein Mitgefühl, klopfte mir freundschaftlich auf die Schulter und schob mir einen Cognac hin. Trinkend und sinnierend schlug ich die Zeit tot, bis es im Hotel wieder lebendiger wurde, die ersten Hochzeitsgäste eintrafen, schließlich das Brautpaar in einer Kutsche vorfuhr. Ricciarda und Paolo. Ein schönes Paar. *»Buona fortuna«*, murmelte ich leise. *Ich wünsch euch alles Glück auf Erden, euch beiden. Und das des Himmels auch.*

Wir waren auch ein schönes Paar gewesen, Leonie und ich. Plötzlich hatte ich die Bilder unserer Hochzeit vor mir, als wäre es gestern gewesen. So lange hatte ich nicht mehr daran gedacht. Aber jetzt ... Am liebsten hätte ich Leonie in die Kutsche gezerrt, mich auf den Kutschbock geschwungen, die Pferde angetrieben und wäre mit ihr irgendwohin durchgebrannt. Eine Wiese unter einem schattigen Baum, eine Decke, ein Picknickkorb, Erdbeeren, die ich ihr in den Mund schieben könnte. Ihr Mund ... ach, ihr Mund! Am meisten sehnte ich mich nach ihrem Mund.

Während sich der Festsaal mit Gästen füllte, schien sich die gesamte Feriengesellschaft des Hotels auf der Terrasse einzufinden. Auch der Rest meiner Familie hatte sich nach unten begeben. Aufgeregt kam Valerie auf uns zugestürzt und berichtete von einer sensationellen Entdeckung.

»Die haben sich vielleicht etwas Tolles als Hochzeitsgeschenk einfallen lassen«, rief sie begeistert. »Stellt euch vor – *neun* Reisen, alles absolute Traumziele. Jeweils zehn Gäste schenken eine Reise. So was hab ich überhaupt noch nicht gesehen.«

»Woher weißt du das?«, fragte Leonie überrascht.

»Da gibt's eine große Tafel vor der Tür des Festsaals ... mit den Reisezielen ... und den Namen der Gäste, die sich zusammengetan haben, um sie dem Brautpaar zu schenken. Der Waaaaahnsinn!«

Leonie blieb der Mund offen stehen. Während sich die Freundinnen in diesem *Waaaaahnsinn* ergingen, stand ich auf und schlenderte neugierig zu der weit geöffneten Flügeltür des Festsaals. Eine riesige Messingtafel verzeichnete tatsächlich neun Reiseziele ... und jeweils zehn bis zwölf Namen der Hochzeitsgäste standen darunter. Sansibar ... Mauritius ... Seychellen ...

Malediven ... Bali ... Khao Lak ... Bahamas ... Tahiti ...
Auch die Namen von Julia und Leonardo waren ver-
zeichnet, unter »Antigua«.

Merkwürdig.

Ich starrte einen Moment auf die Namen, dann
lachte ich laut auf. Valerie hatte es in ihrer Euphorie
falsch verstanden. *Kein Waaaaahnsinn.* Die Reiseziele
waren nur die Namen der Tische, die Tafel war eine
Sitzordnung, eine Platzierungshilfe. Julia und Leonardo saßen am Tisch »Antigua«, das Brautpaar mit den
Brauteltern und Trauzeugen am Tisch »Bali«.

Ich ging zurück zum Tisch »Marina di Languore«,
um dem Waaaaahnsinn ein Ende zu bereiten.

Sorry, Valerie.

🛵 41

Wir bekamen einiges mit von der Hochzeit, die immer
ausgelassener wurde. Weiße Tauben wurden in den
Himmel geschickt. Bunte Ballons, die wie Mini-Mon-
golfieren aufstiegen und sich in der Weite des Abend-
himmels verloren. Die Brautleute – oder ihre Eltern?
– hatten sich nicht lumpen lassen. Zum Abschluss,
gegen Mitternacht, sollte es sogar ein Feuerwerk am
Strand geben. Die Musik kam nicht aus irgendeiner

Anlage oder iPod-Station, es war auch nicht nur eine One-Man-Combo, die sich mit Keyboard und Rhythmusmaschine in der Ecke des Festsaals redlich abmühte, der Feier irgendwie auch musikalische Würden zu geben. Nein, die sieben oder acht Musiker, die sich im Saal zusammengefunden hatten, konnte man schon als kleines Orchester bezeichnen. Und sie hatten den guten alten Swing von Glenn Miller ebenso drauf wie das ebenso unvermeidliche wie unverwüstliche *Volare*, Italo-Pop ebenso wie Rock etwas härterer Gangart, dann wieder tanzbaren Barsound. Unglaublich, wie vielseitig diese Musiker waren, wie lässig sie die verschiedensten Geschmäcker bedienten, so dass alle schließlich einer Meinung waren: *Bravissimo!*

Da die großen Außentüren des Festsaals zur hinteren Terrasse hin offen standen – und auch den ganzen Abend offen blieben –, war die Musik draußen nicht weniger gut zu hören als drinnen. Und sie schaffte mühelos auch die Biegung zur anderen Terrasse an der Längsseite des Grand Hotels, wo sich die Hotelgäste tummelten, die sich von einem hochtourig laufenden Andrea und einigen Kellern, die nicht für das Fest abgestellt waren, Drinks am laufenden Band servieren und es sich nicht nehmen ließen, der Hochzeit von den B-Plätzen beizuwohnen. Als sich die Festgesellschaft im weiteren Verlauf des Abends über das gesamte Erdgeschoss des Grand Hotels verteilte, verschwammen die Grenzen und am Ende war kaum noch zu unterscheiden, wer nun genau dazugehörte und wer nicht.

Die Hochzeit hatte alle in Hochsimmung versetzt. Auch Leonie hatte es sich nicht nehmen lassen, ihr schönstes Kleid aus ihrer Reisegarderobe hervorzuholen: ein fließendes weißes Kleid mit zarten schwarzen Blumen. Sie hatte sich die Haare locker hochgesteckt, mit einer funkelnden Agraffe, und sah absolut spektakulär aus. Valerie war modisch sowieso *on the top* – sicherlich hatte sie sich für alle nur denkbaren und undenkbaren Eventualitäten ausgerüstet, was immer man tags oder nachts anziehen konnte, hatte sie im Koffer. Und selbst für Laura war ein neues weißes Spaghettiträgerkleid mit gesmocktem Oberteil gekauft worden, obwohl sie ja gar nicht auf die Hochzeit eingeladen war. So wie wir alle. Ganz egal – irgendwie fühlte sich die gesamte Familie Wunderlich eingeladen. Oder zumindest ihrer Tochter Julia im Festsaal verbunden.

Neben dem in einen eierschalenweißen Smoking gewandeten Leonardo, der noch mehr Eindruck machte als sein Cousin Paolo, der Bräutigam, sah Julia wie eine wahre Ballkönigin aus. Auch sie trug die Haare in einer Hochsteckfrisur, in der Sisi-Sterne funkelten. Meine Tochter strahlte wie der Nachthimmel über der Adria. Niemand, der ihr keinen bewundernden Blick zuwarf. Ich war mächtig stolz und stolzierte über die Terrasse wie Don Corleone durch Little Italy, nur dass mir niemand ehrerbietig zu Füßen sank oder meine Hand küssen wollte. Gewundert hätte es mich allerdings nicht.

Aber noch jemand war ein gebetener Gast auf diesem Hochzeitsfest; ich traute meinen Augen nicht, als ich ihn im Smoking an irgendeinem Tisch sitzen sah: *Signor Warte-nur-bis-ich-deine-Frau-heirate.* Er war, wie sich später herausstellte, ein Onkel des Bräutigams, doch wie nah er Paolo wirklich stand, ließ sich nicht feststellen. Er bewegte sich durch den weiblich animierten Teil der Gesellschaft wie ein Fisch im Wasser. Ich habe noch nie einen Mann so viele Küsschen in so kurzer Zeit verteilen sehen. Es war beängstigend, wie er sich durch diese Hochzeit küsste, als wollte er ins *Guinness-Buch der Rekorde.*

Doch irgendetwas war ganz anders als erwartet: Leonie, meine schöne, über alles geliebte Leonie nahm kaum mehr Notiz von ihm. Nun, sie gehörte nicht zur Hochzeitsgesellschaft, aber Alessandro wäre es ein Leichtes gewesen, irgendwann die andere Terrasse zu entern und sein Piratenglück zu versuchen. Doch nichts dergleichen geschah. Der Casanova blieb brav in seinem Terrain und scharwenzelte dort mächtig herum. Doch meine Lust, ihm dabei zuzuschauen, verlor sich rasch, so interessant war er dann doch nicht.

Leonie saß ganz uns zugewandt an einem Tisch auf der Terrasse, den wir für uns erobert hatten und den ganzen Abend über verteidigten. Irgendetwas, von dem ich keinerlei Ahnung hatte, führte sie mit ihrer besten Freundin im Schilde; immer wieder steckten die beiden ihre Köpfe zusammen und tuschelten.

Doch diesmal machte es mir nichts aus. Vielleicht hatte ich mich auch einfach nur daran gewöhnt, irgendein nicht näher bezeichnetes Rad am Wagen zu sein. Was sollte es auch, der Abend war mild, die Luft lau, die Aussicht aufs Meer atemberaubend wie stets. Ich lehnte mich in meinem Korbsessel zurück. Mir war alles recht. Ja, ich schloss Frieden mit mir selbst.

Dann klingelte Valeries Mobiltelefon und die Freundin empfahl sich mit merkwürdig stolzem Blick – sie kippte noch energisch ihren Drink hinunter, wie um sich zu stärken, und ging dann ins Hotel, vermutlich um sich »frisch« zu machen. Jedenfalls murmelte sie so etwas, als sie vom Tisch aufstand und verschwand. Frauen müssen sich mindestens jede halbe Stunde »frisch« machen. Während Männer einmal frisch immer frisch sind. Oder in vornehmer Pose dekorativ vor sich hinknittern, das stört niemanden.

Valeries Frischebedürfnis jedoch musste diesmal exorbitant sein, denn sie kam einfach nicht zurück. Nicht nach fünf Minuten, nicht nach zehn Minuten, nicht nach fünfzehn Minuten. Meine Güte, wie viel

Lippenstift wollte sie denn noch auftragen auf ihren ohnehin schon übervollen Lippen? Was war los? Komisch nur, dass Leonie nicht die Spur nervös wurde. Sie war aufgestanden, ein paar Schritte über die Terrasse spaziert und lehnte an einem strategisch günstigen Punkt der Balustrade, von dem aus sie direkten Blick in den Festsaal hatte. Nur gut, dass wenigstens einer von uns unsere vergnügungssüchtige Tochter im Auge behielt.

Dann bemerkte ich, wie ein überaus zufriedener Ausdruck über ihr Gesicht glitt. Und dann kehrte sie auch schon wieder zurück an unseren Tisch.

»Was ist?« fragte ich, nun doch neugierig geworden, welche Kabale man sich diesmal ausgedacht hatte.

»Wie meinst du?«, fragte sie in unschuldiger Zerstreutheit.

»Ich meine, was du gesehen hast?«

»Wo?«

Meine Güte, manchmal ging mir ihre gespielte Begriffsstutzigkeit wirklich auf den Geist! »Na, wohl wo!«, sagte ich. »Da drüben, im Festsaal! Und wo bleibt übrigens Valerie?«

Leonie schenkte mir ihr feines Lächeln, das ich so an ihr liebte, nur hatte sich diesmal ein arroganter Zug hineingemischt. Ganz nach dem alten Kindermotto »Ich sehe was, was du nicht siehst«. Sie blickte mich mit einer gewissen Überheblichkeit an. Als sei ihr etwas ganz und gar Exzeptionelles geglückt, zu dem ihr alle Welt Beifall klatschen müsste.

»Valerie?«, fragte sie.

Was sollte das werden? Die Meisterschaft in der Disziplin Gegenfragen?

»Ja, Valerie, deine Freundin in dem überkandidelten, strassübersäten Dreitausend-Euro-Kleid, in dem sie aussieht wie ein wandelndes Baci.«

Leonies Blick wurde unduldsam. Sie zog – gefährlich, gefährlich! – eine Augenbraue hoch. Nur eine!

»Henry, ich bitte dich – das Kleid ist nun wirklich eine Wucht! Sei nicht so herablassend, das macht dich nicht schöner. Aber ... um deine Frage zu beantworten: Valerie hat's geschafft!«

Die Augenbraue sank wieder herab.

»Sie hat's geschafft«, echote ich und nickte grimmig. »Klar«, sagte ich. Offenbar machte es anderen Spaß, mich pausenlos im Dunkeln tappen zu lassen.

»Ja!« Leonie nickte mir mit einem triumphierenden Lächeln zu.

»Also was geschafft?«, fragte ich in dieser nur mäßig interessierten Art, in die man verfällt, wenn man zunehmend genervt ist.

»Sie ist auf der Hochzeit. Und hat ihn an der Angel!«

»An der Angel ... aha«, sagte ich einigermaßen verständnislos. Ich begriff nicht, wovon Leonie sprach. Und was sie mir eigentlich sagen wollte. »Wen hat sie an der Angel? ... Mach's nicht so spannend, Leonie, sonst verliere ich noch das Interesse.«

»Ach, Henry, nun gönn mir doch das Vergnügen!« Sie fühlte sich nicht die Spur angegriffen oder zurechtgewiesen. Sie schien das Miniaturgefecht, das wir uns hier lieferten, zu genießen. Jedenfalls deutlich mehr als ich, der ich schon an der Grenze der Aufnahmekapazität angekommen war.

Leonie verschränkte die Arme, blickte demonstrativ zur Seite und biss sich auf die Lippen, um sich ein Lachen zu verkneifen. Sie war in Hochform. Auf der Bühne hätte es spätestens jetzt Szenenapplaus gegeben. Für sie, nicht für mich. Ich war nur der Idiot. Der Ehetrottel, auf dessen Kosten sich lustig gemacht wurde.

Doch dann, bevor ich noch zu einer unwirschen Antwort ansetzen konnte, geschah etwas, das mich um meine Fassung brachte. Ich schluckte. Ich schüttelte den Kopf. Ich wischte mir verlegen über die Augen.

Das Orchester hatte wieder zu spielen begonnen und plötzlich wehten die ersten Klänge eines Liedes zu uns herüber. Eines Songs, den ich nur zu gut kannte. Den ich wie keinen anderen mochte. *Unser Lied!*

Somewhere beyond the sea
Somewhere waiting for me
My lover stands on golden sands
And watches the ships that go sailing.

Beyond the sea. In der Swing-Fassung, wie Bobby Darin es sang. Der Song lag in der Luft, füllte die Terrasse, weckte Erinnerungen. Ich blickte Leonie an, waidwund wie ein von der Jagd erschöpftes Tier. Und auch sie blickte mich an, erst ernst, dann belustigt. Doch ich spürte, dass sie sich diesmal nicht über mich lustig machte. Nach allem, was passiert war, was sich zwischen uns aufgestaut hatte in diesen letzten Wochen und Tagen, spielten sie unser Lied. Hier und jetzt. Dieses wunderbare, unübertroffene Lied, diese Fanfare, die einst unsere Liebe besiegelt hatte, an einem Tag in Weiß wie diesem ...

Somewhere beyond the sea
She's there watching for me
If I could fly like birds on high
Then straight to her arms I'd go sailing.

Sie stand auf und streckte mir ihre Hand entgegen. Ihre Augen schimmerten.

It's far beyond the stars
It's near beyond the moon
I know beyond a doubt
My heart will lead me there soon.

Ich erhob mich ebenfalls, verwirrt, ergriff ihre Hand, nicht wissend, wie mir geschah, dann zog ich Leonie an mich.

»Und er ließ sie nicht mehr los«, sagte das Mädchen, das ich liebte, Leonie, die ihren Kopf an meiner Schulter vergrub, so dass ich ihr Haar riechen und ihren Herzschlag spüren konnte, und alles andere auch.

Wir tanzten auf der Terrasse, wiegten uns zu den Klängen dieser zauberhaften Musik, überließen uns der Nacht, wiegten uns, eng aneinander geschmiegt.

We'll meet beyond the shore
We'll kiss just like before

Leonie küsste mich, und dieser Kuss würde nicht so rasch enden. Vielleicht nie mehr. Doch die letzten Takte sang Leonie leise in mein Ohr:

I know beyond a doubt
My heart will lead me there soon
I know we'll meet beyond the shore
We'll kiss just like before
Happy we'll be beyond the sea
And never again I'll go sailing.

Meine Augen hatten sich mit Tränen gefüllt und ich sah nichts mehr.

🛵 42

Die Sterne funkelten über uns, als seien plötzlich alle Lichter angegangen in einem unendlichen blauen Zelt, das sich über uns spannte. Auch das nächste, auch das übernächste Lied vertanzten wir, selig ineinandergeschmiegt, auf der Terrasse. Wessen Blicke uns folgten, war uns egal. *Leonie ist wieder da*, dachte ich. *Wieder da ... wieder da ... wieder da ...*

Bei einer Drehung, ganz in der Nähe der weit offenstehenden Türen des Festsaals, sah ich noch ein anderes tanzendes Paar, das sich gesucht und gefunden hatte: Julia und Leonardo. Sie hatten keinen Blick für uns da draußen, und das war gut so. Doch dann geriet für einen kurzen Moment noch ein Paar in mein Blickfeld, das engumschlugen tanzte. Ich traute meinen Augen nicht, wirbelte Leonie etwas gegen den Takt herum, um mich zu überzeugen, dass ich keiner Täuschung aufgesessen war. Kein Zweifel: Es waren Alessandro und Valerie, die sich auf der Tanzfläche mitten im Festsaal aneinanderdrückten, als sollte kein Blatt Papier mehr zwischen sie passen. Valerie blickte ihren Tanzpartner an, als sei er das Glück ihres Lebens. Dann waren Leonie und ich schon eine Drehung weiter, aus dem Blickfeld, aus dem Sinn. *Beyond the sea.*

»Hast du das gesehen?«, stotterte ich.

»Was meinst du?«

»Leonie, raub mir bitte nicht den letzten Nerv mit deinen Gegenfragen. Du weißt genau, wen ich meine.«

»Ach, die«, sagte Leonie lächelnd und schüttelte nachsichtig den Kopf. »Natürlich habe ich sie gesehen.« Sie zwinkerte mir zu. »Läuft doch alles nach Plan.«

Nun war es vorbei mit dem Tanzen. Ich ließ Leonie aus meinen Armen gleiten, und sie tänzelte die paar Schritte zurück zu unserem Tisch, an dem nur noch Laura und Tiago saßen, die Köpfe zu einem ihrer hochvertraulichen Gespräche zusammengesteckt. Ich folgte ihr mit gemischten Gefühlen. *Verdammt, was für ein Plan?* Verunsichert trat ich an den Tisch und setzte mich.

»Kann ich einen von deinen Zigarillos haben?«, fragte Leonie und für einen winzigen Moment schoss ein *Déjà-vu* durch meinen Kopf, Mariana und ich, rauchend. Dann war es schon wieder vorbei.

Ich kramte nach meinem Sillems-Döschen, ließ es aufspringen und hielt es ihr entgegen. *Nun kommt's wirklich*, dachte ich. Leonie raucht nur selten. Eigentlich nur, wenn sie sehr aufgeregt ist und sich beruhigen muss. Und dann nur Zigaretten. Nie Zigarillos. Die hält sie für zu stark.

An diesem Abend waren sie wohl gerade richtig. Starke Sachen brauchen starken Tobak. Und das war wohl zu erwarten, wenn ich mich nicht verhört hatte. Ich gab Leonie Feuer, und sie zog ungeübt am Zigarillo, als sei es eine übermenschliche Kraftanstrengung, ihn zum Brennen zu bringen. Dann ließ sie den Rauch zwischen ihren Lippen entweichen und lehnte sich entspannt zurück.

»Also, wenn ich dir reinen Wein einschenken soll ...« Sie machte eine kunstvolle Pause.

»Bitte!«, sagte ich mit einem raschen Seitenblick auf Laura und Tiago.

»Laura«, bat Leonie, »lass uns einen Augenblick allein.«

Meine Tochter stand auf, ihr *compañero* war schon vor ihr aufgesprungen, und beide gingen Hand in Hand weg, gemessenen Schrittes, als wäre es für immer.

Dann waren wir allein. Leonie und ich. Die Stunde der Wahrheit schlug, und ich spürte ein unbestimmtes Beben in meinen Eingeweiden. Vermutlich war es das Adrenalin, das mir durch den Körper schoss. Wie auch immer, die Karten kamen auf den Tisch. Endlich.

»Was für ein Plan?«, fragte ich, um zum Punkt zu kommen.

»Ach, Plan ist eigentlich zu viel gesagt. Es hat sich eher so ergeben ... irgendwie.«

»Mit Valerie und diesem ... Alessandro?«

»Genau.«

»Der aber eigentlich in dich verliebt ist ... oder war ... oder ist ...« Ich geriet ins Stottern.

Leonie lächelte nachsichtig. »Nicht die Spur.«

»Wie, nicht die Spur?«

»Er ist nicht in mich verliebt. Und ich nicht in ihn.«

Mir verschlug es glatt die Sprache. Ich zündete mir einen Zigarillo an und paffte aufgeregt, um mich zu beruhigen.

»Wie bitte?«, stieß ich schließlich hervor.

»Ja«, sagte Leonie bestimmt. »Was dachtest du denn?«

»Ich dachte ... ich dachte ... ich meine, es war doch offensichtlich ... es war doch nun nicht zu übersehen, dass ... dass ...«

»Henry, bitte ... jetzt stammle hier nicht herum wie ein Teenager beim ersten Date.«

»Ich meine, dieser Gigolo hat dir doch die ganze Zeit über schöne Augen gemacht. Das habe ich ja nun selbst mitbekommen. In der Bar *Blu Cielo*. Zweimal habe ich euch dort gesehen, wie du weißt. Und nicht nur dort. Immer wieder. Ihr wart zusammen ... ich habe euch beobachtet. Ihr seid Arm in Arm durch die Straßen gegangen wie zwei Verliebte, ihr habt euch blendend verstanden ...«

»Das stimmt«, warf Leonie ein und nahm einen weiteren energischen Zug von ihrem Zigarillo. »Wir verstehen uns blendend.«

»Siehst du, siehst du! Und er hat dir Avancen gemacht. Er konnte doch die Augen und Hände nicht von dir lassen.«

»Auch das stimmt.«

»Siehst du«, sagte ich wieder, in der begründeten Hoffnung, endlich Oberwasser zu bekommen. »Also hatte er es doch auf dich abgesehen. Er wollte dich ins Bett kriegen.«

»Keine Frage«, sagte Leonie. Sie schien amüsiert. Unverschämt war das.

»Na also. Hab ich doch recht gehabt«, entgegnete ich aufgebracht.

»Nicht ganz«, sagte Leonie und schnippte die Asche ab wie von einer Zigarette. »Wir waren nicht zusammen im Bett.«

»Wart ihr nicht?« Eine Welle der Erleichterung flutete durch mich hindurch.

»Nein, waren wir nicht. Diesmal nicht. Und damals nicht. Ich war nie mit Alessandro zusammen. Als Mann ist er überhaupt nicht mein Typ. Viel zu oberflächlich, wenn du verstehst, was ich meine. Der verliert rasch das Interesse und flattert zum nächsten Vöglein.«

»Zur nächsten Vögelei, meinst du wohl.« Den schlappen Witz konnte ich mir nicht verkneifen.

Leonie grinste.

»Aber du kennst ihn doch von früher. Das hast du ja selbst zugegeben. Und dann wart ihr hier ständig zusammen. Das kannst du nicht leugnen. Ich bin euch nämlich gefolgt, immer wieder.«

»Ich leugne es ja auch gar nicht.« Sie lächelte. »Du warst ja nicht zu übersehen.«

»Ihr habt mich bemerkt?«, fragte ich entgeistert. Der Zigarillo war ausgegangen, und ich setzte ihn mühsam wieder in Brand.

»*Ich* habe dich bemerkt. Er wohl kaum. Er hatte nur Augen für mich.«

»Na, siehst du«, sagte ich wieder.

»Er hat voll aufgedreht. Das ganze Programm. Komplimente von morgens bis abends. Geschenke. Blumen. Anrufe. SMS. Sogar nachts.«

»Nachts? Das habe ich gar nicht bemerkt.«

»Du hast so manches nicht bemerkt, Henry. Jedenfalls nicht das, worauf es ankam.«

»Und worauf kam es an?«

»Auf Valerie. Irgendwann, schon am zweiten Tag unseres Wiedersehens, wurde Alessandro mir lästig. Er hat halt seine Masche, und die zieht er durch, immer wieder. Und da dachte ich ... für Valerie wäre er perfekt. Dann hätte ich ihn vom Hals. Und wenn eine es hinkriegt, ihn von seiner chronischen Gefallsucht, seinem Imponiergehabe, seiner permanenten erotischen Alarmbereitschaft zu kurieren – dann sie. Und sie hatte Feuer gefangen, das habe ich rasch gemerkt. Allerdings war sie seltsam gehemmt, weil sie wohl dachte, dass ich sozusagen die älteren Rechte hätte und sie mir nicht in die Quere kommen dürfe. Das war natürlich kompletter Unsinn.«

»Kompletter Unsinn«, wiederholte ich.

»Ja, und dann habe ich meinen kleinen Plan geschmiedet. Ich ...«

»Lass mich raten«, unterbrach ich sie. »Du hast dich an Alessandro rangeschmissen, um Valerie so richtig scharf zu machen.«

»Nicht ganz«, sagte Leonie wieder und sah mich mit einem merkwürdigen Lächeln an. »Richtig scharf solltest ... *du* werden!«

»*Ich?*« Alle guten Geister verließen mich, suchten fluchtartig das Weite angesichts dieser Offenbarung, die an Perfidie nicht zu überbieten war. Welcher Dämon hatte von meiner gutherzigen Leonie Besitz ergriffen, um ausgerechnet mit mir ein solch böses Spiel zu treiben?

»Ja, du, mein kleiner tapsiger Bär.« Leonie wuschelte mir durchs Haar, aber mir war's egal jetzt. Sollte sie wuscheln, von mir aus bis an mein seliges Ende.

»Du willst mir jetzt allen Ernstes sagen, dass dies nichts als eine grandiose Scharade war ...«

»Allen Ernstes. Ja.«

»Ein Komplott, um mich eifersüchtig zu machen?«

»Ein bisschen eifersüchtig, ja.«

»Ein bisschen?«, rief ich so laut, dass sich die Gäste am Nachbartisch umdrehten. Leiser fuhr ich fort: »Ich bin fast gestorben vor Eifersucht, weißt du das eigentlich? Ich bin halb durchgedreht. Aber warum ... warum hast du mir das angetan?«

»Das ist eine lange Geschichte, Henry.«

»Wir haben Zeit, Leonie, Zeit genug. Erzähl sie mir.«

Sie nahm sich einen neuen Zigarillo und zündete ihn an. Und dann begann sie zu erzählen ...

🛵 43

»Es war einmal eine Prinzessin«, begann Leonie, »die lebte in einem fernen Land, wo es oft kalt war. Sie hatte den Mann geheiratet, der imstande gewesen war, ihr Herz zu erobern, einen Dichter, der mit Worten zaubern konnte und ihr glühende Liebesbriefe schrieb, wie die schöne Roxane sie einst von Cyrano de Bergerac erhalten hatte. Sie lebten glücklich, gaben sich ihrer Liebe hin, und bald wurden zwei Töchter geboren, die der ganze Stolz der Familie waren. Die Prinzessin liebte die

Bücher sehr, sie handelte sogar mit ihnen in einem kleinen Geschäft, das sie *Lesestübchen* nannte. Der Dichter schrieb Romane, mit denen er bekannt und berühmt wurde. Liebesbriefe allerdings schrieb er nicht mehr. Nie wieder.

Die Jahre gingen ins Land, die beiden Töchter wurden groß, die Leidenschaft wurde kleiner und kleiner. Dann und wann liebten sich die Prinzessin und der Dichter noch inniglich, aber es wurde seltener und seltener. Es war ein seltsam temperiertes Glück, in dem sie sich eingerichtet hatten. Eigentlich gab es nichts zu klagen, bis auf die Rosen, die Briefe, die Worte, die leidenschaftlichen Umarmungen, welche die Prinzessin sehr vermisste. Ob auch ihr Mann sie vermisste – sie wusste es nicht. Da dachte die Prinzessin, die darüber sehr betrübt war, es wäre vielleicht keine schlechte Idee, Gefilde aufzusuchen, in denen die Sonne, das Meer und die Liebe noch zu Hause waren. Sie war früher schon dort gewesen, als junges Mädchen, und hatte dort einen Sommer lang eine Jugendliebe erlebt, die sie in verklärter Erinnerung behalten hatte. Möglicherweise, überlegte sie, könnte dies den verlorengegangenen Zauber wiederbeleben, der einst so über alle Maßen ihr Glück gewesen war. Und so beschloss sie, ihren Gemahl an die fernen Gestade zu locken, um mit ihm dort nach der Insel Kythera zu suchen.«

Ich schluckte. Ich hörte gebannt zu.

»Doch es war wie immer«, fuhr Leonie fort, den Blick in die Ferne gerichtet. »Sonne und Meer faszinierten den Dichter kaum, und die Liebe, sie blieb eine Ausnahme. Er war nett, zuvorkommend, eigentlich war nichts an ihm auszusetzen. Er berührte sie, umarmte sie, fühlte sich wohl in ihrer Nähe. Doch einen Unterschied zu all den Jahren, die hinter ihr lagen, spürte sie nicht.

Als ihre älteste Tochter sich verliebte, wie einst sie selbst an diesem Ort, glaubte sie die Zeit gekommen, dem Glück auf die Sprünge zu helfen. Sie spürte einen der Freunde auf, die schon damals um sie geworben hatten. Ihre erste Liebe war längst weggezogen, nur dieser Freund war noch da, in der kleinen Stadt am Meer. Sie verabredete sich mit ihm. Und da sie noch immer schön und begehrenswert war, und er immer noch entflammt für sie, beschloss sie, zusammen mit ihrer Freundin, die ihr ans Meer nachgereist war, ihren Gemahl durch das Fegefeuer der Eifersucht zu schicken.

Die Rechnung ging zwar auf, doch der Dichter schien keine Augen mehr für sie zu haben. Er verliebte sich in ein Mädchen vom Land, ein entzückendes, blutjunges Ding.

Als die Prinzessin feststellte, dass auch ihre Freundin sich verliebte, und zwar in den Mann, mit dem sie ihren Gemahl eifersüchtig machen wollte, setzte sie

305

alles daran, den Gefährten von einst mit ihr zu verkuppeln. Ihrem Mann aber spielte sie vor, es sei mit diesem Luftikus zum Äußersten gekommen. Sie blieb eine ganze Nacht fort, die sie einsam am Strand verbrachte, allein mit ihren Gedanken und Gefühlen.

Und als sie am Morgen zurückkehrte ...«

Leonie brach ab.

»Das ist eine traurige Geschichte«, sagte ich nach einer Weile.

»Es ist ein Märchen, Henry. Aber am Ende, weißt du, ist es immer so: ›Da hatten alle Sorgen ein Ende, und sie lebten in lauter Freude zusammen.‹«

»Und ... glaubst du das, Leonie?«

»Aber ja! Du nicht?«

»Doch«, sagte ich kleinlaut.

Eine Weile saßen wir schweigend nebeneinander. Betroffen ließ ich mir Leonies Märchen durch den Kopf gehen und stellte zu meinem Erstaunen fest, dass ich vor nicht allzu langer Zeit in einer kleinen Bar ganz ähnliche Gedanken gehabt hatte. Wir benutzten vielleicht andere Bilder, aber wir wollten immer noch dasselbe. Immer noch. Gerührt griff ich nach Leonies Hand. Mein Ärger über den üblen Streich, den sie mir gespielt hatte, war plötzlich verflogen und ich dachte nur, dass ich diese Hand nicht mehr loslassen wollte.

»Das müssen wir besiegeln«, sagte Leonie, als hätte sie meine Gedanken erraten. »Mit einem Ring, den du mir ansteckst ...«

»Warum?«

»Als ein Zeichen der Liebe. Eines neuen Anfangs. Als ein Symbol unserer Verbundenheit.«

»Du trägst doch schon unseren Ring, Liebste. Hat er denn keine Gültigkeit mehr?«

»Ich meine es ernst, Henry. Ich möchte einen neuen Ring von dir. Mir geht es nicht darum, meine Schmuckkassette mit einer weiteren Preziose zu füllen. Wir teilen die Erfahrungen der Liebe nicht mehr. Die ganze Last der Beziehung ruht auf mir. Das möchte ich nicht mehr so haben. Du sollst mich wieder in dein Leben aufnehmen, in dein Herz, Henry. Verstehst du? Ich begehre dich, du begehrst mich ... Du begehrst mich doch?«, setzte sie leiser hinzu.

Ich hatte Mühe, den Kloß in meinem Hals herunterzuschlucken.

»Ja, Leonie.«

»Und ... können wir dann nicht morgen einen Ring kaufen? Und noch einmal Hochzeit feiern? Nur wir beide?«

Ich nickte. »Natürlich. Entschuldige. Ich bin manchmal schwer von Begriff.«

»Du bist nur liebesentwöhnt, das ist alles. Ich wünsche mir so sehr, dass unsere Liebe wieder in den Mittelpunkt unseres Lebens rückt. Dass wir uns herzen und küssen ... wie früher. Ich möchte einen Mann, der mich liebt. Der nicht nur ein bisschen Alltag mit mir und seinen Töchtern teilt und ansonsten seiner Wege geht. Dafür ...«, sie schluckte, »habe ich all das hier getan. Für uns. Und für dich.«

»Für mich«, wiederholte ich, überwältigt und erleichtert zugleich. Und dann, nach einer Weile, in der wir uns nur ansahen, setzte ich neu an: »Leonie ...«

»Ja?«

»Wenn ich's mir genau überlege: Ich kann's gar nicht abwarten, das mit dem Ring. Wir kaufen morgen einen, versprochen. Aber jetzt ... wäre es möglich ... ich meine, würdest du vielleicht ... wäre es ganz ausgeschlossen ... eventuell ...«

»Was, Henry?« Ich liebte die Ungeduld in ihrer Stimme.

»Dass wir jetzt diese Hochzeit, zu der wir gar nicht eingeladen sind, verlassen ...«

»Und?«

»Und auf unser Zimmer gehen?«

Sie sah mich schelmisch an. »Um was zu tun?«

»Hochzeitsnacht?«, schlug ich vor.

🛵 44

Ein Ring, so sagt man, ist ein Symbol der Unendlichkeit. Kein anderer Schmuck symbolisiert die Liebe so tiefsinnig, so ohne jeden Zweifel. Am Anfang einer Liebe ist er deshalb nicht angebracht. Was wie der Beginn einer wunderbaren Liebe aussieht, ist allzu oft handfestes Geschäft. Das Brillantcollier, für das man ein halbes Eigenheim bekäme, bringt zwar keine Rendite, aber einen Gewinn anderer Art. Man zeigt, dass man in die Herzdame zu investieren bereit ist. Und wenn die Sache trotz der unvergänglichen Diamanten oder anderer Edelsteine nicht von Dauer sein sollte, so bleibt doch immerhin etwas zurück: eine Erinnerung an strahlendere, glücklichere Tage.

Ein Ring jedoch ist einmalig. Ein Solitär der Liebe. Jedenfalls, wenn er von Bedeutung ist. So gern und oft der liebende Mann Schmuck schenkt – Ohrringe, Ketten, Broschen, was auch immer –, einen Ring schenkt er selten nur so. Ein Ring ist die ultimative Botschaft. Keine Frau würde einen Ring mit einem lapidaren »Oh, wie hübsch« entgegennehmen, ihn anstecken und ihrer Wege gehen. Im besten Fall macht er sie sprachlos. Und der Mann kann sagen, was er zu sagen hat.

Am nächsten Morgen machte ich mich – wohl zum letzten Mal – auf in die Stadt. Noch einmal ging ich zum Kiosk, zur Bar *Tre Amici*, in die Buchhandlung, ich lief meinen ganz persönlichen Parcours. An den Ring dachte ich, ehrlich gesagt, gar nicht mehr. Nicht nach dieser Nacht. Bis ich zu dem kleinen Juweliergeschäft kam, in dem Leonie mit ihrer Freundin mehrmals verschwunden war, während ich immer draußen wartete. Sozusagen im Sicherheitsabstand.

Diesmal betrat ich den Laden. Eine Glocke klingelte. Ein altmodischer Ventilator kämpfte an der Decke gegen die drückende Luft an. Eine ältere, sehr distinguiert aussehende Dame schenkte mir ein erwartungsvolles Lächeln.

»Sie wünschen, mein Herr?«

»Ich möchte mir ein paar Ringe anschauen.«

»Für Ihre ... Frau? Oder Freundin?«

»Für meine Frau, ja.«

Sie führte mich zu einer Vitrine, entrollte ein Samttuch auf der Glastheke und legte nach und nach eine ganze Kollektion von Ringen darauf. Einer schöner als der andere. Einer teurer als der andere. Doch egal, wie schön oder teuer – keiner von ihnen versetzte mich in ein Glücksgefühl, wie ich es mir eigentlich erträumte, wenn ich den Ring an Leonies Finger stecken würde.

Die Verkäuferin bemerkte mein Zögern, denn ich nahm keine der Preziosen genauer in Augenschein.

»Mhm«, machte ich.

»Gefallen sie Ihnen nicht, mein Herr?«

»Doch, doch ...«

»Aber es ist nicht der Richtige dabei?«

»Nicht der Richtige, nein.«

Sie zögerte einen Augenblick, schließlich legte sie alle Ringe wieder zurück in die Vitrine und verschloss diese sorgfältig. Dann verschwand sie hinter einen Vorhang und kehrte einen Moment später mit einer kleinen altmodischen Schatulle zurück, die sie mir in die Hand drückte.

Ich schaute sie verdutzt an. Erst die Verkäuferin, dann die Schatulle.

»Öffnen Sie sie.«

Die Schatulle schnappte auf, mit einem kleinen Widerstand. Es steckte ein goldener Ring darin, mit gerundeter Oberfläche, in die eine Reihe winziger blauer Steine eingelassen war, die das Bild einer Meereswelle ergaben.

»Zur Erinnerung an das Meer ... vielleicht?«, fragte sie.

Ich nickte stumm.

Es war keine Frage, dass ich diesen Ring nehmen würde. Er war schlicht, nostalgisch, er zauberte Sehnsucht in die Augen. Er war vollkommen.

»Könnte man ...«, begann ich. »Wäre es vielleicht möglich, etwas in die Innenseite zu gravieren?«

Die Dame nickte. »Aber sicher.«

»Heute noch?«

Sie dachte einen Augenblick nach. »Ja, warum nicht«, sagte sie dann. »Marcello, mein Mann, kommt gleich zurück. Es ist ja noch früh am Morgen.«

Ich strahlte sie an.

»Und was sollen wir gravieren?«

Ich sagte es ihr.

🛵 45

Ich nahm Abschied. Von allen, denen ich in den letzten drei Wochen begegnet war. Dem namenlosen Buchhändler, Chiara und Jonathan von der Bar *Tre Amici,* der ewig gutgelaunten Kioskfrau. Leichten Herzens schlenderte ich zum wohl letzten Mal durch die Straßen dieser kleinen Stadt, die so Großes bewirkt hatte. Und von der ich immer Großes erwarten würde. Ich war so hochgestimmt, dass ich jedem ein *»Ciao!«* hätte zurufen können.

Und dann – endlich – schlug die Erleichterung in mir Wellen. Ich ließ den Italiener in mir raus. Aufgekratzt lief er mir voraus auf den Corso, in eines der nächstgelegenen Geschäfte mit *Beachwear for Men,* und ich stolperte glückstrunken hinter ihm her und erstand dort Bermuda-Shorts in geradezu verwegenen Farben. Irgendwas mit rotem Klatschmohn. Total verrückt.

Ich ging zum Strand, wo ich mich bis auf die Shorts auszog und sogar – unerhört! – die Strümpfe abstreifte. Mit einem Seufzer so laut, dass er noch in Rimini zu hören war, ließ ich mich in den Sand fallen, ja, in den Sand. Ich streckte alle viere von mir, nur den Sonnenhut zog ich über mein Gesicht, und so lag ich da, minutenlang, stundenlang, ich weiß nicht mehr, wie lang. Ich atmete aus ... aus ... aus. Ich hörte, wie nicht weit von mir entfernt das Wasser der Adria lüstern den Sand leckte, immer wieder. Es rauschte heran, es brach sich in kleinen schaumigen Wellen, es zog sich wieder zurück. Es war irgendwie sehr ... weiblich. Hingestreckt lag ich dort, ließ die Sonne auf mich brennen, pfiff auf alle Allergien, spielte mit den Zehen im warmen Sand und wartete darauf, was der Italiener in mir dazu zu sagen hatte.

Doch er sagte nichts mehr.

Er war für alle Zeit verstummt.

Schade, ich hatte ihn liebgewonnen, irgendwie.

Doch irgendwie war ich auch froh, dass er nun schwieg. Jetzt, wo ich mich hemmungslos dem schönen Leben hingab und mir mit dem letzten Rest meiner Vernunft nicht vorstellen konnte, jemals wieder aus dem Traum zu erwachen, in den ich mich fallengelassen hatte.

In diesem Traum sah ich Giulia mir zulächeln, Valerie mir zuzwinkern, Mariana mir zuwinken. Und Leonie warf mir einen Luftkuss zu. Schließlich standen alle vier in ihren Bikinis um mich herum und blickten auf mich herab. Ich lupfte den Sonnenhut ein wenig zur Seite und blinzelte in die Sonne, dann zog ich ihn zufrieden wieder über mein Gesicht. Es ging mir gut, sehr gut sogar. Ich hörte die vier Grazien flüstern und leise kichern. Dann spürte ich – enthemmt, wie es nur in Träumen möglich ist –, dass sich in meinen Bermuda-Shorts etwas regte.

Und dann murmelte ich unter dem Sonnenhut: »Iste nicht peinlich, iste schön!«

Irgendwann war ich zu den Liegestühlen, die unsere Familie gemietet hatte, gegangen und hatte mich dort unter den Sonnenschirm gelegt. Ich schloss die Augen, hörte nichts als Wind und Wellen und in der Ferne ein paar spielende Kinder. Ich döste wieder ein und als ich die Augen aufschlug, saß Leonie neben mir, den Blick aufs Meer gerichtet.

Ohne mich anzuschauen, sagte sie: »Valerie ist abgereist. Ich soll dir schöne Grüße sagen. Julia nimmt gerade Abschied von Leonardo ... wahrscheinlich bis morgen früh. Laura sitzt in ihrem Zimmer und weint wegen Tiago. Das hier ...«, sie reichte mir einen dunkelroten Briefumschlag ... »soll ich dir von Mariana geben. Auch die Gonçalves sind weggefahren. Und ich ...«

»Du bist hier, bei mir.«

Sie wandte sich mir zu, lächelte ihr verführerisches Nymphenlächeln und zupfte an den Bikiniträgern herum.

»Nein.«

»Nein?« Ich richtete mich auf und sah sie verwundert an.

»Nein, Henry. Du bist *bei mir*. Das ist das Wichtigste.«

»Ich bin doch immer bei dir!«

Ihre Mundwinkel zuckten. »Ach, wirklich? Ich hatte den Eindruck, du bist gerade erst gekommen.«

Wir gönnten uns noch eine Viertelstunde an diesem sonnentrunkenen Meeressaum, der in der müde werdenden Hitze des Spätnachmittags glühte, dann standen wir auf und schlenderten Hand in Hand zum Hotel zurück. Ich ließ die Schuhe am Strand zurück und ging barfuß. Das letzte Abendessen dieser Ferien wartete im großen Speisesaal des Grand Hotels auf uns. Auf unserem Zimmer zog ich mir eine leichte dunkelblaue Hose und ein weißes T-Shirt an, schlüpfte in die cognacfarbenen Slipper und war sozusagen dinnerfertig. Leonie hatte sich in ein rotes Kleid aus einem seidigen, fließenden Stoff geworfen, das sie irgendwann in diesen Ferien in irgendeinem Geschäft in Marina di Languore erstanden hatte. Sie trug nichts am Körper außer diesem Fetzchen und ihren goldenen Riemchensandalen.

»Ein bisschen frivol, so wenig an, oder?«, neckte ich sie.

»Findest du?«

»Du nicht?«

»Nö.«

Dann wuschelte sie mir durch das Haar und es passierte etwas sehr Ungewöhnliches: Ein Schauer rieselte mir den Rücken herab.

»Dein Bärchen ist begeistert«, sagte ich und seufzte wohlig auf.

»Na endlich«, sagte Leonie und schloss die Zimmertür hinter uns, vorsichtig, als wolle sie niemanden stören.

Bevor auch ich hinunterging, öffnete ich den dunkelroten Umschlag. Es war ein feines, knisterndes Kuvert, es klang geheimnisvoll, wenn man es befühlte. Nur ein Briefbogen steckte darin, altmodisches, cremefarbenes, an den Rändern ausgerissenes Papier. Auf ihm las ich die mit Tinte geschriebenen Worte:

Im Land des Vergessens finden wir keine Heimat.
Adeus!
Para sempre,
Mariana.

Ihr Name lief in einer schwungvollen Linie aus, die kein Ende fand.

Ich steckte den Brief zurück in den Umschlag und verstaute ihn in meiner Schreibmappe.

»*Muitas felicidades, Mariana*«, murmelte ich. Es war der einzige Satz, den ich auf Portugiesisch konnte.

🛵 46

War ich im Paradies?

Wie von Gold überglänzt standen wir in der Morgensonne auf dem kleinen Balkon. Es war unser letzter Ferientag. Es war sechs Uhr, die Sonne ging auf, und in weniger als einer Stunde würden wir in unserem Volvo auf der Rückfahrt nach München sein.

Julia war in der vergangenen Nacht ausnahmsweise schon kurz nach Mitternacht zurückgekehrt, ein wenig verstört und in sich gekehrt, wie ich fand. Sie war gleich ins Bett gesunken, hatte uns vorher sogar noch einen Gute-Nacht-Kuss gegeben. Das war in den letzten Jahren nicht mehr vorgekommen, und ich freute mich darüber. Bevor sie die Tür sachte hinter sich schloss, sagte sie leise: »Danke für alles ... Mama ... Papa!« Ihr Lächeln schien mir von einer sonderbaren Wehmut erfüllt zu sein. Ja, bittersüß ist die Liebe, und man weiß nie, wohin sie einen führt.

Ich hatte wunderbar geschlafen. Keine Sonnenallergie, keine roten Flecken mehr. Es war, als sei ich mit einem Mal immun geworden. Als es hell wurde, schlug ich die Augen auf und blickte Leonie an, die im selben Augenblick wach wurde. Solche Gleichzeitigkeiten in der Liebe sind für mich das Höchste.

Der Balkon war noch immer gerade so groß, dass wir beide uns nebeneinanderstellen und zum letzten Mal den Blick aufs Meer genießen konnten. Ich umarmte Leonie, deren nackter Körper sich weich und warm anfühlte. Ihre Augen glänzten. Für einen kurzen, kostbaren Moment fühlte ich mich an unsere ersten Begegnungen erinnert, als ich durch ihr Haar gestrubbelt hatte und sie durch meines, und als mir dies noch so herrlich egal war. Als sei ich auf einem Zeitpfeil in die Vergangenheit gereist, sah ich wieder das Gold des ersten Morgens, in das die Sonne sie kleidete, den seidigen Blick, den sie mir schenkte, bevor sie die Augen schloss und sich meinen Berührungen hingab. Wie jetzt auch und wieder.

So standen wir dort, ineinandergeschmiegt wie Yin

und Yang. Es war ein Moment unausschöpflichen Glücks, den wir in stillem Einverständnis ausdehnten. Wir sagten nichts. Wir standen nur da und feierten unseren Abschied von Marina di Languore.

Ich dachte an den Ring, den ich in meiner Hand hielt. An den Satz, den ich hatte eingravieren lassen – einen Satz von meinem Freund Goethe, mit dem er die Frage »Kennst du das Land, wo die Zitronen blüh'n« beantwortet hatte. Nur eine winzige Änderung hatte ich vorgenommen:

Dahin!
Dahin möcht' ich mit dir,
O meine Geliebte, ziehn.

Als wir uns voneinander lösten, begannen wir damit, untrennbar zu werden. Der Italiener steckte Leonie noch einmal einen Ring an. Und Leonie vermählte sich mit ihm. Und mit dem Meer.

ISBN 978-3-85179-569-1

Überarbeitete Fassung der 2013
unter dem Titel *Der Italiener in mir*
erschienenen Erstausgabe

© 2025 Thiele Verlag in der
Thiele & Brandstätter Verlag GmbH
Wickenburggasse 26, 1080 Wien, Österreich
info@thiele-verlag.com
Gesamtgestaltung und Satz: Christina Krutz, Biebesheim
Druck und Bindung: CPI Books GmbH, Leck
Printed in the EU

www.thiele-verlag.com